Patronnes

ÉLODIE ANDRIOT

Patronnes

TÊTE-À-TÊTE AVEC LES NUMÉROS UNES

Albin Michel

Sommaire

« À mes nièces et neveux : Noémie, Cléa, Chiara, Clémentine, Lisa, Paul et Arthur.

Et toutes les prochaines 52. »

Introduction

Impossible d'en nommer une.

En cette veille de Noël, tandis que j'interroge mes cinq nièces – âgées de trois à quinze ans – sur leurs modèles féminins, force est de constater qu'ils proviennent tous d'un seul et même vivier : celui du divertissement.

LORSQUE LA QUESTION M'EST RETOURNÉE, JE ME RETROUVE DANS L'INCAPACITÉ DE CITER NE SERAIT-CE QU'UNE PATRONNE.

Mais où sont-elles?

Je ne dois pas être la seule. Dans l'Hexagone, les femmes représentent 52 % de la population – elles sont 2,2 millions de plus que les hommes – et pourtant, parmi les mille personnalités françaises les plus médiatisées, seules 17,9 % sont des femmes, dont 1 % de cheffes d'entreprise.

Parmi les quarante plus grandes organisations françaises (CAC 40), il fut un temps où diriger ne se conjuguait pas au féminin. Qui fut réellement la première? Est-ce Élisabeth Badinter, présidente du conseil de surveillance de Publicis en 1996? Anne Lauvergeon, présidente du directoire d'Areva en 2001? Ou Patricia Russo, directrice générale d'Alcatel-Lucent en 2006? En 2022, au moment où j'écris ce livre, elles sont trois – Catherine MacGregor chez Engie, Christel Heydemann chez Orange et Estelle Brachlianoff chez Veolia –, soit 7 %. Trois directrices générales au CAC 40, qui partagent les pleins pouvoirs avec des présidents qui, eux, sont bien des messieurs. Lorsque l'on descend dans l'échelle des mastodontes tricolores, les chiffres ne sont guère plus encourageants. Si on élargit aux cent vingt plus grandes entreprises françaises (SBF 120), on a dix-huit dirigeantes. C'est un peu moins qu'au cœur de son équivalent startupien, la French Tech 120, qui incarne la nouvelle création de richesse *made in* France, où quatorze start-up sont dirigées par des femmes, et seulement deux parmi les quarante premières (Next40). Les fondatrices constitueraient d'ailleurs 24 % de nos startupeurs et ne récolteraient que 12 % du pactole levé chaque année.

Outre-Atlantique, même si le patron le mieux payé – 58,5 millions de dollars en 2019 – est une patronne, Lisa Su, seules 6 % des cinq cents plus grandes entreprises américaines sont dirigées par des femmes. Dans le monde, ce chiffre serait estimé à 5 %.

Ces données au sommet ne sont pas sans rappeler la précarité des emplois féminins – en France, 60 % des CDD et 83 % des temps partiels sont occupés par des femmes – ni l'écart salarial de 17 % qui semble stagner. N'ignorons pas non plus les vingt-quatre pays où les femmes doivent obtenir la permission de leur mari ou de leur tuteur légal pour pouvoir travailler.

Pour imposer la parité, le gouvernement français a choisi la voie législative. La loi Copé-Zimmermann, adoptée le 20 janvier 2011, impose un quota de 40 % de femmes au sein des conseils d'administration, faisant ainsi de la France la meilleure élève en la matière. Dix ans plus tard, la loi Rixain s'attaque aux comités de direction. Avec 24 % de membres féminins dans les comités exécutifs des cent vingt plus grandes entreprises françaises, la chasse aux dirigeantes est ouverte.

En grandissant, les patronnes, les cheffes, les directrices, les présidentes et les gouvernantes ne faisaient pas partie de mon décor.

Née en 1988, à Lyon, d'une mère britannique et d'un père français, j'ai développé, à huit ans, une passion générationnelle pour une autre forme de girl power : les Spice Girls. Geri se séparant de Victoria, d'Emma et des Mélanies, je jetai mon dévolu sur un *role model* alternatif : Erin Brockovich. Qui a oublié les répliques de Julia Roberts, qui incarna magistralement cette figure féminine et patronale? Mon bac en poche, je côtoie furtivement un diable nommé Anna le temps d'un stage chez Condé Nast puis, une licence de journalisme et un master médiatique en poche, je rencontre enfin, par l'intermédiaire de l'un de mes professeurs new-yorkais, ma première numéro une. Avant de devenir présidente du Festival de Cannes, Iris Knobloch fut pendant quinze ans l'emblématique présidente du groupe Warner Bros France.

JE ME DIS ALORS QUE, PLUS TARD, JE VEUX DEVENIR ELLE.

Après dix ans de salariat au sein des départements du marketing et de la communication de plusieurs institutions des médias et du web en France, je décide, à l'aube de mes 30 ans, de briser à mon tour le plafond de verre. C'est sur les bancs d'un Mastère en entrepreneuriat à l'ESCP que j'imagine Madamn, un média éphémère en partenariat avec Les Échos Start et BFM Business pour mettre en lumière le parcours de celles qui ont monté tous les échelons.

Lorsque la pandémie frappe, comme des millions de Français, je redécouvre un appétit littéraire, tout particulièrement pour les ouvrages qui touchent de près ou de loin à la thématique des dirigeantes – *Femmes puissantes* de Léa Salamé (2020, Les Arènes) bien sûr, mais aussi *Je ne serais pas arrivée là si*... d'Annick Cojean (2018, Grasset) ainsi qu'*En avant toutes* de Sheryl Sandberg et Nell Scovell (2013, JC Lattès), qui ne semble pas avoir pris une ride. Frustrée de ne pas trouver un équivalent papier au film *Numéro Une* de Tonie Marshall, première et seule femme réalisatrice à avoir reçu un César, je me mets en tête de rédiger un livre sur les patronnes.

Elles seront 52

Une par pourcentage - pour que chaque Française puisse se reconnaître en elles. Des dirigeantes sélectionnées au gré des rencontres et des opportunités, avec un objectif : représenter toutes les typologies de diversité, même si l'on ne s'identifie pas forcément à celle que l'on croit. Avant chaque entretien, une dizaine de questions avec une même obsession :

SAVOIR POURQUOI ELLE, PLUTÔT QU'UNE AUTRE, EST ARRIVÉE À LA PREMIÈRE PLACE, ET COMMENT, POUR QUE DEMAIN CHACUNE PUISSE S'EN INSPIRER.

Les 52 ont entre 28 et 68 ans. Elles gèrent entre 2 000 et 420 000 personnes. Elles sont nées en France ou y ont immigré, sont autodidactes ou surdiplômées, connues ou inconnues, hétérosexuelles ou homosexuelles, parisiennes ou provinciales, sourdes ou entendantes, milliardaires ou smicardes, maman ou sans enfant. Mais elles sont toutes numéro une.

Les 52 travaillent dans les médias, la médecine, la publicité, la finance, les jeux vidéo, la mode, la gastronomie, l'immobilier, l'énergie, l'informatique, la beauté, la grande distribution, le sport, l'édition, le conseil, les transports, le luxe, la tech. Je suis partie à leur rencontre chez elles, dans des hôtels, dans leurs bureaux et je les ai reçues – entourées d'une armée de personnes, ou de personne.

DURANT QUARANTE-CINQ MINUTES À DEUX HEURES, ELLES SE SONT LIVRÉES.

Alors, pourquoi si peu de patronnes?

Héritage patriarcal, éducation genrée, charge mentale, répartition domestique, sexisme ordinaire, disparité des congés, freins internes, cooptations masculines, influence culturelle, pression sociétale...

SELON UNE ÉTUDE DU WORLD ECONOMIC FORUM, IL FAUDRAIT PLUS D'UN SIÈCLE POUR PARVENIR À LA PARITÉ. POUR ACCÉLÉRER LE PROCESSUS, J'AI CHOISI DE MONTRER CELLES QUI Y SONT ARRIVÉES.

Car, dans une société mimétique, on ne peut souvent devenir que ce que l'on voit. Et parce que, quels que soient leur âge, leur origine, leur industrie, l'ascension des cheffes d'entreprise est rarement accompagnée d'un manuel.

Patronnes est le mode d'emploi, sans langue de bois, inspiré par celles qui ont bel et bien atteint le sommet.

Donia Souad Amamra
et Loubna Ksibi

Elles sont entrées dans la légende. « Tu as rencontré les filles de Meet my Mama ? » En réalité, ils sont trois à avoir cofondé la start-up qui propose un service de traiteur engagé révélant les talents de cheffes, ces « Mamas » venues du monde entier, dont la cuisine éthique et authentique réveille les papilles des collaborateurs de mille cinq cents entreprises hexagonales. Je rencontre Donia et Loubna, la fin de la vingtaine joyeuse et ambitieuse, incarnations d'un ascenseur social français finalement pas si cassé que cela. Emblème d'une économie de la génération Z plus inclusive et durable, Meet My Mama a propulsé les deux dirigeantes dans le classement « 30 Under 30 » du magazine *Forbes* un an seulement après sa création. Les patronnes m'attendent dans une petite pièce colorée située dans des bureaux à l'est de Paris. Des dattes d'Algérie sont à disposition sur la table.

Comment sont-elles devenues n° 1 ?
En décelant l'excellence de chacun.e.

Loubna a grandi en Lorraine, près de Metz, une région du nord-est de la France connue il y a quelques décennies pour ses exploitations minières, ce qui a attiré ses grands-parents, d'origine marocaine, qui s'y sont installés. La grand-mère de la dirigeante n'a jamais parlé français, elle n'a pas d'amis français d'origine, n'a jamais travaillé dans l'Hexagone et n'a donc jamais pu être indépendante. Elle ne sait également ni lire ni écrire, comme 2,5 millions de personnes en France, elle est illettrée. Un handicap phénoménal dans toutes les tâches du quotidien - impossible de passer son permis, de lire une étiquette ou d'effectuer une recherche sur internet. Pour Loubna, son excellence n'a jamais été valorisée. Et pourtant, elle avait tant à apporter à la société.

> ❞ *À l'époque, on ne croyait pas en « ces gens-là », les immigrées. Elles étaient là, mais rien n'a été proposé. Personne ne leur a posé la question d'une activité, tandis que leurs maris travaillaient, sociabilisaient, s'épanouissaient. La première Mama, c'est mamie.*

De son côté, Donia étudie au sein d'un lycée ZEP - « zone d'éducation prioritaire » - en banlieue parisienne. La jeune femme est repérée par le programme PQPM, « Une grande école, pourquoi pas moi ? », en partenariat avec la prestigieuse école de commerce ESSEC Business School. Durant trois ans, la future dirigeante est suivie chaque semaine : ateliers d'écriture, cours d'anglais, séances d'orientation, visites culturelles, séjours linguistiques, projets collectifs... Après son baccalauréat, elle est la seule admise à Sciences Po. Un exploit.

> ❞ *Sans ce programme, je ne serais tout simplement pas là. Il a « hacké » ma vie. C'est un joli pied de nez à un chemin qui aurait été, sinon, tout tracé. Je m'en souviens comme si c'était hier : j'étais en seconde et l'école a rassemblé les « bons élèves » de chaque classe, ils ont décelé notre excellence. Tous les mercredis après-midi, puis tous les samedis matin, nos tuteurs nous sortaient intellectuellement de la banlieue. Ils m'ont donné les mots, les codes, les clés. Il y a un fossé immense entre les deux côtés du périph'. Ce n'est pas parce que tu grandis à quelques kilomètres de la capitale que tu t'y sens chez toi. Avec mes tuteurs, je suis sortie, pour la première fois, à Paris. Ils ont créé un pont, juste pour moi.*

Les startupeuses pensent que chacun a quelque chose à apporter : un talent, une passion, une valeur ajoutée, sans forcément entrer dans un moule. Concrètement, elles croient en tout le monde.

> ❞ *On devrait apprécier d'être soi et être appréciés pour soi, avec son caractère, ses qualités et ses défauts. En étant soi, on est redoutablement plus efficace, plus compétent et plus rayonnant qu'en se glissant dans un rôle. Dans chaque entretien, nous essayons de comprendre l'excellence de chacun. Arriver à valoriser cette excellence et la faire matcher avec un poste, c'est le Graal.*

Aujourd'hui, Meet My Mama compte une trentaine d'employés et deux cents « Mamas ».

Parcours

Née en 1992 d'une mère ouvrière et d'un père chauffeur poids lourds, qui ont depuis repris un commerce d'articles de sport, Loubna est l'aînée d'un frère et d'une sœur. Après un baccalauréat scientifique, la dirigeante obtient en 2014 un Bachelor en business et technologie à l'Institut Mines-Telecom, réalise un échange scolaire avec l'université américaine UC Irvine, puis poursuit un master en innovation, réseau et numérique à l'université Paris-Dauphine.

Donia est née en 1993, elle a grandi à Saint-Ouen-l'Aumône, dans le Val-d'Oise. De 2007 à 2010, la patronne suit un programme d'insertion de l'ESSEC et entre à Sciences Po pour effectuer un Bachelor en sciences sociales, avec lequel elle a l'occasion de réaliser un séjour universitaire aux États-Unis. Elle poursuit ensuite un master en affaires publiques, administration et gestion des affaires. Les deux jeunes femmes se rencontrent lors d'un stage chez PricewaterhouseCoopers - un cabinet de conseil et d'audit - en 2015.

> ❞ *Nous avons rapidement remarqué que chez PwC, les traiteurs prestataires n'étaient pas fameux, très industriels, très répétitifs. Les collaborateurs n'en ressortaient pas enchantés. Il y avait un désir d'authenticité, de sens, de tout simplement manger mieux.*

Un an plus tard, elles fondent Meet My Mama, une start-up qui propose aux entreprises une cuisine cosmopolite concoctée par des cheffes en insertion professionnelle, venues des quatre coins du globe.

> ❞ *Lorsqu'on a pitché Meet My mama, nos interlocuteurs sont arrivés avec une variété d'opportunités : cours de cuisine, traiteur, vente de produits... nous avons tout essayé. Entre-temps, nous avions rencontré Youssef Oudahman, qui travaillait sur un projet similaire, avec qui nous nous sommes associées.*

Depuis, la pépite a séduit les évènements des grands groupes : BNP, Google, LVMH... des structures à la recherche d'une découverte culinaire avec un impact visible. L'entreprise, qui fut rentable dès sa première année, a depuis levé plus de 3 millions d'euros pour accompagner sa croissance.

Tête-à-tête

Pourquoi vous?

Donia. Le décès de ma mère. J'avais 14 ans. Avant, je travaillais bien à l'école, mais sans grande conviction. Après, j'ai compris que si je voulais m'en sortir, il fallait que je m'y mette. Mes parents viennent d'Algérie. Quand Maman est partie, Papa m'a fait comprendre qu'il fallait que je sois plus performante scolairement. Il a resserré la vis. Et puis personne ne cuisinait plus, du coup je m'y suis mise. J'étais fan des chefs anglais Jamie Olivier et Nigella Lawson, accro à leurs émissions! Être une enfant de troisième culture m'a aussi permis de cultiver une curiosité accrue, en ayant conscience qu'il existe toujours une alternative et qu'elle peut être tout aussi bien. J'ai les yeux certainement un peu plus ouverts que la moyenne.

Loubna. Mon père me répétait souvent : « Si les autres peuvent le faire, tu peux le faire », en montrant le voisin. Cela paraît simple, mais je n'ai eu de cesse de regarder mes voisins divers et variés depuis. Qu'est-ce qui m'empêcherait de me réaliser si d'autres le font? Je me suis vraiment construite avec cette idée.

Par ailleurs, l'école a toujours été un plaisir pour moi. Sans me pousser à outrance, mes parents ont fait de mes résultats scolaires un jeu : à chaque bonne note, je recevais 5 euros, et en dessous de dix, je leur devais 2 euros. J'étais douée, mais j'ai tout de même raté ma première année de médecine. Suite à cela, j'ai erré dans certains amphithéâtres de l'université. Un jour, je suis tombée sur un cours d'entrepreneuriat social et solidaire : le coup de foudre. Il était donc possible de générer du revenu et d'avoir une empreinte positive sur la société.

Quelle patronne êtes-vous?

Donia. J'ai besoin de me sentir utile. Si à mon échelle, je n'ai pas fait la différence, c'est que j'ai raté ma vie. La perspective de simplement gagner son pain est, chez moi, synonyme d'échec. Je n'ai rien trouvé de plus utile qu'une entreprise. Créer des emplois, rendre indépendant financièrement, former professionnellement, quel pouvoir!

Loubna. En 2011, lorsque les premiers réfugiés syriens sont arrivés en France, je me suis dit qu'il ne fallait pas reproduire les mêmes schémas d'intégration. Notre première « Mama » syrienne, Emtissar, était prothésiste dentaire et possédait son cabinet à Damas. Son arrivée en France l'a reléguée en citoyenne de seconde zone. Elle ne parlait pas français, peu l'anglais, et ses diplômes n'étaient pas reconnus ici. J'ai réfléchi avec mes associés sur ce qui rassemblait ces femmes, et la cuisine s'est imposée comme une activité universelle, une arme d'intégration massive. Comme Entissar, qui est passionnée de gastronomie, la plupart cuisinent à la maison depuis des années et l'équipe s'amuse à compter le nombre de repas que cela représente pour leur faire comprendre que c'est une compétence qu'elles peuvent monétiser. Certaines confectionnent des repas pour cinq cents personnes et n'ont pas compris que c'était un atout phénoménal.

Pourquoi si peu de femmes à votre place?

Donia. Peut-être qu'elles ne rêvent pas assez. Mais on ne va pas se mentir, j'ai eu une chance inouïe. Mes amies d'enfance, avec qui j'ai grandi, ont des parcours radicalement opposés au mien. Elles n'ont pas fait d'études, ou peu, et elles sont déjà toutes mamans. Ce sont des trajectoires de vie différentes, avec chacune ses mérites et ses problématiques.

Loubna. Il y a peu, j'ai été invitée dans un quartier difficile par une association pour inspirer à des jeunes filles qui nous ressemblent la possibilité d'une voie entrepreneuriale.

J'ai compris à ce moment-là qu'il manque des *role models* qui nous ressemblent, et que, parfois, on n'ose pas prendre comme modèle des personnes qui ne nous ressemblent pas forcément.

Ma première vocation, médecin, était la seule profession à caractère social que j'ai côtoyée en Lorraine. On ne peut réaliser que ce que l'on voit – l'entrepreneuriat était absent, ce n'était donc pas une option.

Qu'est-ce que vous n'avez pas encore dit?

Donia. Fondamentalement, mes origines ethniques ne m'ont jamais posé problème. Après, on a toutes quelques anecdotes. J'ai passé un entretien pour un stage dans une grande entreprise française du secteur public, et j'ai été cuisinée sur mon lycée, ma banlieue, mon adresse. Et c'était pour un poste dans le pôle diversité! À ce moment-là, tu pars, et tu passes à autre chose.

Loubna. J'ai pratiqué la gymnastique de deux ans à la terminale. J'y ai appris la détermination. Il faut des milliers de figures pour en réussir une, un entraînement quasi quotidien. Je faisais des abdos jusqu'à en saigner dans le dos. Alors que je n'étais qu'en primaire, je n'ai pas été sélectionnée dans l'équipe locale : on m'a annoncé que mon petit ventre était trop disgracieux pour représenter la région. C'était très violent. J'ai voulu démontrer la bêtise des organisateurs et à quinze ans, je suis devenue championne de France de gymnastique artistique. Je n'y serais pas arrivée sans Martine, ma professeure de gymnastique, qui m'a inculqué la notion d'*empowerment*. Elle ne m'a pas lâchée, a levé chacune de mes barrières. Quand un élève ne pouvait pas se payer un justaucorps, Martine sortait son portefeuille. Lorsque quelqu'un était dans l'incapacité de se rendre à l'entraînement, elle faisait le détour. Tandis que les critiques sur mon physique m'ont rendue anorexique, elle m'a soignée. Elle fut longtemps le rempart contre tous les maux.

Huitième arrondissement de Paris, immeuble haussmannien, dernier étage. M&M's® et frigo à disposition dès la réception : nous sommes bien dans une entreprise de tech américaine. Il s'agit ici de LinkedIn, le plus grand réseau social professionnel au monde, qui a bouleversé nos vies depuis sa création, en 2003 - chercher un emploi ou de l'information sur son secteur d'activité, publier un post, se connecter à un nouvel interlocuteur : rares sont ceux qui ne s'y sont pas inscrits pour réseauter. 830 millions de membres à travers le monde, dont 24 millions dans l'Hexagone. À la tête de l'antenne française de ce mastodonte venu, comme d'habitude, de Californie : Fabienne, le carré brun impeccable, les grands yeux bleus, l'uniforme veste-noire-t-shirt-blanc parfaitement coupé.

Comment est-elle devenue n° 1 ?
En cultivant son réseau

D'IBM à LinkedIn, l'ascension de Fabienne est due à des rencontres. Young & Rubicam, Saatchi and Saatchi... à l'origine, la dirigeante effectue tous ses stages dans la publicité. Elle intègre SKEMA business School, puis, suite à un pari avec certains de ses amis qui lui disent qu'elle n'a pas le profil, elle décide de passer des entretiens pour entrer au sein d'IBM.

> ” *En l'occurrence, j'ai réussi. Je pense que j'ai été embauchée, car j'ai compris les valeurs et la culture de l'organisation qui, il y a plus de trente ans, étaient visionnaires : l'envie de contribuer au progrès de la société par la technologie. L'entreprise a été ma famille durant vingt-deux ans. Si je n'avais pas eu l'envie de relever le défi de cet entretien, je n'aurais certainement pas fait la même carrière.*

La dirigeante regrette de ne pas avoir pris conscience de la puissance de frappe d'un réseau beaucoup plus tôt. Car, quel que soit son niveau dans l'entreprise ou sa séniorité, on peut toujours ouvrir son carnet d'adresses. À chaque moment de carrière, nous sommes l'aidé.e ou l'aidant de quelqu'un.

> ❞ *Je suis convaincue que cela peut jouer un vrai rôle de manière implicite dans la société française, face à la montée des clivages, les ruptures entre Paris et les territoires, l'opposition des grandes entreprises et des plus petites. Reconstruire une chaîne de solidarité professionnelle de cette manière-là me fait vibrer.*

Parcours

Diplômée en stratégie et marketing de l'école de commerce SKEMA Business School en 1988, Fabienne démarre sa carrière chez IBM France l'année suivante en qualité de Client Manager.

EMEA Solution Sales Specialist, EMEA Industry Software Sales Manager, directrice de cabinet du directeur général, directrice de la branche de conseil en Human Capital Management et enfin directrice générale d'Anelia, une filiale spécialisée dans l'intégration de systèmes à destination des PME, la dirigeante monte les échelons un à un.

En 2009, changement de décor : la patronne rejoint Columbus IT, une entreprise danoise de services et conseil en IT, dont elle prend la direction générale. Trois ans plus tard, elle est nommée à la direction de dix filiales dédiées aux services informatiques du groupe de ressources humaines Manpower.

FABIENNE Y CRÉE ET ANIME LE PREMIER RÉSEAU FÉMININ DE L'ORGANISATION, COMPOSÉ DE PLUS DE TROIS MILLE CINQ CENTS FEMMES.

Janvier 2017 : Fabienne rejoint LinkedIn en tant que Country Manager pour la France avec en ligne de mire l'objectif d'offrir une opportunité économique à chaque professionnel de l'Hexagone.

En dehors de ses activités professionnelles, Fabienne est membre du conseil d'administration du Fimalac et mère de deux garçons.

Tête-à-tête

Pourquoi vous?

Tout d'abord, il y a une certaine logique de parcours, puisque j'ai passé plus de vingt ans dans une entreprise de technologie, avant de travailler quatre ans sur des activités liées aux ressources humaines. Si vous additionnez tech + ressources humaines, on arrive rapidement à LinkedIn.
Mais surtout, et en cela je suis clairement un pur produit de la plateforme, je dois mon poste actuel à une relation professionnelle avec laquelle j'avais entretenu des contacts réguliers depuis un petit bout de temps. Un jour, elle a attiré mon attention sur le poste, me disant que celui-ci avait un écho tout particulier avec mon parcours et mes aspirations, puis elle m'a demandé si je souhaitais que mon nom soit glissé dans la conversation du recrutement. J'ai évidemment accepté, et en janvier 2017, j'ai rejoint l'aventure. J'avais l'expérience et l'appétence, mais je n'aurais pas eu la possibilité si je n'avais pas été connectée.

Quelle patronne êtes-vous?

Je suis perfectionniste, alors je vous avoue que de mon point de vue, mon parcours est jalonné d'échecs.
Mais depuis trente ans que je travaille, je garde toujours en tête l'exemple du comportement de ma première manager. Tandis que je démarrais comme commerciale, avec quelques années d'expérience, j'ai perdu l'un de mes premiers dossiers après des mois d'investissement… Ma patronne m'a emmenée dîner avec les équipes pour célébrer cet échec.

Pourquoi si peu de femmes à votre place?

IL Y A UNE FORME D'AUTOCENSURE : « CE N'EST PAS POUR MOI », « EST-CE QUE JE PEUX VRAIMENT ? », « VAIS-JE Y ARRIVER ? ».

J'ai vu la différence de préparation et de pression entre les femmes et les hommes, et ce, quel que soit le niveau de métier. C'est un truc de dingue. Mesdames, gardez le niveau de préparation, car c'est cela qui fait la différence, mais prenez confiance en vous! Nous avons beau le rabâcher, c'est flagrant. Cela commence dès le lycée, je le vois avec mes enfants.

Sans les luttes féministes, nous n'aurions pas eu les avancées que l'on connaît maintenant. Pour ma part, je suis plutôt dans l'inclusion que dans la lutte. D'ailleurs, mon rapport au pouvoir est ambigu. Je ne peux pas nier que dans mon évolution, l'aspect puissant de la fonction n'ait jamais été un critère.

POUR POUVOIR CHANGER LA VIE DES GENS, IL FAUT AVOIR UN MINIMUM DE POUVOIR.

En revanche, cela n'est pas le premier critère et le pouvoir doit servir autrui.

Qu'est-ce que vous n'avez pas encore dit ?

Je suis terrifiée par le temps qui passe. Plus on vieillit, plus cela empire ! Lorsque l'on est enfant, on se demande si l'on va avoir le temps d'être « assez parfaite », puis, en grandissant, si l'on va pouvoir profiter de tout ce que la vie nous offre.

En mûrissant, je ne crains plus de militer pour ce qui me tient viscéralement à cœur. Le mot *militer* en soi est un terme que je n'aurais pas osé employer il y a quelques années. J'ai de plus en plus envie d'aller vers ce registre-là. Mon combat, c'est que tous les professionnels puissent avoir les mêmes chances. Permettre à chacun et à tous d'avoir les codes pour réussir en entreprise, c'est aussi une manière de réparer l'ascenseur social. J'ai la chance de pouvoir m'y atteler dans mes fonctions, mais je continuerai bien après LinkedIn.

Les codes, c'est aussi être armée face à l'hostilité de certains cercles. J'ai le souvenir, tandis que j'étais déjà à mon poste actuel, d'avoir été interpellée avec un « Pardon, mon petit » par un monsieur d'un certain âge lors d'un évènement prestigieux.

CELA M'A SEMBLÉ D'UNE TELLE CONDESCENDANCE QUE J'AI ÉVIDEMMENT RÉPONDU : « DE RIEN, MON GRAND ! »

Livre

CE QUI GRONDE DE MARIE PETITCUÉNOT, UN OUVRAGE D'UNE GRANDE JUSTESSE SUR LES INJONCTIONS QUI PÈSENT SUR LA MATERNITÉ, ET LA TRANSMISSION D'UN AUTRE SCHÉMA, PLUS ÉQUILIBRÉ.

Superpouvoir

L'INTUITION, QUE JE VAIS ENSUITE CONFIRMER AVEC DE LA DONNÉE. JE PRENDS SOUVENT DES DÉCISIONS PAR ÉLIMINATION. QUAND JE NE LE SENS PAS, JE N'Y VAIS PAS.

Série

LA CASA DE PAPEL, POUR SES PERSONNAGES FÉMININS ET SON ÉQUILIBRE DES GENRES, POUR L'ESPRIT DU COLLECTIF, ET POUR L'AVENTURE.

Delphine

La démarche est élancée, l'élégance folle. Du haut de son mètre quatre-vingt, Delphine me reçoit dans un bureau adjacent au sien, au cœur de cette fourmilière qu'est le siège de Louis Vuitton. Au sein de ce palais du Monogram, mon arrivée est chorégraphiée par la sécurité. L.V. est la marque la plus rentable du groupe LVMH, géant du luxe français aux plus de soixante-quinze maisons et valorisé à plus de 290 milliards d'euros. Delphine, aînée et seule femme d'une fratrie de cinq, en est la directrice générale adjointe depuis 2013. La dirigeante porte une marinière qui fait écho à son engouement lorsque l'on mentionne la transmission du savoir-faire tricolore. Depuis près de dix ans, cette passionnée de mode révèle au monde la nouvelle génération de créateurs à travers le prix LVMH : Simon Porte Jacquemus, Marine Serre ou encore Charles de Vilmorin. Lorsque la patronne referme la porte derrière elle, un sourire franc éclaire son visage.

Arnault

Comment est-elle devenue n° 1 ?

En développant une obsession du produit dès le plus jeune âge.

Dans la famille Arnault, la transmission s'effectue depuis le berceau. Un nom entré dans le domaine public, et pourtant, la famille cultive une culture du secret dès qu'il s'agit de la sphère privée. Difficile d'évoquer autre chose que le groupe avec la dirigeante, tant il occupe une part importante de ses journées et de ses pensées. Un attachement viscéral et sincère qui se matérialise par un moment d'émotion durant notre entretien à l'évocation de la disparition soudaine du directeur artistique de Louis Vuitton, Virgil Abloh, quelques mois auparavant.

Depuis l'enfance, Delphine est plongée dans l'univers de la mode. Adolescente, la patronne développe une passion pour les nouveaux créateurs : Alexander McQueen, Marc Jacobs…

> ❞ *Notre père nous a toujours beaucoup impliqués, dès le plus jeune âge. Il nous parlait du groupe, de son travail, de ses clients. Nous étions consultés dans les choix qu'il prenait. Je me rappelle être allée avec lui, à dix ans, au sein de la maison Dior. Ensemble, nous avons visité les magasins et les ateliers. Encore aujourd'hui, nous continuons à visiter ensemble les magasins, et ce, partout dans le monde.*

Ce qui intéresse Delphine, c'est le produit. Le marketing, le merchandising, le prix, les fabrications, les nouveautés, proposer l'offre qui correspond réellement aux attentes du marché.

> ❞ *J'aime être sur le terrain, et avoir les mains dans le cambouis. C'est toujours très marquant d'aller dans les ateliers. L'autre jour, une femme m'a dit qu'elle travaillait depuis quarante-deux ans chez Vuitton : c'est fabuleux, quelle fierté! J'aime l'idée de participer, à notre niveau, au rayonnement de la France.*

Tête-à-tête

Pourquoi vous?

Je suis passionnée par nos métiers, cela m'a été transmis par mon père. C'est la personne que je connais qui dispose de la plus grande puissance de travail.

Lorsque je suis entrée chez Dior, je me suis d'abord occupée des souliers. Mon tout premier jour au sein de la Maison, ma boss, qui s'occupait de ce secteur ainsi que des sacs, m'a déconseillé de prendre le poste. J'ai insisté. Nous sommes allées

Parcours

Née le 4 avril 1975 à Roubaix, Delphine grandit dans le nord de la France.

> ” *J'aime beaucoup cette région, qui incarne mes origines, ma petite enfance, puis mes études puisque j'ai fait l'EDHEC.*

Son père est Bernard Arnault, actionnaire majoritaire et président-directeur général du groupe de luxe LVMH. Delphine sort diplômée de l'EDHEC en 1998. La dirigeante démarre sa carrière par un stage au sein du cabinet de conseil en stratégie McKinsey & Company.

> ” *C'est une sacrée école, avec une grande exigence, j'ai trouvé cela particulièrement formateur. J'y suis restée deux ans et très rapidement, j'ai eu l'envie de faire des choses plus opérationnelles.*

Delphine rejoint alors le groupe familial dans lequel elle participe au développement de la société du créateur John Galliano. 2001 : la patronne intègre le comité de direction de Christian Dior Couture. Elle occupe plusieurs fonctions au sein de la Maison avant d'être nommée directrice générale adjointe sept années plus tard.

En 2013, Delphine prend la direction générale adjointe de Louis Vuitton, chargée de l'ensemble des activités produits. Un an après, elle crée le prix LVMH, un concours international qui vise à identifier la prochaine génération de jeunes créateurs de mode. Au sein de LVMH, la dirigeante est membre du conseil d'administration et du comité exécutif, ainsi qu'administratrice de Christian Dior, Celine, Loewe, Pucci et Cheval Blanc.

En dehors de ses activités professionnelles, Delphine est également membre du conseil d'administration de Ferrari.

voir ensemble le président-directeur général de l'époque, Sidney Toledano, et elle lui a dit : « Si Delphine est là, c'est qu'elle souhaite prendre mon poste! » Il a répondu avec beaucoup d'humour : « Ne vous inquiétez pas, ce n'est pas votre poste qui est visé. C'est le mien. » *Elle rit.*

En réalité, j'avais surtout très envie d'apprendre sur tous les sujets. Dior, c'est magique. L'aura de M. Dior est encore très présente, on a l'impression qu'il va ouvrir la porte et apparaître alors qu'il nous a quittés en 1957. Aujourd'hui, je dirige, avec Michael Burke, Louis Vuitton, plus grande marque de luxe au monde, et la plus importante de notre groupe. Encore une fois, l'historique de la maison, qui date de 1854, est incroyable, je découvre de nouvelles choses chaque jour.

Quelle patronne êtes-vous?

Je suis passionnée de création au sens large.

MON RÔLE, C'EST NOTAMMENT DE DÉCOUVRIR LA PROCHAINE GÉNÉRATION DE CRÉATEURS.

J'ai créé le prix LVMH - un concours digital ouvert à tous, partout dans le monde - en 2013, avec cet objectif en tête. Chaque année, c'est un peu une photographie de la création à l'instant T. Marine Serre, qui a gagné le prix en 2017, n'avait fait que deux collections avant de participer! Cette année, nous avons reçu plus de 1 900 dossiers, et nous en avons sélectionné 20. Même pour ceux qui n'arrivent pas jusqu'en finale, c'est un formidable accélérateur de carrière. C'est un évènement qui est devenu une référence dans le milieu de la mode, et certaines personnes qui n'ont pas gagné ont réalisé de superbes carrières derrière, comme d'ailleurs Virgil!

La création, c'est aussi la gastronomie, l'art, la musique.

SI JE N'ÉTAIS PAS PASSIONNÉE PAR LA MODE, JE PENSE QUE JE SERAIS CERTAINEMENT DEVENUE GALERISTE.

J'aime me nourrir de ces créations plurielles en dehors de mon travail, tester de nouvelles tables, comme La Maison Pic à Valence, qui est l'un de mes restaurants favoris, ou La Vague d'Or, du chef Arnaud Donckele à Saint-Tropez.

Enfin, parce que j'ai la grande chance de faire un métier que j'aime et qui me passionne, je suis très attachée à la transmission. Lorsque je recrute une personne, il s'agit de la ou du plus adéquat, et ensuite j'aime suivre un collaborateur et le faire évoluer, il y a tellement de possibilités dans le groupe que les perspectives sont infinies.

Quant à la succession, à 73 ans, mon père est encore très jeune. Nous avons collectivement encore beaucoup de projets à mener ensemble et de nombreuses années devant nous!

Pourquoi si peu de femmes à votre place?

Le monde de la mode est bien entendu très féminin, même si c'est moins le cas lorsque l'on monte dans les étages.

AUJOURD'HUI, LES ÉCOLES DE COMMERCE SONT MÊME PLUS FÉMININES QUE MASCULINES.

Alors que se passe-t-il après? Certaines privilégient la vie de famille et, fut un temps, cela a pu freiner leur progression dans les entreprises. Parmi mes amies de promo, quelques-unes, qui pourtant étaient si douées, ont fait ce choix et je le respecte! Malgré tout, cela n'est certainement pas le seul facteur, mais les choses évoluent dans la bonne direction.

À mon niveau, je fais en sorte d'atteindre la parité dans mes équipes, mais ce qui prime avant tout c'est le talent. Je prends toujours les meilleurs. Les directions sont en train de se féminiser, car les mentalités changent très rapidement , notamment grâce à l'impact du télétravail et de politiques spécifiques faites pour accompagner les femmes tout au long de leur carrière.

La notion de pouvoir semble être plus importante pour les hommes. Personnellement, cela me renvoie à une certaine dangerosité. Je ne m'y identifie pas.

Qu'est-ce que vous n'avez pas encore dit?

Heureusement, on ne me reconnaît pas dans la rue. Je crois profondément au mantra « Vivons heureux, vivons cachés! ». Je n'ai pas de comptes sur les réseaux sociaux, je me fais très discrète. J'adore aller voir la concurrence en magasin, mais malheureusement je suis parfois démasquée!
Ce qui me fait rêver, c'est de continuer de vivre heureuse, avec une certaine forme de naïveté : ne pas revivre de pandémie, de guerre.

**SE SENTIR EN SÉCURITÉ,
DANS UN MONDE MEILLEUR…
CE N'EST PAS ENCORE GAGNÉ!**

Moment le plus dur

LA MORT DE VIRGIL ABLOH, LE DIRECTEUR ARTISTIQUE HOMME DE LOUIS VUITTON. JE NE CONNAIS PAS UNE PERSONNE QUI N'APPRÉCIAIT PAS VIRGIL. IL FAISAIT L'UNANIMITÉ.

Série

BREAKING BAD! TRÈS ADDICTIF. *DRIVE TO SURVIVE* ÉGALEMENT, QUI EXPLIQUE TOUTE LA COMPLEXITÉ DE LA FORMULE 1. ON DEVRAIT FAIRE UNE SÉRIE COMME CELA DANS LA MODE!

Livre

L'ÉTRANGER, D'ALBERT CAMUS. J'AIME AUSSI APPRENDRE DE TOUTES LES BIOGRAPHIES DE GRANDS PATRONS, COMME SHERYL SANDBERG DE FACEBOOK OU BOB IGER DE WALT DISNEY.

Elisabeth Ayrault

C'est une patronne sur le départ. Lorsque je rencontre Elisabeth au sein des bureaux germanopratins de la Compagnie nationale du Rhône, la dirigeante m'annonce qu'elle quittera la présidence de l'entreprise quelques semaines plus tard pour des raisons de santé. CNR, c'est le premier producteur français d'énergie exclusivement renouvelable, mais aussi un aménageur des territoires et un gestionnaire de fleuve. Après avoir débuté comme architecte à Perpignan et être passée par la promotion immobilière chez Suez, elle est P.-D.G. de CNR depuis 2013. Autour d'un café, Elisabeth, écologiste convaincue et autrice des *Leçons du Rhône*, un plaidoyer pour les fleuves paru en 2021 chez Actes Sud, me présente sa nouvelle vie.

Comment est-elle devenue n° 1 ?

En se remettant constamment en question.

Après le baccalauréat, Elisabeth souhaite devenir architecte, un métier exercé par son oncle, dont les dessins, les chantiers et les réalisations la fascinent.

> ❞ *Ce sont des études qui m'ont formée pour la vie. Contrairement à ce que l'on croit, un architecte est tout sauf un artiste. Un architecte doute, de manière permanente. Est-ce la meilleure solution ? Cette remise en question constante m'a suivie tout au long de ma carrière, et m'a permis d'aller plus loin. Car on ne s'arrête pas à la première conclusion. C'est un déséquilibre incroyablement sain.*

La patronne revendique le différentiel entre cet état d'esprit et celui de l'ingénierie, « pleine de certitudes ». Deux raisonnements qui s'opposent et se complètent ; un lien qu'elle connaît bien, puisqu'elle est mariée à un « ingénieur poète ».

> ❞ *Il ne faut jamais se reposer sur ses lauriers. Après sept ans au sein du groupe Suez, je sentais qu'il était temps de me défaire du métier de promotion immobilière, dans lequel je commençais à m'enfermer. J'ai osé partager ce sentiment avec Guy de Panafieu, qui faisait partie du comité de direction. C'est à ce moment que j'ai effectué un pivot vers les services liés à l'énergie et que je suis venue à Paris. Si j'avais attendu que les opportunités viennent à moi, je serais encore sur la Côte d'Azur!*

Parcours

Née le 10 novembre 1955, en Alsace, dans une fratrie de trois filles dont elle est l'aînée, Elisabeth poursuit des études d'architecture. Elle est diplômée de l'Institut d'administration des entreprises, titulaire d'un DEA de géographie urbaine et d'un DSPU de l'Institut agronomique de Montpellier.

Elle démarre sa carrière en créant sa propre agence d'architecture et d'urbanisme à Perpignan. En 1987, elle intègre la SAE en qualité d'ingénieur d'affaires, puis, trois ans plus tard, entre au sein du groupe Suez via Dumez Immobilier Promotion en tant que directrice régionale Côte d'Azur.

1998 : la patronne déménage à Paris et devient directrice des grands comptes, puis directrice commerciale Europe dElyo, une filiale de l'organisation, qui produit et distribue de l'énergie. Quatre années après, elle prend la direction générale d'Elyo Île-de-France.

En 2009, la dirigeante intègre SITA, toujours aux commandes de la région Île-de-France, puis à la direction générale déléguée de SITA France.

À L'ÉTÉ 2013, ELISABETH EST NOMMÉE PRÉSIDENTE DU DIRECTOIRE ET P.-D.G. DE CNR, POSTE QU'ELLE QUITTE DEUX ANS AVANT LE TERME DE SON SECOND MANDAT, EN 2023.

En parallèle de ses activités professionnelles, Elisabeth est membre du conseil d'administration de GeoPost et tutrice de jeunes issus des zones d'éducation prioritaire.

La patronne est mère de deux enfants jumeaux, Thomas et Héloïse, et grand-mère de quatre petits-enfants.

Pourquoi vous?

J'ai déménagé dix-huit fois avant ma majorité. Cela forge le caractère!

Mon père était militaire et ma mère s'occupait de nous. À chaque déménagement, ma mère préparait nos chambres à l'identique – le reste de la maison pouvait être en fouillis, nos chambres étaient prêtes. Je pense que cela a beaucoup contribué à notre équilibre, même si j'ai rapidement développé un côté caméléon, une adaptabilité pour affronter une nouvelle cour d'école à chaque rentrée.

Aujourd'hui, lorsque l'adversité me frappe, je m'accommode. Je pense que cela provient de cette enfance en mobilité. Il y a plusieurs formes d'intelligence. Dans la vie, ce n'est pas forcément l'intelligence la plus intelligente qui réussit.

CEUX QUI SURVIVENT, CE SONT CEUX QUI S'ADAPTENT. NE PAS ÊTRE FRONTAL, MAIS OBTENIR LES CHOSES AVEC SOUPLESSE, CELA PERMET DE MIEUX MAÎTRISER LES SITUATIONS ET D'EN RESSORTIR GAGNANT.

Certains appellent cela « l'intelligence comportementale », C'est aussi ce que je retiens de mon « ascension », car j'ai occupé des postes et des métiers différents, mais à chaque fois j'y ai trouvé ma place.

Le passage vers un aspect beaucoup plus commercial a été également déterminant. Quand je suis passée directrice grands comptes chez Elyo, une filiale de Suez, le changement a été dur. Mais il a été fondateur dans la suite de ma carrière. Car lorsque vous devenez responsable du cash-flow entrant, cela change tout. Au fur et à mesure, mes équipes sont devenues de plus en plus larges, jusqu'à plusieurs milliers de collaborateurs.

Quelle patronne êtes-vous?

En arrivant à Perpignan, mon diplôme en poche, j'ai envoyé mon CV à tout ce qui touchait de près ou de loin à l'architecture et l'urbanisme.

J'AVAIS 20 ANS, TOUT ÉTAIT POSSIBLE.

Je suis reçue par la direction départementale et territoriale, qui gère l'aménagement du territoire et les autorisations qui en découlent, pour une mission en qualité de contractuelle. Nous étions dans les années quatre-vingts, juste après le début de la Mission Racine, qui avait pour but d'aménager tout le littoral du Languedoc-Roussillon pour éviter la migration des Français en Espagne l'été. Un certain M. Schmutz, qui dirigeait l'organisation, me dit : « Nous avons un gros problème, le ministre Michel d'Ornano a survolé un secteur dans les Pyrénées-Orientales qui s'appelle

Sainte-Marie-la-Mer, où il n'y a que des cabanons, et il veut aménager tout cela! ». Il m'a demandé de gérer le projet.

Je lui ai dit : « Pourquoi moi? » Il m'a dit : « Pour trois raisons, madame : la première, c'est que vous êtes une femme, on ne vous cassera jamais la figure. La deuxième : vous avez un très beau CV, très multiple. Et la troisième : vous ne connaissez personne dans la région, donc je suis sûr que vous resterez neutre, en tous cas pendant quelque temps. » Je me suis installée à mon compte et j'ai facturé le service. C'est avec ces qualités de patronne que j'ai bâti ma vie professionnelle.

CNR, c'est le poste dans lequel je me suis le plus réalisée en tant que dirigeante. Huit années où j'ai aimé grandir et faire grandir les collaborateurs autour de moi. Le plus dur dans le fait de diriger, c'est la responsabilité pénale. Lors de mon mandat, il y a eu des accidents industriels et mortels. Quand vous allez au commissariat, c'est terrible. Le pouvoir, quand c'est pour agir et avoir un impact, c'est grisant, mais aussi lourd de conséquences. Cette responsabilité pénale, je l'ai portée sur les épaules durant vingt-cinq ans. Je fus la première femme présidente, et cela reste une immense fierté.

QUAND L'ON M'A PROPOSÉ LA DIRECTION GÉNÉRALE D'ELYO ÎLE-DE-FRANCE, AVEC LA GESTION DE QUATRE MILLE PERSONNES, J'AI D'ABORD REFUSÉ. QUELLE ANGOISSE !

Et puis le directeur financier, qui était en fait numéro deux, M. Levy, m'a convoquée : « Je ne comprends pas pourquoi vous hésitez. » Je lui ai dit que je ne voulais pas me planter. Il y a eu un gros silence, et puis : « Vous savez, je vais juste vous dire une chose, Elisabeth : nous sommes huit au comité exécutif, vous avez été nommée à l'unanimité. On se trompe rarement à huit personnes. Passez une bonne journée, Elisabeth. » Je n'avais plus vraiment le choix, alors j'y suis allée.

Pourquoi si peu de femmes à votre place?

Peut-être que les femmes doutent, mais pas dans le bon sens.

Honnêtement, globalement, le fait d'avoir été une femme a été un atout dans ma carrière.

FINALEMENT, ÊTRE LE « SEXE FAIBLE » M'A SOUVENT AIDÉE À FAIRE PASSER DES MESSAGES.

Lorsque nous avons décidé de régulariser les situations des cabanons à Sainte-Marie-la-Mer, sans que le contribuable ne paie 1 euro, j'ai dû recevoir tous les propriétaires dans une permanence à la mairie. Ce n'était pas évident, car j'expliquais à mes interlocuteurs qu'ils allaient devoir payer quelque chose. Personne ne voulait régler la facture. Un jour, une armoire à glace est entrée. Un homme comme j'en ai rarement vu, un truc énorme. Tout de suite, j'ai été un peu inquiète, parce qu'il avait l'air un peu rustre. Je lui ai demandé de s'asseoir et il m'a dit : « Je ne veux pas m'asseoir. »

Donc je me lève, car il fallait être à égalité, et il m'assomme avec un : « Il paraît que vous voulez mon fric. » Le ton est monté rapidement.

J'ÉTAIS TOTALEMENT ISOLÉE DANS CETTE SALLE, ON AURAIT PU M'ASSASSINER SANS QUE PERSONNE NE LE SACHE.

Il s'est approché d'un air très menaçant, puis a fini par lâcher : « Ha! Vous n'êtes qu'une femme. » Il est parti, il a payé.

Après, d'un point de vue monétaire, il a fallu se battre pour gagner la même chose qu'un homme, même si l'argent ne m'intéresse pas. Je me souviens de l'un de mes patrons qui m'a dit : « Je vous ai déjà versé une prime, vous n'en avez pas besoin. » Et j'ai aussi entendu : « Votre mari gagne bien sa vie, pourquoi une augmentation? » C'est arrivé quelques fois, mais je n'ai rien laissé passer. C'est peut-être ce qui a fait la différence.

Qu'est-ce que vous n'avez pas encore dit?

Il n'y pas si longtemps, j'ai été atteinte d'un cancer du sein, et j'ai choisi de me retirer. Il y a un très joli proverbe chinois qui dit : « Je suis tombée de cheval, cela tombait bien, car je voulais en descendre. » Je pense qu'il y a un peu de cela. J'ai vu trop de gens s'accrocher à leur poste, au pouvoir, aux signes extérieurs de richesse. Il faut savoir s'arrêter. Je continue mes activités parallèles et mon combat pour l'environnement, le changement climatique et celui de nos comportements. Cela me préoccupe énormément. Pour la première fois de ma vie, je suis inquiète, moi qui n'ai peur de rien. C'est aux entreprises de prendre les choses en main, et je ne vois pas de mouvement. Sinon j'aurais aimé faire de la musique, du piano, chanter. Peut-être est-ce le moment, à la retraite? Enfin, il faut être raisonnable, c'est peut-être un peu tard. Ou pas?

Rêve d'adolescence

HÔTESSE DE L'AIR ! POUR L'ÉMANCIPATION.
JUSQU'À CE QU'UN IMBÉCILE QUI VOULAIT DEVENIR PILOTE ME DISE :
« TU ME SERVIRAS LE CAFÉ ! » APRÈS CELA, C'ÉTAIT FINI.

Role model

EDDY MERCKX, LE COUREUR CYCLISTE BELGE - J'ÉTAIS ADMIRATIVE PARCE QUE PERSONNE NE L'AIMAIT, IL N'ÉTAIT PAS COOPÉRATIF NI MÉDIATIQUE, MAIS QUELLE RIGUEUR !

Culture

JE SUIS PROFONDÉMENT ALSACIENNE. MON GRAND-PÈRE PARLAIT PEU LE FRANÇAIS, IL S'EXPRIMAIT EN ALSACIEN ! IL A FALLU QUE JE DEVIENNE BILINGUE POUR COMMUNIQUER AVEC LUI.

Nathalie Balla

Rares sont les patronnes qui ouvrent elles-mêmes les portes de leur bureau. En cette fin d'après-midi hivernale, Nathalie me reçoit comme à la maison, un café concocté en cuisine, à tel point qu'à notre première rencontre j'avoue avoir eu une seconde d'hésitation quant à son identité. Est-ce sa résidence chti ou ses origines germano-hongroises qui lui ont insufflé cette humilité si désarmante? Et pourtant, la dirigeante est à la tête de La Redoute depuis 2009, marque emblématique française née en 1837, deux mille employés, 10 millions de clients à l'international, 20 % de croissance et plus de 1 milliard de volume d'affaires. Cette spécialiste des transformations d'entreprises a su réinventer la belle endormie roubaisienne et son catalogue iconique. En 2014, elle rachète l'organisation avec son associé, Éric Courteille, pour 1 euro symbolique, au groupe Kering. Quatre ans plus tard, l'enseigne retrouve des comptes à l'équilibre et La Redoute est rachetée par le groupe Galeries Lafayette pour continuer à proposer un art de vivre à la portée de tous.

Comment est-elle devenue n° 1 ?

En se consacrant à la transformation d'entreprises.

Après ses études, Nathalie reçoit deux offres d'emploi - l'une chez la prestigieuse Mercedes, l'autre chez l'inconnue Quelle. Instinctivement, la dirigeante privilégie la transformation digitale et le développement à l'international aux paillettes de la marque à l'étoile. Ce désir d'« aller dans le dur » a forgé son parcours, lui permettant très rapidement de briguer des postes de direction.

> ❞ *Je me suis tout de suite spécialisée dans l'évolution de la vente à distance vers l'e-commerce, qui a révolutionné le secteur du commerce de détail depuis le début des années 2000. Le second bouleversement qui nous attend est, bien sûr, celui du développement durable. C'est une révolution avec un impact à tous les niveaux.*

La patronne se construit ainsi une expertise dans le redressement des dinosaures commerçants qui peinent à passer le virage du numérique.

LORSQUE KERING CHERCHE UNE FIGURE DE PROUE POUR ÉVITER À LA REDOUTE LE CIMETIÈRE, ILS FONT APPEL À NATHALIE, QUI PRÔNE LA RECONSTRUCTION PLUTÔT QUE LA DISRUPTION.

Parcours

Née le 30 novembre 1967 à Saint-Germain-en-Laye, dans une famille paneuropéenne (sa mère est allemande, et son père hongrois), Nathalie étudie au lycée international avant de rejoindre les bancs de ESCP Business School.

” Enfant, j'étais très introvertie, limite asociale. Je me rappelle renvoyer gentiment mes amis chez eux pour répéter mon examen de piano, travailler mes devoirs, lire des romans… Je me dis que cela n'est probablement pas très normal, mais je vivais dans mon propre univers qui me convenait parfaitement, avec la musique, l'art, la littérature. Le concept de l'ennui m'est largement étranger.

Son diplôme en poche, la dirigeante poursuit un doctorat spécialisé dans la finance à l'université de Saint-Gall, pour « comprendre les rouages de l'entreprise ». En 1992, elle démarre sa carrière chez l'e-commerçant Quelle, dont elle prend rapidement les commandes en Suisse, une filiale qu'elle rétablit avec succès. Sept ans plus tard, la patronne est appelée par Klingel, numéro quatre de la vente à distance en Allemagne, pour en prendre la direction.

2009 : le groupe Kering, détenteur de La Redoute, sollicite Nathalie pour accompagner l'entreprise dans son virage digital. Perte de la moitié des effectifs et de plus de 50 millions d'euros par an : l'organisation est en proie à de grandes difficultés face à l'émergence de la *fast-fashion* et du e-commerce. Cinq ans après, l'enseigne est en vente pour 1 euro symbolique. La dirigeante se rapproche alors d'Éric Courteille, un financier avec qui elle travaille depuis plusieurs années.

” Lorsque nous avons échangé avec François Pinault sur les projets présentés par les repreneurs potentiels, je n'y croyais pas. Avec Éric, on s'est dit : « Finalement, pourquoi pas nous? » Nous avons rédigé un projet ambitieux, mais réaliste, sincère et honnête, sans hésiter à demander une somme plus élevée que les autres repreneurs. Dans la nuit du 29 au 30 novembre 2013, le soir de mon anniversaire, la proposition a été envoyée.

Tête-à-tête

Pourquoi vous?

Mon histoire familiale est cousue avec la fibre entrepreneuriale : mes grands-parents travaillaient dans le négoce du tissu, mon frère exerce à son compte en tant qu'architecte. C'est certainement comme cela que la bosse du commerce s'est formée. Mes parents travaillaient dur et j'ai eu très tôt le désir d'une indépendance financière.

QUAND J'ÉTAIS PETITE, LORS DE COUSINADES, NOUS NOUS RÉPARTISSIONS LE MONDE EN JOUANT, ET JE PRENAIS LE RETAIL, OU BIEN LES COMMERCES.

Quand les enfants se répartissent le monde et que certains rêvent de piloter les avions ou de devenir princesse, moi, ce qui m'intéressait, c'étaient les boutiques de mode. Dans ma tête, je gérais déjà plein de commerces imaginaires!

Quelle patronne êtes-vous?

Il faut savoir parler à toutes les parties prenantes - collaborateurs, financiers, concurrents, politiques - et pousser les murs pour étendre le champ des possibles. J'ai toujours pris le taureau par les cornes : c'est en discutant des sujets qui fâchent que l'on arrive à trouver des solutions valables. Quand vous devenez médiatisé, beaucoup de personnes autour de vous se mettent des barrières relationnelles par peur de déranger, c'est dommage. Lorsque nous organisons, avec Éric, des rencontres mensuelles avec nos jeunes recrues, elles paraissent toujours impressionnées. Pourtant, mon bureau n'a pas de porte, parce qu'il est tout le temps ouvert. J'essaie de casser cette image de patronne. Le pouvoir isole, l'accessibilité permet de rester ancré dans ce qui se passe réellement autour de vous. Sans faire de généralités, les dirigeantes s'inscrivent plus souvent dans un schéma collaboratif que les dirigeants. Cette capacité de partage de pouvoir est accrue, ce qui peut désarçonner. Je suis aussi une patronne qui a parfois le trac, surtout face à la prise de parole en public! Lorsque j'ai été marraine d'une promotion de ESCP Business School et que j'ai dû faire un discours pour la remise des diplômes, quel enfer! Devant tant de personnes, au palais des congrès, en anglais en plus! Alors que je maîtrise mon sujet, c'est absurde.

Pourquoi si peu de femmes à votre place?

Par tabou. Sans plénitude professionnelle, j'aurais probablement été une mauvaise mère. C'est difficile à assumer. Le travail a toujours occupé une place prépondérante dans ma vie : j'y pense jour et nuit, dans un continuum espace-temps qui m'est propre, quitte à parfois oublier les horaires d'ouverture de l'école de mes trois enfants. Les pauvres, le nombre de fois où ils ont dû attendre à la grille, avec les surveillants qui faisaient la tête, à tel point que mon fils s'est lié d'amitié avec le concierge, ce qui lui a rendu service durant toute sa scolarité! Dans mon couple, la répartition de la charge mentale est venue naturellement : la logistique du foyer incombe à mon conjoint. Dès le début de ma carrière, alors que j'étais enceinte de six mois, mon mari, Marcel, m'a encouragée à saisir une opportunité de création de poste à l'international. J'ai hésité, lui non. Heureusement qu'il a assuré! Je n'en serais pas là sans lui. Il dit souvent : « Si tu n'avais pas cette typologie de poste, tu serais insupportable! » Le seul exotisme de notre schéma est dans l'inversion des rôles genrés et c'est peut-être cela, finalement, la véritable égalité. D'ailleurs, je me reconnais dans le portrait de Ruth Bader Ginsburg, juge mythique à la Cour suprême des États-Unis qui ne s'occupait de ses enfants qu'à travers leurs devoirs scolaires. J'aime suivre leurs sujets, m'assurer qu'ils ne sont pas restés en surface dans leur apprentissage ; gare aux mauvaises notes!

Qu'est-ce que vous n'avez pas encore dit?

MA MISSION : RENDRE LE BEAU ACCESSIBLE. J'AIME L'ART, LA MODE ET LA DÉCORATION, CAR ILS SUBLIMENT LE QUOTIDIEN.

Après La Redoute, je l'imagine en contribuant à la construction d'un monde plus responsable. C'est compliqué de se remettre en question, de bouleverser l'existant. Quand on voit qu'il faudrait 15 milliards d'euros par an pour remettre la recherche française au niveau, qui représente tout de même l'avenir du pays, je me dis qu'il y a du chemin à faire. Et pourtant, c'est fondamental! Ne serait-ce que pour les générations futures. À mon niveau, j'ai envie de contribuer à cela, via l'investissement dans les start-up ou la relance d'une société.

Rapport à la féminité

PLUTÔT BASKETS QUE TALONS. ENFANT, ELLES ÉTAIENT BIEN PLUS PRATIQUES POUR GRIMPER AUX ARBRES !

Conseil

LE MANAGER EST PLUS IMPORTANT QUE LE POSTE. PRIVILÉGIEZ UNE PERSONNE QUI VA VOUS FAIRE GRANDIR, CAR C'EST CETTE COURBE D'APPRENTISSAGE QUI FERA TOUTE LA DIFFÉRENCE.

Livre

CEUX D'ALEXANDRA DAVID-NÉEL, QUELLE AVENTURE ! CETTE EXPLORATRICE EST PARTIE DANS LES ANNÉES 1920 EN ASIE ET EST LA PREMIÈRE FEMME QUI A RENCONTRÉ LE DALAÏ-LAMA AU TIBET.

Catherine

La France la découvre en 2020 sur M6, dans l'émission « Qui veut être mon associé? », aux côtés d'icônes de l'entrepreneuriat français, comme Marc Simoncini (Meetic), Frédéric Mazzella (BlaBlaCar) ou encore Éric Larchevêque (Ledger). Catherine, figure féminine dans un monde startupien encore très masculin, surprend de prime abord par son énergie et son sourire magnétique. La dirigeante aux origines modestes se définit comme une « mamie du web », pionnière de la publicité sur internet, *serial* entrepreneure qui a réussi à revendre trois de ses sociétés, conférencière, investisseuse. Fait rare, la patronne me reçoit chez elle : un grand appartement comme dans les films, à deux pas du musée du quai Branly, le Trocadéro s'invite en arrière-plan du balcon. Il est tôt, Catherine s'est levée à 6 h, elle prend un second café tandis que je dévore une tartine de pâte à tartiner.

Barba

Comment est-elle devenue n° 1 ?

En monétisant ses multiples talents.

Elle dit d'elle-même en rigolant : « Mieux qu'un ami, un client. »

Pour l'entrepreneure, la compétence clé pour réussir son entreprise, c'est vendre. Vendre aux consommateurs, vendre aux investisseurs, vendre aux repreneurs. Comment transformer un concept en business? Quelle est la proposition, l'offre, la solution? Tout ce que Catherine fait, elle l'équilibre : une bonne idée, c'est une idée rentable. En 2004, la patronne importe le concept du cash back en France. Elle tape à la porte de tous les commerçants, qui ne la connaissent pas. Elle insiste. Quelques mois plus tard, sans publicité, le site Cashstore compte cinq cent mille utilisateurs. Mais surtout, Cashstore est partout. Catherine publie des enquêtes, organise des événements, crée des rendez-vous.

> ” Il y avait une dichotomie immense entre notre visibilité et notre chiffre d'affaires. Nous étions tout petits, mais tout le monde avait entendu parler de nous. Sept ans plus tard, je revends la start-up à mon principal concurrent, Plebicom.

En 2013, après avoir vendu une autre société, elle a besoin de souffler. Elle décide de partir en famille, les deux mois des grandes vacances, aux États-Unis. Partout dans les magasins, la vie semble avoir dix ans d'avance, tout est digitalisé. Elle prend des photos, des notes. Au retour, la patronne écrit un livre sur le sujet, *Le magasin n'est pas mort* (Fevad, 2013), qui suscite beaucoup d'intérêt. L'année d'après, Catherine convainc son mari et sa fille de partir vivre à New York. Là-bas, elle ouvre un observatoire de la transformation numérique, rencontre des centaines de fondateurs de start-up, interroge les grands retailers américains, étudie les transpositions possibles. La tribu y reste cinq ans.

DE 2015 À 2020, CATHERINE ÉTUDIE L'ÉVOLUTION DE L'E-COMMERCE AUX ÉTATS-UNIS POUR LE COMPTE DE RETAILERS FRANÇAIS.

LA DIRIGEANTE A INVESTI DANS UNE VINGTAINE DE START-UP DE LA FRENCH TECH, DONT LA MAJORITÉ ONT ÉTÉ CRÉÉES PAR DES FEMMES. ELLE EST ÉGALEMENT MEMBRE DES CONSEILS D'ADMINISTRATION DES GROUPES RENAULT ET ETAM.

Parcours

Née le 28 février 1973 à Rueil-Malmaison, Catherine intègre ESCP Business School, dont elle sort diplômée en 1996.

> ” *Dernière année d'école : je tombe sur un concours organisé par le Syndicat de la presse autour de l'arrivée d'internet et son impact sur les médias. Je me dis : « C'est génial. Qu'est-ce qu'internet ? » Je gagne le prix, et la présidente du concours, Viviane Prat, qui dirige l'agence média du groupe Omnicom, m'embauche. Elle m'explique que les annonceurs achètent des campagnes à la télévision, à la radio, dans la rue, mais pas encore sur internet. Je deviens Mme internet.*

Lors d'un déjeuner client, la dirigeante rencontre Marc Simoncini, le futur fondateur de Meetic. À l'époque, il dirige iFrance, un hébergeur de sites personnels - l'ancêtre des blogs –, l'un des plus gros sites internet dans l'Hexagone. Il propose à Catherine, alors âgée de 26 ans, de devenir directrice générale de l'entreprise.

> ” *J'étais responsable du développement commercial, je devais aller chercher des clients pour acheter de la publicité sur le site, j'étais intrapreneure et je devenais entrepreneure.*

Un mois après avoir démarré, le site se fait racheter 182 millions d'euros par Vivendi. Trois ans plus tard, Catherine crée sa première société, le portail de cash back Cashstore, revendu en 2010 à Plebicom. En parallèle, la dirigeante réalise que la problématique principale d'e-commerce réside dans le taux de conversion des sites – 1 % à peine. Elle décide d'inventer une méthodologie de tracking et d'analyse qu'elle nomme « Malinea ». L'idée cartonne. Elle la revend aux fondateurs de Vente Privée, qui la renomme la « Digital Commerce Factory ». Aujourd'hui, la patronne lance sa quatrième entreprise : Envi, une école pour apprendre à se lancer et à développer une activité durablement rentable en tant qu'indépendant.

Catherine est mariée à Arnaud Chiaramonti, cofondateur du label de musique Believe Digital. Le couple a une fille, Inès.

Tête-à-tête

Pourquoi vous?

Je suis d'origine espagnole, de la troisième génération d'immigrés - mes grands-parents ont fui la guerre. L'espagnol est ma langue maternelle, et cette histoire familiale me caractérise : je regarde devant, aller de l'avant est une nécessité.

Je viens d'un milieu modeste. Je suis fille unique et tous les espoirs ont reposé sur mes épaules – j'étais un petit cheval de course! Je pense que, si mes grands-parents voyaient où j'habitais aujourd'hui, ils n'en reviendraient pas. Ils me vouvoieraient. Je suis un ovni dans ma famille. Je n'en retire pas une fierté particulière, mais je me souviens d'où je viens, cela aide à garder les pieds sur terre.

Je suis un pur produit de la méritocratie. J'étais première de la classe. Mes parents m'avaient appris que l'on s'en sortait comme cela. Du coup, j'ai suivi la voie royale : des maths, un prix au Concours général de français, une prépa, une grande école de commerce. J'ai coché les cases.

J'AI RETROUVÉ UN DEVOIR DE CM2, DANS LEQUEL J'AVAIS ÉCRIT : « QUAND JE SERAI GRANDE, JE CRÉERAI MA SOCIÉTÉ D'INFORMATIQUE. » JE PENSE QUE C'ÉTAIT EN MOI.

Quelle patronne êtes-vous?

Ma motivation, c'est l'apprentissage. Je n'ai jamais ressenti le syndrome de l'imposteur, car je suis persuadée que, si l'on travaille suffisamment en profondeur un sujet, on en devient expert. L'imposture, c'est de mentir sur ses compétences. Comme disent les Américains : « *You need to know your shit!* » Quand le groupe Renault est venu me chercher pour être membre de leur conseil d'administration, je leur ai dit que je ne l'avais jamais fait auparavant. J'ai travaillé des heures et des heures sur le secteur automobile pour en cerner le contexte, les enjeux et les défis.

En rentrant de New York, j'ai commencé à me demander comment les choses allaient évoluer après le Covid-19, si l'emploi serait menacé. Quelles étaient les options pour les indépendants, ceux qui étaient en reconversion? Et j'ai décidé de créer la première école pour ceux qui souhaitaient se lancer à leur compte, durablement. C'est ma prochaine aventure. Je n'arrête jamais d'apprendre.

Pourquoi si peu de femmes à votre place?

Dans ma vie professionnelle, être une femme n'a jamais été un sujet. Avant de partir aux États-Unis, j'ai monté un événement pour mettre un coup de projecteur sur les femmes dans la tech : La journée de la femme digitale, que j'ai transposée à New York en Women's Innovation Forum. J'ai énormément appris sur les bonnes pratiques concernant la diversité de l'autre côté de l'Atlantique. Très vite, le Women's Innovation Forum est devenu le WIN Forum, car il ne fallait pas que cela soit restreint à un événement par les femmes, pour les femmes, avec les femmes. Je pense qu'il y a une nécessité d'exemplarité. Peut-être aussi que les hommes ont l'impression que, si l'on prend la place de numéro une, ils vont la perdre. Il ne faut pas être les uns contre les autres, mais ensemble. La vraie transformation des mentalités se fait avec les hommes. Et en investissant dans les start-up portées par les femmes.

Qu'est-ce que vous n'avez pas encore dit?

Quand j'étais petite, je voulais habiter dans ce quartier, le VIIe arrondissement de Paris. Je passais en voiture avec mes parents et je trouvais cela sublime, ces immeubles haussmanniens dans lesquels je devinais un intérieur très bien décoré.

Cela me faisait rêver. Ça et les copines de l'école qui arrivaient le lundi en disant : « Ce week-end, je suis allée à l'Opéra avec ma grand-mère. » Moi, ma grand-mère ne savait même pas que l'Opéra existait. J'avais envie de bien travailler à l'école pour pouvoir avoir un bon travail et m'offrir de belles choses.

Lorsque iFrance a été vendu pour une somme pharaonique à Vivendi, j'avais des parts. Je suis devenue riche du jour au lendemain, à 27 ans. J'ai changé de vie, de petit ami, d'appartement, et je suis devenue entrepreneure.

CET ÉVÉNEMENT A ÉTÉ UN ACCÉLÉRATEUR DE VIE : JE PENSE QUE J'ÉTAIS NÉE POUR ENTREPRENDRE.

Qualité et défaut

MON ÉNERGIE, JE DORS CINQ À SIX HEURES PAR NUIT. SUPER POUR ENTREPRENDRE, MAIS CELA N'EST PAS DE TOUT REPOS POUR MON ENTOURAGE.

Échec

C'EST FACILE DE PARLER D'ÉCHEC QUAND CELA VA BIEN FINANCIÈREMENT. SE CRASHER EN PUBLIC SUR SCÈNE, RATER UNE SOCIÉTÉ, TOUT CELA N'EST PAS GRAVE. LE VRAI ÉCHEC, C'EST LE MANQUE D'AMOUR.

Socle

MA FOI ME PORTE. ON N'EN PARLE PAS SOUVENT, C'EST ASSEZ TABOU. ELLE M'ENLÈVE MES PEURS, MÊME SI J'AIME BIEN AVOIR UN PEU DE TRAC – UN VRAI STIMULANT POUR MOI.

Anaïs Barut

L'allure est modeste, la timidité palpable. Anaïs fait partie de celles et ceux qui changent le monde en silence. Présidente et cofondatrice de Damae Medical, une start-up qui a tout simplement inventé un microscope permettant de détecter un cancer de la peau sans effectuer de biopsie - un prélèvement qui se révèle inutile dans 50 % des cas et laisse une cicatrice. Une révolution quand on sait que 1 cancer sur 3 est un mélanome, et surtout que l'on passe à côté de 20 % d'entre eux, avec des conséquences dramatiques, alors qu'un diagnostic précoce permettrait un taux de survie à 98 %. Anaïs, lauréate à 22 ans du MIT Technology Review, *Forbes 30 Under 30*, prix EDF Pulse, m'explique avec des mots simples l'urgence vitale à laquelle elle est en train de répondre. Bouleversante.

Comment est-elle devenue n° 1 ?
En se voyant refuser l'accès à la voie royale.

” Toute ma scolarité, j'ai été numéro une. J'ai sauté deux classes - plus jeune par l'âge, mais plus grande par la taille, donc ça ne se voyait pas. Je ne comprenais pas le délire des autres, d'ailleurs, je trouvais mes frères aînés et leurs amis beaucoup plus cool que les gens de mon âge.

Anaïs passe son baccalauréat avec mention très bien, puis démarre des classes préparatoires scientifiques à Versailles. Polytechnique, les Mines, Centrale... Elle présente tous les concours. Puis les échoue, un par un.

” Le rythme est extrêmement intense. Je ne savais pas trop pourquoi je travaillais, à part pour avoir les meilleures notes et le plus de potentialités possible. À un moment, j'ai dû m'éloigner d'un certain sens pratique qui me caractérisait avant. Deux ans de préparation, des heures de maths, des nocturnes à l'infini... L'échec a été terrible, la remise en question immense.

La patronne finit par entrer à l'Institut d'optique Graduate School - un évènement vécu comme une humiliation, qui s'avérera être « la chance de [sa] vie » et donnera naissance à l'une des start-up médicales les plus prometteuses de sa génération.

Parcours

Née le 10 juin 1992 à Revin dans les Ardennes, Anaïs déménage durant toute son enfance au gré des fonctions de son père, ingénieur nucléaire au sein d'EDF. Parmi ses lieux de résidence, la dirigeante affectionne tout particulièrement Thionville, une bourgade proche des frontières allemandes et luxembourgeoises, un endroit où elle peut, enfin, prendre le temps de « tisser du lien ».

La patronne a deux grands frères, qu'elle qualifie affectueusement de geeks. Adolescente, Anaïs se passionne pour l'univers spatial et la médecine, souhaitant tour à tour devenir astronaute, pilote d'avion de chasse, puis chirurgienne. L'exposition au monde *corporate* reste relative, l'environnement scientifique familial est omniprésent.

Après un baccalauréat obtenu à l'âge de 16 ans, puis des classes préparatoires, la dirigeante intègre l'Institut d'optique Graduate School. Elle s'y épanouit dans ses projets entrepreneuriaux, se crée une communauté d'amis et y rencontre son petit ami, Loïc, intrapreneur chez Safran. Elle y trouve également deux associés, David Siret et Arnaud Dubois, chercheur au CNRS, avec qui elle développe à 22 ans Damae Medical, un microscope révolutionnaire et sa technologie « deepLive », qui permet de détecter directement sur la peau un cancer éventuel.

À la suite de son école, Anaïs effectue un MBA à la grande école de HEC Paris en 2014, puis la spécialisation entrepreneuriat du programme MBA. En 2015, Damae remporte le concours d'innovation I-Lab et finance sa preuve de concept et ses tests précliniques qui ont lieu au CHU de Saint-Étienne sur deux cents patients - les résultats sont concluants. Depuis 2014, la start-up a levé plus de 10 millions d'euros non dilutifs.

2020 : la pépite MedTech obtient le label CE et commercialise deepLive en France, en Espagne, en Belgique, en Italie, en Suisse et en Allemagne. Deux ans plus tard, BNP Paribas entre au capital pour 5 millions d'euros, avec en ligne de mire un développement aux États-Unis et en Australie. Avec ses trente collaborateurs, Damae compte bien devenir le nouvel outil de référence des dermatologues à travers le monde.

Pourquoi vous?

Lorsque j'ai échoué à tous les concours, je me suis réfugiée dans le cocon familial. À l'époque, la copine de mon grand frère avait intégré une petite école d'ingénieur qui s'appelle l'Institut d'optique. Elle faisait de l'entrepreneuriat, ça avait l'air pas mal. En réalité, j'ai eu peur de me spécialiser, de devenir encore plus scientifique, de me retrouver en thèse - j'y suis allée à reculons, même si c'était une jolie porte de sortie.

Je devais avoir démarré les cours depuis deux semaines quand Cécile Schmollgruber, ancienne élève de l'Institut et fondatrice de Stereolabs - une start-up leader dans le monde de la 3D -, est venue nous parler de ses caméras, qui ont filmé *Avatar* pour James Cameron. C'était ma première conférence.

L'ASPECT CONCRET DE LA CRÉATION PRODUIT ET LE CÔTÉ BUSINESS M'ONT TOUT DE SUITE PARLÉ.

Dès la première année, l'école m'a donné 1 000 euros pour créer une société. Du coup, tu t'amuses. Si tu ramènes un peu plus, tu gardes la différence, sinon c'est couvert par une assurance. Mon premier objet, c'était un coupe-gâteau, j'en ai vendu une cinquantaine en un an. Il m'a aussi permis de rencontrer mon associé David Siret.

La deuxième année, on est passés aux choses sérieuses avec la création d'un détecteur de somnolence au volant. Je gérais l'aspect marketing, les partenariats, la vente. David gérait l'aspect technique, le prototypage, les spécifications.

Et puis la dernière année, c'est la rencontre avec des chercheurs et apporteurs d'idées - un évènement depuis répliqué par d'autres écoles -, c'est-à-dire un rassemblement de personnes évoquant leurs inventions à demi-mot, car ils ont peur de se faire piquer leur concept, même s'ils cherchent des cofondateurs.

C'est là qu'Arnaud Dubois, mon troisième associé, présente son idée. Normalement, un microscope, c'est plutôt lent, tu places une lame en dessous et il y a une image. Mais là, tu le places directement sur la peau. C'est fou. Ça a été le coup de foudre, une évidence. Arnaud est un scientifique, qui ne souhaitait pas se lancer seul dans l'aventure entrepreneuriale. Il lui fallait des associés qui puissent comprendre sa technologie, mais qui sachent également la vendre et qui aient l'énergie de développer une société sur plusieurs dizaines d'années, car la Med Tech est très lente. C'est à ce moment-là que je suis entrée en piste.

Quelle patronne êtes-vous?

Celle qui n'aime pas qu'on l'appelle patronne!

Je sais ce que c'est de démarrer les mains dans le cambouis, je fais partie de l'équipe, point barre. Je reste dans l'opérationnel jusqu'à que je trouve quelqu'un qui fait cela mieux que moi.

Choisir un travail, pour moi, c'était renoncer à apprendre. L'entrepreneuriat et la recherche médicale, du coup, c'est le Graal! Je suis une patronne qui est en recherche permanente d'apprentissage, même si je pense qu'il faut désacraliser la start-up - nous avons aussi nos faiblesses organisationnelles, nos crises, nos biais culturels.

Il n'y a rien de plus fondamental que la santé. Tu manques de motivation? Il n'y a qu'à faire un tour à l'hôpital, et la motivation est de retour. J'aime observer l'application de Damae dans le concret, sur le terrain. Voir cette sonde imaginer la peau avec une simplicité folle. Rendre la vie des gens un peu plus belle. C'est assez dingue de penser qu'avant il fallait envoyer un bout de ta chair à un laboratoire, attendre les résultats. C'est impensable. Évidemment, cela prend particulièrement sens sur le visage. Mais nous ne nous limitons pas seulement au diagnostic, la technologie intervient aussi dans le suivi de traitement et dans le guidage chirurgical. Dans 20 à 30 % des cancers de la peau et du sein, une seconde opération a lieu, car le premier tracé du cancer n'était pas correct, il faut enlever plus.

LA PRÉCISION DE NOTRE TECHNOLOGIE PENDANT L'OPÉRATION CHIRURGICALE PERMET DE RÉUSSIR DU PREMIER COUP, CE QUI N'EST PAS ANODIN.

Pourquoi si peu de femmes à votre place?

Dans la promo de mon école d'ingés, nous étions 15 % de filles. Je n'ai jamais connu de freins dus à mon genre, même si je pense avoir la mémoire sélective. Alors oui, je pourrais raconter le nombre de fois où l'on m'a prise pour la stagiaire, où l'on m'a demandé ce que pensent mes parents de ma vie entrepreneuriale. Mais honnêtement, j'en ris et je passe au-dessus.

LA PROBLÉMATIQUE DE LA PARITÉ S'EST POSÉE QUAND J'AI DÛ RECRUTER. SOURCER DES FEMMES DANS DES FILIÈRES SCIENTIFIQUES, C'EST GALÈRE !

Ce n'est pas juste un post sur LinkedIn. Il faut ratisser large, aller les chasser tôt, dans des filières biologiques ou médicales dans lesquelles elles sont plus nombreuses. C'est une bataille.

Qu'est-ce que vous n'avez pas encore dit?

Entre la création de Damae et la commercialisation, il s'est passé six ans. Nous avons pu faire le pont entre le laboratoire et l'hôpital, car, intuitivement, ce sont deux mondes qui ne se parlent pas. Arnaud était un chercheur quelque peu isolé du monde médical lorsque nous l'avons rencontré. Il est passé à côté de la valorisation de plusieurs de ses brevets par le passé et a décidé de prendre les choses en main pour celui-ci.

Ensemble, nous avons pu mettre l'énergie, le temps, les moyens. Difficile de courir ce marathon en solo. À trois, on a vidé nos livrets A, on a mis 25 000 euros sur la table et on a démarré. Nous travaillons aujourd'hui avec des dermatologues au sein d'hôpitaux, de cliniques, mais aussi en pratique libérale, avec une adaptation aux capacités d'investissement de chacun.

AUJOURD'HUI NOUS NE CHERCHONS PAS LA RENTABILITÉ À TOUT PRIX, ELLE VIENDRA RAPIDEMENT UNE FOIS LE DISPOSITIF DÉPLOYÉ ET DÉMOCRATISÉ À GRANDE ÉCHELLE.

Le rôle de l'équipe fondatrice, c'est de doser entre phases d'accélération, périodes plus lentes de recherche tout en gardant toujours l'avantage d'avoir été les premiers. Nous jonglons constamment entre toutes les pédales.

Rapport à l'argent

DANS LES MOMENTS DURS, MES PARTS ME FONT TENIR. JE NE VAIS PAS « *CASH OUT* » À LA PROCHAINE LEVÉE. IL Y A UN ÉQUILIBRE À TROUVER.

Revanche

FAIRE HEC APRÈS L'INSTITUT D'OPTIQUE. CELA A CLÔTURÉ LE DÉBAT SUR MON PARCOURS ACADÉMIQUE, ET PLUS PERSONNE NE M'A POSÉ LA QUESTION DE SI JE SAVAIS FAIRE UN *BUSINESS PLAN*.

Échappatoire

LES DÉFIS SPORTIFS LANCÉS PAR MA MÈRE QUI ME SORTENT LARGEMENT DE MA ZONE DE CONFORT ! NOUS EN SOMMES À DEUX MARATHONS, ET J'EN SUIS TRÈS FIÈRE !

Les chiffres donnent le tournis : 17,4 milliards d'euros de chiffre d'affaires, 100 millions de consommateurs au quotidien, 412 000 collaborateurs dans plus de 55 pays. Sodexo – leader mondial de services de restauration collective et de facilities management – est tout simplement le deuxième employeur privé français à l'international. À la tête de ce géant du capitalisme français, une femme : Sophie. Plus de vingt ans après être entrée par la petite porte de l'entreprise créée par son père, en 1966, la patronne a les pleins pouvoirs. La réception se fait, comme souvent, dans une grande salle de verre à la vue dégagée, l'échange avec la direction de la communication est particulièrement joyeux et complice. Il y a quelque chose d'artistique chez cette héritière pas comme les autres. Les habits, l'allure, le phrasé semblent particulièrement libres. L'espace d'un instant, dans l'échange avec cette maman de quatre enfants, j'oublie que je me trouve en face de celle qui fut longtemps la seule femme à présider un conseil d'administration d'une entreprise du CAC 40.

Comment est-elle devenue n° 1 ?

En traçant sa propre route avant de rejoindre le giron familial.

Sophie est partie pour mieux revenir. Le départ pour son école de commerce lilloise fut pour la dirigeante une première petite expatriation, loin du cocon familial et de ses obligations. Elle y découvre le théâtre, une activité qu'elle continuera lors d'une seconde expatriation, cette fois-ci de l'autre côté de l'Atlantique, à New York. Lorsqu'elle y travaille pour le Crédit lyonnais, la patronne prend des cours plusieurs soirs par semaine. Elle évolue ensuite en tant que free-lance dans la mode, notamment pour Chanel et Ungaro, pour qui elle vend les collections aux grands magasins américains.

,, Mon éducation fut très classique, très analytique, finalement très française. 1 + 1 = 2. En voyageant, je me suis rendu compte que cela n'était pas toujours le cas. Il n'y a pas de vérité absolue. J'ai eu un besoin viscéral de me créer mon propre chemin. Quand je suis sortie de l'EDHEC, mon père m'a demandé d'entrer chez Sodexo et j'ai refusé. Nous avons été élevés avec l'idée que l'on ne confond pas l'organigramme avec l'arbre généalogique. Mon père est un entrepreneur de génie, avec une personnalité assez forte. Malgré mon admiration, je n'étais pas prête, et j'avais l'envie d'apprendre à me connaître avant toute chose. New York est une ville d'énergie, de liberté, de franchise. J'y suis restée huit ans. Je suis partie vivre ma vie, et j'avoue qu'il n'était pas très content!

Tête-à-tête

Pourquoi vous?

Si j'avais intégré le groupe familial à 20 ans, la problématique de légitimité se serait posée. Mais après dix ans d'expérience, cela n'était plus le cas. Rejoindre l'organisation était complètement assumé. J'avais déjà un pied en tant qu'actionnaire de Sodexo puisque depuis les 20 ans de ma sœur cadette, j'ai rejoint avec mes frères et mes sœurs le conseil d'administration du groupe. Il y avait un *affectio societatis* important.

À mon retour dans l'Hexagone, je me suis posé la question de la suite. J'avais 32 ans, j'étais déjà maman de trois enfants, c'était le bon timing. J'ai eu envie de mettre mon expérience des fusions-acquisitions au service du pôle financier, qui était un département stratégique puisque le groupe devait à ce moment-là croître par rachats successifs. Les cinq premières années de ma carrière, j'ai été prise dans une spirale de travail assez intense, qui m'a mis le pied à l'étrier. J'ai occupé divers postes, à la direction

Parcours

Née le 19 août 1961 à Marseille, Sophie est la fille aînée d'une fratrie de quatre enfants. Son père est le fondateur de Sodexo.

JE SUIS MARSEILLAISE DANS L'ÂME. LORSQUE NOUS AVONS DÉMÉNAGÉ À PARIS, JE DEVAIS AVOIR SEPT OU HUIT ANS ET CE FUT UN PETIT TRAUMATISME ! J'ÉTAIS TRÈS TRISTE AU DÉPART. J'AI INTÉGRÉ LE LYCÉE MOLIÈRE, PUIS UNE PRÉPA, PUIS L'EDHEC.

En 1983, la dirigeante est diplômée de l'école de commerce. Elle part ensuite s'installer à New York et démarre sa carrière en conseil en fusions-acquisitions chez LCL – à l'époque le Crédit lyonnais – avant de travailler plusieurs années dans le secteur de la mode.

1994 : Sophie entre chez Sodexo au sein des équipes financières et participe notamment au rachat de Gardner Merchant au Royaume-Uni et de Marriott Management Services aux États-Unis, ce qui contribue à doubler à deux reprises le chiffre d'affaires du groupe. La patronne prend la tête du contrôle de gestion opérationnel six ans plus tard, avant de devenir directrice des relations client groupe en 2005. En 2008, Sophie devient directrice générale des services aux entreprises dans l'Hexagone, puis dirige la stratégie de recherche, développement et innovation. Cinq années après, elle est nommée vice-présidente du conseil d'administration, duquel elle est membre depuis ses 28 ans.

Lorsque la question de la succession se pose en 2012, Pierre Bellon délègue le choix du prochain président à ses quatre enfants , qui décident de s'appuyer sur l'aide de quatre administrateurs du groupe. Sophie est nommée le 19 janvier 2016, puis cumule son mandat avec celui de directrice générale six ans plus tard.

Outre ses responsabilités à la tête de Sodexo, Sophie est membre des conseils d'administration de L'Oréal, l'AFEP et Catalyst.

financière, au contrôle de gestion, à la rétention commerciale.

En 2008, j'ai géré un premier périmètre plus large, à la direction des services aux entreprises de l'Hexagone. En 2012, mon père, qui avait déjà 80 ans, nous a annoncé, à mon frère, mes deux sœurs et moi, qu'il souhaitait que la succession s'effectue au sein de la famille. Puis il nous a dit : « Débrouillez-vous! Je ne veux pas d'histoires. Il y a eu trop de successions qui ont déchiré d'autres familles, pas de cela chez nous. » Mes sœurs, mon frère et moi avons défini ensemble un processus de sélection.

À L'ISSUE DE CE PROCESSUS, J'AI ÉTÉ NOMMÉE À L'UNANIMITÉ. J'AI PU ME PRÉPARER À CE RÔLE PENDANT PRÈS DE TROIS ANS.

Aujourd'hui, ma sœur Nathalie dirige Sodexo Live!, la marque qui regroupe notre expertise dans le sport, l'événementiel et les loisirs, et mon frère François-Xavier préside le directoire de la holding familiale.

Quelle patronne êtes-vous?

La mission d'amélioration de la qualité de vie de nos clients et consommateurs me tient particulièrement à cœur. À l'école, en entreprise, dans les établissements de santé - avec les équipes de Sodexo, j'espère apporter du bien-être dans la vie d'autrui. Je connais des personnes chez Sodexo qui, pendant la crise du Covid-19, travaillant en contact avec des personnes âgées, sont restées pendant des semaines dormir sur le lieu de leur travail pour ne pas risquer d'attraper le virus et de les contaminer. Nos équipes sont extraordinaires. Pas un jour ne se passe sans que je sois extrêmement fière de ce qu'elles font sur le terrain. Au quotidien comme en temps de crise. Ce sont des héros du quotidien, qu'il faut valoriser. Plus la société va se digitaliser, plus le contact humain va être important - un smiley ne remplacera jamais le sourire de quelqu'un! Lorsque nous étions tous confinés, la cantine scolaire, par exemple, si vivement critiquée d'habitude, a terriblement manqué.

CERTAINS ENFANTS, S'ILS NE MANGENT PAS À L'ÉCOLE, NE MANGENT PAS À LEUR FAIM.

D'autres ne se nourrissent pas de manière équilibrée. C'est cela que nous accomplissons tous les jours, et j'en suis terriblement fière.

Quant à mon expérience personnelle, si je n'avais pas été nommée présidente, cela ne m'aurait pas posé problème : j'adorais mon travail, je suis passionnée par le terrain, par la dimension humaine de nos métiers. Je n'ai pas cherché le pouvoir, je ne m'attendais pas à ce que mon père nous a annoncé. Quand j'ai eu le coup de fil du comité indépendant qui m'a nommée, j'ai été très fière, mais mes épaules se sont aussi affaissées sous le poids des responsabilités. Je l'ai senti, physiquement. Les articles disaient : « De l'ombre à la lumière », comme si j'étais devenue une autre personne. Dans ma tête, j'avais vingt ans de boîte, j'ai gravi les échelons, il n'y avait rien d'exceptionnel. Après, je me suis rendu compte qu'en tant que femme, j'ai une visibilité accrue qui est positive pour l'entreprise. Si je peux en profiter pour parler du travail de nos équipes, qui n'est pas suffisamment reconnu malgré son caractère essentiel, tant mieux!

Pourquoi si peu de femmes à votre place?

La raison est clairement culturelle. À partir du moment où l'on arrive à progresser sur la mixité, on arrive à avancer sur toutes les formes de diversité, parce qu'on réduit les biais au sens large. Les femmes ne construisent pas forcément leur carrière de la même manière que les hommes, c'est à l'employeur de rester vigilant pour garder ces talents, sinon on a tôt fait de reculer. Plus les femmes gagnent en responsabilités, plus elles sont scrutées. Les attentes sont très fortes. À mon arrivée à la tête des services aux entreprises en France, lors de ma première rencontre avec mon équipe, je me suis retrouvée face à dix-huit hommes, et pas une seule femme : mon cœur s'est emballé. Je me suis étonnée notamment du fait qu'il n'y ait aucune directrice régionale. On m'a expliqué que ça n'était pas un métier de femme. C'était une idée reçue : quand j'ai quitté ce poste, elles étaient cinq dans l'équipe. Nous avons tous des biais, l'essentiel est de se challenger en permanence, pour continuer à progresser. Et je crois énormément à l'importance des *role model* : il suffit d'une femme, pour que d'autres arrivent à se projeter!

Qu'est-ce que vous n'avez pas encore dit?

Pour moi, les clés de la réussite, quel que soit le parcours, sont la détermination – il ne faut jamais lâcher – et le fait d'être libre de ses choix. Et puis l'humilité, essentielle dans le monde d'aujourd'hui, associée au courage de prendre des risques. Je crois qu'il faut accepter de se tromper. Le droit à l'erreur, pour soi comme pour les autres, est fondamental - c'est le corollaire de l'esprit de progrès. J'ai bien sûr moi-même commis des erreurs, tout au long de mon parcours. Et j'en commettrai d'autres! N'oublions pas que c'est aussi ces apprentissages qui construisent à long terme le succès d'une entreprise.

Role model

SŒUR EMMANUELLE, QUE J'AI EU L'IMMENSE PRIVILÈGE DE RENCONTRER. QUELLE FEMME ! TOUJOURS POSITIVE, AVEC UNE GÉNÉROSITÉ ET UNE SIMPLICITÉ INFINIE.

Série

EN THÉRAPIE: ADOLESCENTE, JE VOULAIS ÊTRE PSYCHOLOGUE. J'AI DÉVORÉ TOUS LES LIVRES SUR LE SUJET ! PEUT-ÊTRE UN PIED DE NEZ À LA RATIONALITÉ DU SYSTÈME SCOLAIRE FRANÇAIS.

Rêve

AMÉLIORER LA QUALITÉ DE VIE, NON PLUS DE 100 MILLIONS, MAIS DE 1 MILLIARD DE PERSONNES.

Constance

Je dois admettre que je suis terrifiée à l'idée de rencontrer celle que l'on qualifie de « femme la plus puissante des médias ». Appelée par Arnaud Lagardère en 1999 pour diriger Europe Régies, Constance prend la tête du pôle « news » du groupe vingt ans après. *Paris Match*, *Le Journal du dimanche*, Europe 1, Virgin Radio, RFM et surtout la marque *ELLE* à travers le monde, ma bible, que j'achète religieusement tous les vendredis. Brigitte Macron en couv' avant tout le monde ? C'est elle. Je bafouille sur mon CV. Il y a beaucoup trop de lumière dans ce bureau tout en verre situé dans cette immense bâtisse du XVe arrondissement de Paris. La voix est grave et élégante, les cheveux parfaitement coiffés, le regard bienveillant. Mon stress diminue petit à petit.

Benqué

Comment est-elle devenue n° 1 ?

En visant la réussite financière.

Constance a la niaque. Cette grande sportive qui pratique la boxe deux heures par semaine parle vite, ses phrases sont courtes et impactantes. Elle assume son appétence pour le pouvoir, un certain style de vie, les vacances, les belles choses - mais aussi pour gâter les gens qu'elle aime.

> *Mon père supportait tout, mais il ne fallait pas avoir de mauvaises notes. Il n'a jamais fait d'études et avait l'obsession que son enfant en fasse. En l'occurrence, je suis fille unique. Mes parents m'ont élevée avec un vrai goût pour l'indépendance financière vis-à-vis des hommes. Il faut se remettre dans le contexte des années soixante, une période où nos mères ne travaillaient pas, ou peu.*

Lorsque la dirigeante sort diplômée de Sciences Po, son entourage évolue dans la banque, chez L'Oréal ou Danone, tandis qu'elle se retrouve à vendre des formats publicitaires pour le journal *L'Expansion* dans des zones industrielles. Et s'y découvre un appétit pour l'argent et le pouvoir, qui ne l'a jamais vraiment quittée.

Tête-à-tête

Pourquoi vous?

Ma force, c'est de réussir à convaincre. Je dois cela à mon énergie, à mon leadership et à mon intuition. Je sens les gens, j'aime argumenter, m'exposer, monter au front. Pendant longtemps, j'ai dû lutter contre une certaine forme de peur. Peur de décevoir, peur de ne pas être à la hauteur... L'expérience ou les années aidant, ce sentiment m'a peu à peu quittée. Je me suis prouvé en quelque sorte que j'étais capable et que, dans les situations difficiles, je pouvais faire preuve d'un grand sang-froid, moi qui suis si instinctive et spontanée par ailleurs.

À chaque fois que je parle en public, j'ai un trac dingue, un truc à prendre un Xanax. Que ce soit devant 4 personnes avec Arnaud Lagardère, 200 personnes à une conférence, ou à la radio. *Constance griffonne, surligne, suit les questions dans un ordre chronologique défini.*

Parcours

Née le 4 juillet 1960 à Boulogne-Billancourt, Constance a un père originaire d'Algérie - revenu en France en 1937 - tandis que sa mère est hôtesse de l'air pour l'iconique compagnie Pan Am, avec laquelle elle s'est envolée aux États-Unis à 18 ans, une folie en 1949.

Constance obtient une maîtrise en droit public à Panthéon-Assas, avec pour ambition de devenir commissaire de police. Ne sachant pas monter à la corde et étant myope, elle décide de se réorienter, mais garde une fascination pour l'univers policier. Gare à celui qui l'interrompt pendant un épisode d'*Engrenages*. En parallèle de ses études à Sciences Po, la dirigeante travaille à l'Assemblée nationale durant presque deux ans. Elle rentre au journal *L'Expansion* en 1983 en qualité de cheffe de publicité, sans avoir une idée précise de son orientation future. Elle effectue ensuite une grande partie de sa carrière au sein de la régie publicitaire - sept années à *L'Expansion*, puis au lancement du journal *Capital* et, par la suite, à la direction commerciale du *Nouvel Obs*. Elle quitte la société en 1999 pour rejoindre Lagardère, où elle dirige la régie publicitaire, qui, sous son impulsion, deviendra l'une des régies hexagonales les plus puissantes, avec de la radio, de la presse, du numérique et de la télévision autour de marques iconiques. Nombreux sont ceux qui, dans ses équipes, ont depuis évolué vers des postes clés au sein de l'univers médiatique français. Elle part ensuite - toujours au sein du groupe Lagardère - diriger le magazine *ELLE* en France et dans le monde, avant de devenir présidente du pôle « *news* ».

En dehors de son activité chez Lagardère, Constance siège aux conseils d'administration d'Interparfums et Voyageurs du monde. Elle préside également le Bureau de la Radio. La dirigeante a deux filles.

> ” *Elles sont mes passions absolues. Violette est excessivement engagée : elle a fait un master en santé publique à Harvard, avant d'évoluer au sein de la Maison des femmes à Saint-Denis, puis de devenir cheffe de cabinet du maire de la Seine-Saint-Denis. Un sacré bout de femme. De son côté, Céleste a commencé dans le conseil et a bifurqué dans la production de films après sa formation à l'EM Lyon. Elle est douce, réservée et très créative. J'adore passer du temps avec elles et j'espère leur avoir transmis mon énergie et ma combativité, mon côté jouisseur - faire que chaque jour soit une fête!*

Mes notes me sauvent, tout est écrit. Même là, dans cet entretien, j'ai besoin de mes notes. J'ai besoin de tout contrôler, c'est une catastrophe!

Quelle patronne êtes-vous?

Je suis une faiseuse. J'aime faire.
Bon, j'avoue, il y a des sujets pour lesquels je suis moins compétente que d'autres. En revanche, les finances et les ressources humaines me passionnent. J'aime en tirer de l'action.

L'ENTOURAGE EST PRIMORDIAL. DERRIÈRE MOI, IL Y A UNE MACHINE DE GUERRE AVEC LES PATRONNES ET PATRONS DE RÉDACTION, LA PRÉSIDENTE DE LA RÉGIE PUBLICITAIRE, LA DIRECTRICE FINANCIÈRE, LE DIRECTEUR DES RESSOURCES HUMAINES, LA DGA DE LA PRESSE...

Je côtoie des personnes de grande qualité, très fidèles autour de moi et d'univers très variés. Nous travaillons, beaucoup, car je suis très exigeante, et je sais que je peux être dure, je suis une grande impatiente. Mais nous rions aussi beaucoup. L'humour est un fil rouge dans ma vie - je n'aime rien de plus que le second degré et l'autodérision. J'adore évidemment les classiques des comédies françaises : Louis de Funès, *Les Bronzés*, *Le Grand Blond avec une chaussure noire*, *Un éléphant ça trompe énormément*. Et, grâce à mon métier, j'ai l'immense chance de côtoyer mes humoristes préférés : Gaspard Proust, Manu Payet, Bertrand Chameroy, Jérôme Commandeur... qui me font autant hurler de rire dans la vie qu'au travers de leur spectacle.

Pour moi, être patronne, c'est oser dire, regarder les gens en face, les écouter, faire ressortir le meilleur de chacun et les valoriser au maximum. Et si cela ne marche pas, ne pas craindre de l'exprimer, d'aller au bout des choses, avec bienveillance et fermeté. Cela participe au respect mutuel que l'on se doit.

Nous avons la chance de travailler pour des marques patrimoniales, superbes et mon rôle est également de rappeler régulièrement aux équipes la chance qui est la nôtre, leur transmettre la fierté qui doit être la leur. Chacun de nous est un ambassadeur de la boîte, des personnes de l'accueil en passant par nos animateurs en région, les services transverses, les animateurs stars ou le personnel de la régie publicitaire. Les défis sont nombreux, et nos modèles mis à rude épreuve, mais je crois en la force du collectif. La réussite et l'aventure sont pour moi forcément collectives!

Pourquoi si peu de femmes à votre place?

Les femmes sont là, mais pas encore assez nombreuses. Même si mon comex comprend plus de femmes que d'hommes. Je constate d'ailleurs que mes collaboratrices, toutes très bosseuses et courageuses, doutent bien davantage que leurs homologues masculins. Mon rôle est de les encourager à se positionner, à s'exprimer pour casser ce fameux plafond de verre et qu'elles puissent investir pleinement le rôle qui est le leur. Malgré les difficultés, malgré les idées reçues, ma carrière montre qu'il est possible aujourd'hui d'accéder à un poste à responsabilités dans un milieu – disons-le – plutôt d'hommes.

Le féminisme au sens large est un combat qui me tient à cœur. Je le dois à nos grands-mères et à nos mères, qui ont beaucoup lutté pour des droits qui nous semblent aujourd'hui normaux mais qui ont été durement acquis et qui restent très fragiles... Un peu comme M. Jourdain, qui fait de la prose sans le savoir, je crois que ma vision du féminisme est un féminisme du quotidien : la confiance et l'exemple que j'essaie de transmettre à mes filles, le soutien que j'apporte jour après jour à de mes collaboratrices et mes actions en faveur des femmes victimes de violences. Un engagement que je poursuis également au travers de la défense de la condition féminine et des prises de parole au féminin au sein de nos médias : *ELLE* en première ligne, bien sûr, mais aussi *Paris Match*, Europe 1 et le *Journal du dimanche*.

Qu'est-ce que vous n'avez pas encore dit ?

Ma réussite tient aussi beaucoup aux hommes de mon entourage. Je suis restée avec mon ex-mari, le père de mes filles, pendant un petit peu moins de vingt ans. Je pense que je n'aurais pas eu la carrière que j'ai eue s'il ne m'avait pas soutenue, s'il n'avait pas été à mes côtés, pas seulement en m'aidant à la maison, mais en partageant mes réussites et mes angoisses. Nous nous entendons bien et partons même en vacances ensemble. Peut-être que dans quelques années, en regardant en arrière, je me dirais que nous sommes un modèle de séparation, même si cela n'est pas toujours facile. C'est quelqu'un qui compte beaucoup pour moi.

J'ai également été dirigée par des patrons emblématiques, comme Arnaud Lagardère, Axel Ganz, éditeur français de Prisma, Jean-Louis Servan-Schreiber de *L'Expansion* et Claude Perdriel, le fondateur du *Nouvel Observateur*, qui m'ont appris énormément de choses, dont l'art de convaincre, de fédérer et de manager.

Échappatoire

LIRE ET VOYAGER ! JE DÉVORE QUATRE OUVRAGES PAR SEMAINE, ET J'AI UNE VRAIE PASSION POUR LES HÔTELS, LES COMPAGNIES AÉRIENNES, LES BATEAUX. JE SUIS BAROUDEUSE, MAIS EN BANDE.

Idole

SYLVIE VARTAN. LES CHEVEUX BLONDS, LE CORPS, LA VOIX. J'ADORE. UN FANTASME ABSOLU...

Grigri

DES PETITES PIERRES PORTE-BONHEUR. AVANT LES RÉSULTATS DES AUDIENCES, J'EN METS PARTOUT. SI ÇA MARCHE, JE LES GARDE, SINON JE LES JETTE.

Kat Borlongan

Paris, IXe arrondissement. Une porte cochère parmi d'autres, des escaliers, une cour et, derrière, probablement l'un des appartements les mieux décorés que j'ai visités. Kat, entrepreneure, vient tout juste de quitter la direction de la French Tech, ce label créé en 2014 et devenu le symbole mondial de la Start-up Nation hexagonale. La patronne, née aux Philippines, me raconte son parcours, de son enfance à Manille à sa dernière aventure au cœur de la scale-up[1] Contentsquare en passant par Sciences Po Bordeaux et la création de sa première société, le cabinet Five by Five. Partie de rien, cette dirigeante, égérie d'une diversité tricolore encore si rare dans son écosystème, semble véhiculer une grande humanité mêlée à l'ambition de ceux qui ont dû s'accrocher.

Comment est-elle devenue n° 1 ? En fuyant.

Lorsque Kat a 18 ans, son père, fondateur d'Urban Bank et jalousé par le gouverneur de la banque centrale, est accusé de sabotage économique aux Philippines, où vit la famille. Il risque la peine de mort.

> *L'armée est arrivée, tous les ordinateurs ont été verrouillés. Mon père est devenu dissident politique. S'en est suivi une longue période de combat judiciaire, et puis, après un dernier procès, il s'est suicidé.*

La photo de l'enterrement fait la une des journaux, les frères de Kat se font tabasser, la famille est isolée. La patronne fait un trimestre à l'université de Manille, mais ne pense qu'à fuir.

> *Peu importe où j'étais, où j'allais, avec qui j'échangeais, pour tout le monde, j'étais la fille de mon père. C'était un fardeau immense. Ma fuite a été organisée entre ados. Je sortais à l'époque avec un Français dont le père était agriculteur en Bretagne. J'y suis arrivée sans un sou en poche.*

1 Une *scale-up* est à un niveau supérieur de celui de la start-up : l'entreprise n'en est plus aux prémices, elle est en forte croissance.

Parcours

Née le 30 janvier 1983 à Manille, Katherine, dite « Kat », effectue une partie de sa scolarité au Japon.

En 2003, elle arrive en France, apprend le français en trois mois et intègre Sciences Po Bordeaux, dont elle sort diplômée en 2007. Elle part ensuite au Canada, à Montréal, en qualité de directrice exécutive du bureau de Reporters sans frontières et obtient un master à l'université McGill.

> ” *Improbable! La directrice de l'époque n'était pas très présente et, ayant eu l'expérience de l'enlèvement de mon père, j'ai pu former les équipes en cas de séquestration. Je connaissais tous les dossiers et le* board *m'a nommée quand ma supérieure est partie.*

J'Y SUIS RESTÉE QUATRE ANS, AVANT DE REVENIR : LA FRANCE ME MANQUAIT TROP !

2011 : Kat revient en France et organise le Startup Weekend de Paris. Elle devient ensuite consultante auprès du gouvernement français sur les questions d'open data, puis est nommée consultante marketing chez Google France jusqu'en 2016. En parallèle, elle fonde le cabinet de conseil Five by Five, qui met en lien les grandes organisations avec les start-up et les accompagne dans leur transition numérique. Deux ans plus tard, Kat est nommée directrice de la mission French Tech, ce label qui rassemble l'écosystème de ceux qui travaillent pour les start-up françaises partout dans le monde et qui participent à leur rayonnement. En 2021, la French Tech a levé un record historique de 11,57 milliards d'euros.

En 2021, la dirigeante part de la direction de l'organisation et rejoint la licorne française Contentsquare en tant que Chief Impact Officer. En dehors de ses activités professionnelles, Kat est membre du Conseil européen de l'innovation.

La patronne est mariée à Renaud Visage, cofondateur de EventBrite et *business angel* dans l'impact, notamment auprès du fonds Atomico.

Pourquoi vous?

L'enlèvement de mon père a certainement bouleversé ma trajectoire. Je me souviens du réveil nocturne, de ma mère qui m'a dit : « Quoi que tu fasses, à partir de maintenant, tu ne laisses personne entrer dans la maison. » Depuis, j'ai un traumatisme lorsque le téléphone sonne le soir.

Mon père était président-directeur général d'une banque qu'il avait cofondée. Il venait d'un milieu plutôt modeste.

MA MÈRE ÉTAIT UNE FEMME AU FOYER « PROFESSIONNELLE » - ELLE GÉRAIT LE STAFF, ELLE GÉRAIT TOUT, UNE VÉRITABLE *TIGER MOM* !

Depuis, j'ai toujours voulu m'évader. Impossible de sortir de la maison pour des raisons de sécurité, impossible de vivre une adolescence normale, impossible de me projeter aux Philippines. J'étouffais. Tous les ans, le gouvernement japonais sélectionnait trois boursiers. La candidature était longue, mais tout était pris en charge : études, maison, intendance. Je suis partie, puis mon père a été déclaré *persona non grata* et je n'ai eu ensuite que la fuite en tête.

Quelle patronne êtes-vous?

Je pense que j'ai toujours aimé diriger. À l'école, j'étais surtout douée pour être présidente des clubs extrascolaires. Une pièce de théâtre? Je m'occupais de l'écriture. Un défilé? Je gérais la réalisation. J'avais toujours l'impression de ne pas être assez, je voulais devenir plus.

À côté de cela, je suis vraiment une adepte du travail en équipe, ce qui détonne plutôt en France, un pays où le système scolaire vous conditionne à travailler seul. Ce n'est pas naturel, même dans la vie professionnelle, et je dis cela en tant que quelqu'un qui dirige des Français depuis des années. J'ai vu sur un mur la phrase suivante : « *It's nice to be important, but it's more important to be nice*[1]. » C'est le genre de patronne que j'ai envie d'être. Je ne suis pas dans la division, mais dans la communion.

Ce dont je suis la plus fière, et de très loin par rapport à la French Tech, c'est le programme « Tremplin », qui permet de dénicher des fondateurs potentiels dans des milieux totalement éloignés de l'écosystème (quartiers défavorisés, ruralité, réfugiés...). L'objectif est d'imiter les avantages qu'ils auraient pu avoir s'ils venaient d'un milieu aisé : argent non dilutif à hauteur de 30 000 euros, une place dans un incubateur accélérateur de qualité et du mentorat sur le long terme avec l'accès au réseau de la French Tech. Cela m'a permis de rendre, à tous ceux qui, comme moi, n'entrent dans aucune case. Le pire moment que j'y ai vécu a été, bien sûr, les

1 « C'est bien d'être quelqu'un d'important, mais c'est plus important d'être quelqu'un de bien. »

premiers jours du confinement. Tandis que tu gères énormément de personnes, il faut prendre des décisions radicales, très rapidement, sans pouvoir mettre tout le monde autour de la table. À peine quarante-huit heures après le début de la crise, nous avons dû sortir un plan d'aide de 4 milliards d'euros pour les start-up. Cela a été brutal. Mes instants de faiblesse sont ceux où j'ai le plus appris!

CE NARRATIF DE TOUTE-PUISSANCE EST LE PLUS TOXIQUE QU'ON AIT FAIT BOUFFER À TOUTE UNE GÉNÉRATION.

C'est quand l'on accepte d'être faible que les choses intéressantes se passent.

Pourquoi si peu de femmes à votre place?

Les Philippines ne sont pas un pays patriarcal. Depuis l'indépendance, en 1912, il y a déjà eu trois mandats avec des femmes présidentes. Avant d'arriver à la tête de la French Tech, je n'avais pas conscience d'être une femme dans le monde du travail, qui plus est issue de la diversité. Je l'ai découvert brutalement le jour de ma nomination. Celle-ci a été accueillie avec une vague de tweets de l'écosystème tech, avec des hashtags comme #diversité #womenintech et un côté politique que, naïvement, je n'avais pas vu venir. Je pensais juste être douée dans ce que je fais. Avec le recul, je pense que ce fut un peu des deux. D'ailleurs, je déteste l'expression *entrepreneuriat féminin* - comme si toutes les femmes dirigeaient de la même manière! Absurde. De la même manière, pendant longtemps, je n'ai pas voulu être un étendard de la diversité. Et puis je me suis rendu compte que cela me dépassait, que c'était une responsabilité vis-à-vis des générations futures. Si mon histoire peut en inspirer d'autres, que je ne sois pas très à l'aise avec ce côté « figure de proue », on s'en moque!

Aujourd'hui, chaque entreprise parle de diversité et d'impact, mais dans la réalité du terrain, surtout dans les environnements qui grandissent vite et extrêmement compétitifs comme les start-up, on embauche tout simplement très, voire trop, vite. La diversité et l'inclusion passent malheureusement trop souvent au second plan. Mais les difficultés ne s'arrêtent pas une fois qu'elles ont réussi à entrer dans cet univers. Le sexisme du milieu est une réalité dont beaucoup de femmes (et j'en connais tellement!) ont eu à souffrir. Je parle de tout un tas de micro-agressions qu'elles doivent subir au quotidien. Des attitudes et des remarques qui les font se sentir inférieures, pas à la hauteur ou pas à leur place, notamment quand il s'agit de demander une promotion, de lever des fonds auprès d'investisseurs ou de pitcher des clients.

Qu'est-ce que vous n'avez pas encore dit?

Quand je suis rentrée du Canada, j'ai postulé partout et je n'ai pas trouvé. À chaque fois que je passais un entretien, on essayait de me faire entrer dans une case, mais mon parcours n'est pas linéaire. Je parle français, mais avec un accent, je ne suis ni tout à fait stratégie, ni tout à fait marketing, ni tout à fait commerce.

En parallèle, j'ai développé une vraie passion pour l'open data, qui est finalement un enjeu proche de la liberté de la presse rencontrée à Reporters sans frontières, mais avec les données. J'ai tout de suite accroché avec cette idée de transparence.

NE TROUVANT PAS DE TRAVAIL, JE ME SUIS AUTOFORMÉE SUR LE SUJET ET J'AI COMMENCÉ À FAIRE DU CONSEIL.

À 30 ans, j'ai rencontré mon associée Chloé Bonnet, et nous avons fondé une agence, Five by Five. Chloé craignait d'être étiquetée toute sa vie dans la communication, et moi je n'entrais dans aucune case, c'était le bon moment pour nous deux. Au bout de cinq ans, nous avions embauché deux personnes et nous faisions 2 millions de chiffre d'affaires, avant de revendre la société à Capgemini. Quand je suis arrivée à la direction de la French Tech, ils cherchaient quelqu'un depuis six mois. Lorsque le directeur de cabinet de Mounir Mahjoubi, que je connaissais via ma société, m'a demandé de me présenter, j'ai dit non. Mon prédécesseur était un homme de dix ans de plus que moi, toujours en costume. Je n'ai pas compris. Le week-end qui a suivi, j'ai sollicité cinq personnes qui prendraient la décision avec moi. Je suis allée chez Roxanne Varza, j'ai appelé un ami expert en data, un autre ami tunisien naturalisé français qui a rédigé le rapport sur l'open data pour la Cour des comptes, et j'ai parlé à mes associés. La conclusion fut que si j'arrivais à bien faire les choses à ce poste, je pouvais avoir énormément d'impact. Je crois savoir que j'ai été choisie pour mes capacités entrepreneuriales et ma connaissance des grands groupes. Ce côté caméléon a dû plaire. Je n'avais ni les études, ni le genre, ni la nationalité. C'est un énorme risque de nommer quelqu'un totalement en dehors du système. Et pourtant, cela a été moi.

Un pays

LE JAPON ! C'EST UN PAYS QUI S'EST DÉVELOPPÉ DE MANIÈRE TOTALEMENT ISOLÉE, AVEC UNE VRAIE SINGULARITÉ CULTURELLE, DUE À UN REPLI SUR SOI DATANT DE L'ÉPOQUE DES EMPEREURS.

Mot détesté

LA CULTURE GÉNÉRALE ! ELLE N'EST PAS GÉNÉRALE DU TOUT, MAIS LE REFLET D'UN CONDITIONNEMENT CULTUREL, SOCIOLOGIQUE, ETHNIQUE. ELLE DÉSAPPREND À APPRENDRE.

Mot préféré

IMMIGRÉE. REVENDIQUÉE ! L'IDENTITÉ ASIATIQUE M'EST VENUE EN ÉTANT ICI. LES GENS Y PENSENT, DU COUP MOI AUSSI. ON EST TOUS L'OUTSIDER DE QUELQU'UN D'AUTRE.

Quoi de plus masculin que l'univers du ballon rond? Tandis que les joueuses américaines viennent tout juste d'obtenir une revalorisation salariale à hauteur de leurs homologues masculins, Nathalie, elle, fut la première femme à prendre les rênes de la Ligue de football professionnel, institution qui gère les activités de ce sport en France depuis 1900. Une dirigeante à l'élégance frappante, que l'on a du mal à imaginer dans ce bastion de la virilité où il faut jouer des coudes pour négocier les droits audiovisuels, tout en incarnant l'arbitre entre les clubs de Ligue 1 et ceux de Ligue 2. Et pourtant, la patronne qui la joue comme Beckham évolue dans le milieu depuis une vingtaine d'années, d'abord en cofondant le Salon Galaxy Foot, suivi de la FondaCtion du Football, puis au sein du conseil d'administration de la LFP, dont elle prend la présidence un beau jour, le 11 novembre 2016. Cette féministe, engagée contre toutes formes de discriminations, a contribué durant son mandat de quatre ans à transformer l'organisation, avant de tirer sa révérence pour de nouvelles aventures.

Comment est-elle devenue n° 1 ?

En intégrant un univers historiquement masculin.

Petite, Nathalie ne joue pas au foot. Son éducation l'oriente plutôt vers le tennis et la danse. Rien ne prédestine cette dirigeante à la blondeur solaire à s'imposer dans ce monde sportif ultra-genré. Et pourtant, après dix ans de conseil en management et la direction numérique d'un groupe de communication, c'est bien le football que la patronne choisit pour se lancer dans l'aventure entrepreneuriale.

En 2004, elle cofonde Galaxy Foot, le premier Salon grand public dédié au football, un rendez-vous annuel qui rassemble tous les acteurs de l'écosystème. Au-delà de l'émotion collective procurée par un match et des enjeux économiques colossaux qui y sont associés, la dirigeante y découvre une responsabilité sociale et sociétale très ancrée. Quatre ans plus tard, elle lance ainsi, avec Philippe Séguin, la FondaCtion du Football avec l'ambition de mettre en lumière l'aspect citoyen et éducatif de ce sport.

LES COMPÉTENCES DE LA PATRONNE NE PASSENT PAS INAPERÇUES À LA LIGUE DE FOOTBALL PROFESSIONNEL,

dans un contexte où la communication est au cœur des enjeux de l'organisation. Nathalie s'impose au sein du conseil d'administration de la LFP, composé uniquement d'hommes, jusqu'à en prendre la présidence pour un mandat de quatre ans. Huit cents matchs par an, une quarantaine de clubs à travers l'Hexagone, la dirigeante lance un plan stratégique et contribue notamment à digitaliser et à internationaliser l'instance.

Parcours

Nathalie est née le 19 août 1968 à Saint-Cyr-l'École. Elle poursuit ses études à l'École supérieure libre des sciences commerciales appliquées, puis sort diplômée d'un mastère spécialisé de ESCP Business School en 1991.

La dirigeante démarre sa carrière dans le conseil chez Bossard Consultants (devenu Cap Gemini Consulting) et y reste dix ans. Elle prend ensuite les commandes de la filiale numérique de l'agence de publicité BBDO.

EN 2004, LA PATRONNE LANCE SA PREMIÈRE SOCIÉTÉ, LE SALON PARISIEN GALAXY FOOT, ET COCRÉE, QUATRE ANS PLUS TARD, LA FONDACTION DU FOOTBALL POUR PROMOUVOIR UNE VISION CITOYENNE DE CE SPORT.

2013 : Nathalie est la première femme à siéger au conseil d'administration de la Ligue de football professionnel. Trois années plus tard, elle succède à Frédéric Thiriez, qui occupait le poste de président depuis quatorze ans. Son mandat a notamment pour objectif d'améliorer la compétitivité des clubs français en Europe.

En 2020, Nathalie annonce qu'elle ne briguera pas de second mandat, car elle a pour ambition de se relancer dans la création d'entreprise. Quelques mois après, elle n'abandonne toutefois pas complètement l'univers du football, en entrant au sein du conseil d'administration du club RC Lens.

La dirigeante est mère de deux garçons.

Tête-à-tête

Pourquoi vous?

Parce que j'ai réussi à me défaire des codes imposés par la société. J'ai grandi avec des freins que j'ai levés au fur et à mesure, en apprivoisant ma singularité.

J'ai aussi énormément travaillé - sans travail, il n'y a rien.

Quelle patronne êtes-vous?

Ce que j'apprécie le plus, c'est la bienveillance. C'est ce que j'essaie d'incarner en tant que patronne. Cela paraît galvaudé, mais le management patriarcal et solitaire est définitivement ringardisé. La générosité dans le partage de son temps, de ses compétences, de son réseau est également précieuse. L'égoïsme, la duplicité, le manque de courage tuent les relations humaines et donc, par définition, l'entreprise. Cela paraît simple, et pourtant cela ne l'est pas! L'aigreur et la jalousie des uns, qui n'ont pas réglé leurs batailles avec eux-mêmes, gangrènent les avancées des autres. Dans l'univers du football, c'est ce dont j'ai le plus souffert.

Pourquoi si peu de femmes à votre place?

Aucune carrière ne doit être proscrite pour une femme. Tonie Marshall, qui fut la première réalisatrice césarisée pour *Vénus Beauté (Institut)* en 1999 et qui, bien sûr, a également réalisé *Numéro une*, utilisait un expression que je lui ai souvent empruntée : la « misogynie bienveillante ». Dans l'échelle corporate, tant que vous êtes en dessous d'un homme, il y a une certaine affection à votre égard : « Ma petite Nathalie ». Vous êtes mignonne, gentille, intelligente, du coup, on va vous aider.

DÈS QUE VOUS ATTEIGNEZ LE MÊME NIVEAU OU, PIRE, QUE VOUS ÊTES AU-DESSUS, C'EST LÀ OÙ LES PROBLÈMES COMMENCENT : VOUS DEVENEZ UNE CIBLE À DÉGOMMER.

Mais pour celles qui sont les premières « numéro une », le ton change et la violence peut être inouïe. Une anecdote lorsque j'étais présidente de la Ligue : je me suis retrouvée avec une chauve-souris dans ma chambre d'hôtel. Évidemment, on n'a jamais su exactement ce qu'il s'était passé. Je me suis endormie, et puis j'ai senti quelque chose qui bougeait autour de mon visage. J'ai allumé, et c'était une chauve-souris. Le doute quant à sa présence au sein de la pièce n'est pas vraiment permis, sachant que j'ai pu remarquer un groupe de moustiques collés au-dessus de mon lit pour appâter la bête. Les coupables n'ont pas eu de chance, car je n'ai pas du tout peur de ce qui vole. En revanche, si cela avait été un serpent, cela aurait été une autre histoire!

Plus sérieusement, j'ai lu une étude qui relatait les zones accaparées par les petites filles au sein des cours de récréation en maternelle : 20 à 30 %. Peut-être qu'elles devraient plus jouer au football! Ces comportements intégrés et inconscients sont nocifs. Il est temps que nous apprenions à nos filles à occuper l'espace.

Qu'est-ce que vous n'avez pas encore dit?

PARMI LES ENGAGEMENTS QUI ME PORTENT SE TROUVENT L'ENFANCE ET LA CAUSE ANIMALE. CE QUI TOUCHE À L'INNOCENCE M'EST INSUPPORTABLE.

Il n'y a rien de plus atroce que la maltraitance ou la maladie chez un enfant. Une part de rêve est tuée avec une confrontation précoce à la dureté de la vie. Quant aux animaux, je suis convaincue de l'intelligence émotionnelle qui les habite. Un chien, cela sourit! Ceux qui pensent le contraire n'ont jamais su regarder un animal. L'amour inconditionnel apporté par un compagnon à quatre pattes est si précieux. Il ne faut pas trahir cette confiance.

Rapport à la féminité

IL EXISTE ENCORE UNE FORTE INJONCTION DE REPRÉSENTATION POUR LES DIRIGEANTES, QUI RESTENT MALHEUREUSEMENT PARFOIS OBLIGÉES D'EMPRUNTER LES CODES DU VESTIAIRE MASCULIN.

Échec

NE PAS AVOIR RÉUSSI À FAIRE ENTRER D'AUTRES FEMMES DANS LE CONSEIL D'ADMINISTRATION DE LA LFP. JE SUIS RESTÉE L'EXCEPTION, J'ESPÈRE QUE CELA CHANGERA.

Mot

SENSUALITÉ. JE CROIS BEAUCOUP À L'IMPORTANCE DES SENS, COMME L'ODEUR OU LE TOUCHER, QUI SONT DE PLUS EN PLUS IMPERCEPTIBLES DANS LA DIGITALISATION QUE NOUS VIVONS.

Estelle

C'est arrivé comme un murmure – il y aurait une troisième femme au CAC 40. Le 15 juin 2022, Estelle est nommée directrice générale de Veolia, l'entreprise de référence pour la gestion de l'eau, des déchets et de l'énergie. Le leader français des services à l'environnement, qui a racheté son concurrent Suez quelques mois auparavant, génère 37 milliards de chiffre d'affaires, rassemble plus de 220 000 collaborateurs et apporte de l'eau au robinet de 100 millions de personnes à travers le monde. Diplômée de l'X et de l'École nationale des ponts et chaussées, il aura fallu dix-sept ans à cette patronne pour atteindre le sommet. La dirigeante m'accueille au cœur de l'immense siège de verre de l'organisation, nommé le « V », dans un bureau aux mille et un trésors, dont la terrasse offre une vue dégagée sur le bassin d'Aubervilliers.

Brachlianoff

Comment est-elle devenue n° 1 ?

En ayant un attachement viscéral à l'entreprise.

Tout juste diplômée de l'X et des Ponts, Estelle intègre la fonction publique. La patronne se spécialise en urbanisme, aménagement du territoire, transports urbains, des activités dans lesquelles elle se retrouve, avec un sens du collectif et une application concrète.

» Au bout de huit ans, malgré le fait que l'on m'ait donné beaucoup de responsabilités, j'ai voulu passer à autre chose. Mon directeur m'a fait un plan de carrière sur quinze ans et cela m'a tétanisée, je me suis sentie enfermée! Je voyais des collaborateurs de quelques années de plus qui n'avaient plus d'énergie, j'ai fui à grandes jambes!

Ne sachant pas ce qu'elle souhaite faire par la suite, la dirigeante élague des branches, puis un jour tombe sur Veolia, une entreprise aux applications concrètes qui semble aussi avoir la tête dans les étoiles - c'est le coup de foudre.

» *Notre métier, c'est l'écologie des solutions. Nous avons des défis majeurs à relever : le réchauffement climatique, les pollutions, la rareté des ressources. Bientôt, nous n'aurons plus assez de métaux rares pour produire des téléphones. Si les solutions n'existent pas, il faut les créer! Cela se passe de manière concrète, notamment dans des usines de la vraie vie. Nous sommes une société d'ingénieurs qui croient dans les données – nous sommes l'anti-fake news ! Comment ne pas tomber amoureuse? Depuis, je n'ai jamais voulu en repartir.*

Durant dix-sept ans, Estelle accepte chaque opportunité qui se présente au sein de l'organisation et monte ainsi, petit à petit, chaque échelon. L'un de ses premiers postes, la direction du nettoyage industriel, est une prise de risque pour la patronne, qui ne connaissait pas grand-chose au secteur.

» *Concrètement, ce sont les abattoirs en Bretagne, les usines automobiles à Sochaux ou les complexes agroalimentaires périurbains qu'il faut, le soir, nettoyer. Notre mission, c'est que, le lendemain, tout soit comme neuf. Dans ces métiers, l'enthousiasme est clé. Quand je suis arrivée, l'activité était déficitaire, lorsque je suis partie, on n'avait jamais gagné autant.*

Lorsque la séparation des pouvoirs entre la présidence et la direction générale est actée, le conseil d'administration mandate un chasseur de têtes qui, après une procédure d'auditions et de mise en concurrence, confirmera naturellement Estelle.

» *Rien que dans mon dernier poste, celui de directrice des opérations, j'ai effectué mille activités, j'ai eu l'occasion de toucher à mille sujets. Tout d'abord, on m'a demandé de me centrer sur l'économie des coûts, puis sur la stratégie de croissance, puis la pandémie est arrivée, et enfin nous avons racheté Suez. Quatre ans, quatre métiers! Finalement, je suis née et j'ai grandi dans cette boîte, je la connais, je la comprends et je sais d'où elle vient. J'y suis très attachée. C'est peut-être cela qui fait qu'aujourd'hui je suis en capacité d'embarquer deux cent vingt mille personnes.*

Parcours

Née le 26 juillet 1972 à Paris, Estelle grandit dans le XVe arrondissement de Paris, aux côtés d'une petite sœur de quatre ans sa cadette. Après des classes préparatoires scientifiques, elle intègre successivement l'École polytechnique en 1992, puis l'École nationale des ponts et chaussées en 1995.

La patronne démarre sa carrière à la direction des transports du Val-d'Oise, avant de rejoindre quatre ans plus tard la préfecture de région Île-de-France, en qualité de conseillère spéciale chargée des transports publics, de l'aménagement et des infrastructures urbaines.

2005 : Estelle entre au sein du groupe Veolia en qualité de vice-présidente des services à l'environnement, puis dirige, deux ans plus tard, l'activité de nettoyage industriel, avant de prendre la tête de la région Île-de-France.

En 2012, elle est nommée à la direction de Veolia au Royaume-Uni, poste qu'elle occupera durant six années avant de devenir directrice des opérations de l'organisation et d'intégrer son comité exécutif.

LE 1ER JUILLET 2022, LA PATRONNE SUCCÈDE À ANTOINE FRÉROT À LA DIRECTION GÉNÉRALE DE VEOLIA. CELUI-CI PREND LA PRÉSIDENCE DE L'ENTREPRISE.

En dehors de ses activités, Estelle siège au comité de surveillance du groupe Hermès. La dirigeante est mère d'une fille, Lena, et d'un garçon, Victor.

Tête-à-tête

Pourquoi vous?

Je viens d'une lignée de femmes fortes. Ma mère était l'ingénieure, et mon père l'artiste. Elle a fait toute sa carrière dans l'aéronautique, notamment chez Airbus. Enfant, elle me racontait des anecdotes sur le fait qu'elle fut la première femme au sein d'un bureau d'études aérospatial français dans les années soixante. Elle est arrivée en pantalon, scandale! Mon père, quant à lui, était cinéaste.

Pour ce qui est de ma grand-mère paternelle, elle ne s'est jamais mariée, tandis qu'elle avait pourtant trois enfants avec son compagnon. Ma mère a toujours prêché l'indépendance des femmes. Peut-être a-t-elle aussi appris de certaines de ses amies, qui se sont retrouvées divorcées et sans emploi durant leur quarantaine. Il faut avoir sa vie à soi. J'ai d'ailleurs gardé mon nom de jeune fille, ce qui a été souligné de nombreuses fois.

Quelle patronne êtes-vous?

J'aime la complexité, lorsque les choses ne sont pas tracées, pas évidentes, pas définies. Enfant, je voulais devenir astronaute, avec une fascination pour Claudie Haigneré. J'ai toujours été attirée par la difficulté. Je me disais que je voulais devenir « savante », même si la définition de la profession n'était pas très claire.

J'adore voyager et me retrouver dans des environnements géopolitiques qui me sont totalement étrangers. C'est un apprentissage par l'humain que je trouve fascinant. Mon style managérial, c'est :

COMME UNE PLONGÉE DANS LES ENJEUX DU QUOTIDIEN, AUX CÔTÉS DES ÉQUIPES.

Mais je suis aussi très exigeante, envers tous et tout particulièrement avec moi-même, je vise très haut. À la fin, on est tous très fiers.

Pourquoi si peu de femmes à votre place?

Il y a un problème de vivier. En terminale scientifique, il y a beaucoup de femmes, que deviennent-elles après? Je pense que les métiers analytiques effraient la gent féminine, qui y voit un entonnoir qui n'a pas lieu d'être. De mon côté, à ce moment-là, je voulais intégrer une prépa HEC, et ne surtout pas être mono-sujet. Ne faire que des maths et de la physique, quelle angoisse! En réalité, j'en avais une mauvaise vision des aboutissants.

Je ne pensais jamais intégrer Polytechnique, j'ai préparé des plans B et C, avec des équivalences à la fac, au cas où. Malheureusement, ce manque de confiance est une caractéristique que je partage avec beaucoup d'autres femmes.

Pendant longtemps, à chaque nouvelle proposition de poste, je demandais à mon supérieur s'il pensait que j'allais y arriver. Souvent, cela désarme les hommes, qui se mettent du coup également à douter. Depuis, j'ai appris à ne pas le dire! Et je prépare le discours des managers pour appréhender ces réactions typiquement féminines. J'ai la certitude que j'ai toujours été promue pour mes capacités et non « parce qu'il en fallait une ». Après, il y a le sujet de la trentaine. Les femmes qui souhaitent avoir des enfants se mettent en réserve, alors que c'est à ce moment-là que cela se passe! Il faut que les entreprises s'adaptent. Les hommes ont un biais naturel vis-à-vis de la question - se disant qu'une mère n'a pas forcément envie d'endosser plus de responsabilités. Mais leur a-t-on seulement demandé?

Enfin, nous vivons dans un monde où la méritocratie n'est, malheureusement, que partielle. Il faut avoir accès à des réseaux, faire connaître ses ambitions, alors que naturellement on n'a pas forcément envie de se mettre en avant. Ce n'est pas forcément évident! Finalement, être une femme, c'est comme être de nationalité différente. Parler la langue ne suffit pas. On emporte avec soi un bagage socioculturel historique, avec des codes qui sont propres. Il ne faut pas le renier, il faut s'adapter. J'ai eu la chance de croiser la route de supérieurs qui avaient compris cela. Le dernier en date, bien sûr, c'est Antoine Frérot.

Qu'est-ce que vous n'avez pas encore dit?

J'ai éduqué mes enfants en refusant de me conformer à un discours encore trop répandu en partant au travail le matin, qui consiste à dire : « Oh, mes chéris, je préférerais tellement rester avec vous aujourd'hui! » Ce n'est pas une corvée, ni un devoir ni pour gagner ma vie. C'est une vocation! Foncièrement, cela me rend très heureuse, et j'y trouve un équilibre, qui me permet d'être aussi une mère épanouie. Il ne faut pas se mentir et mentir aux autres sur ce que l'on est profondément.

Londres

J'AI ADORÉ : C'EST À DEUX HEURES DE PARIS,
MAIS C'EST UN AUTRE MONDE ! D'AUTRES CODES.
SI L'ON EST DU BON CÔTÉ DE LA BARRIÈRE, C'EST TOP.
SINON CELA PEUT-ÊTRE TRÈS VIOLENT.

Musique

BITCHES BREW DE MILES DAVIS -
LE DÉBUT DU FREE-JAZZ,
EN IMPROVISATION TOTALE, C'EST GÉNIAL !
J'AIME QUE L'ON ME SURPRENNE,
ME RÉSIGNER À LA ROUTINE M'OPPRESSE.

Phrase

« *WHEN THERE'RE A WILL, THERE'S A WAY*[1]. »
JE NE LÂCHE JAMAIS RIEN.

1 « QUAND IL Y A UNE VOLONTÉ, IL Y A UN CHEMIN. »

Diana Brondel

Franco-sénégalaise, femme, financière, Diana fait partie des rares entrepreneures françaises d'origine africaine dans un écosystème qui peine encore à refléter la diversité hexagonale. Après dix ans à la Société générale, Diana crée en avril 2017 Xaalys – « argent » en wolof –, la première néobanque française à destination des 12-17 ans. L'objectif ? Réinventer la gestion de l'argent de poche et accompagner les adolescents vers l'autonomie. Cinq ans plus tard, la pépite a séduit plus de quarante mille membres. Rencontre dans les bureaux de la start-up, situés au sein même de l'Arche de la Défense, dont j'ignorais la fonction première. Entre femmes trentenaires qui entreprennent, le rapprochement est immédiat.

Comment est-elle devenue n° 1 ?

En grandissant dans ce que la dirigeante appelle « la schizophrénie organisée ».

Diana est née en RFA. Ses parents sont diplomates pour le Sénégal. La famille y vit jusqu'aux 10 ans de Diana puis rentre à Dakar, avant de s'installer à Paris.

> *J'ai grandi dans une espèce de « schizophrénie organisée », où j'ai appris trois langues et trois cultures simultanément. Forcément, cela ouvre les chakras et développe la matière grise. À l'école, j'étais française ; à la maison, sénégalaise ; dans la rue, allemande. Quand je rentrais en Afrique, on me traitait de « Bounty », ces Noirs qui imitent le comportement des Blancs. Finalement, j'étais une citoyenne du monde.*

En France, la patronne se retrouve confrontée à un autre choc des cultures.

> *À douze ans, j'ai intégré un collège en ZEP. Je me rappelle une jeune fille malienne avec huit frères et sœurs qui dormaient dans la même chambre. Comment pouvait-elle travailler, se reposer, s'évader ? Avoir 19 en maths, ce n'était pas socialement acceptable. J'y ai laissé trois points de suture et une arcade sourcilière explosée. La somme de ces expériences, qui constituent ma singularité, fait certainement que je suis là aujourd'hui.*

Parcours

Née en Allemagne en 1982, Diana l'Afropéenne intègre les classes préparatoires du lycée Hoche avant de rejoindre ESCP, dont elle sort diplômée en 2006. La dirigeante débute sa carrière à la Société générale au sein de l'Inspection générale, un département dans lequel elle restera huit ans. Elle devient ensuite directrice de cabinet du pôle « international banking and financial services » durant deux années. Elle y observe la percée des banques 100 % mobiles, et constate l'absence de plateforme pédagogique financière à destination des adolescents. En échangeant avec ses enfants, elle prend également la mesure des lacunes d'éducation des plus jeunes et décide de créer une solution pour apprendre aux ados la valeur de l'argent.

En 2017, la fintech Xaalys est lancée en partenariat avec l'Institut pour l'éducation financière du public. L'entreprise fournit une carte Mastercard aux enfants, associée à un compte et à des fonctionnalités pour gérer son argent, relié à une interface mobile contrôlée par les parents.

> ” *Je voulais que les enfants puissent palper l'argent. Le premier bêta-testeur, c'est mon fils. Je lui ai fait une carte à son nom, avec de l'argent dessus. Son premier réflexe a été de retirer de l'espèce. Finalement, ce qui est intéressant, c'est qu'il avait besoin de matérialiser la chose. Et puis nous sommes allés dans un supermarché, et je lui ai dit : « Prends ce que tu veux. » Il a longuement regardé le prix des bonbons! Ensuite nous avons pris un café, il a regardé la carte et m'a demandé qui allait régler. Je lui ai dit qu'il paierait sa boisson. Il m'a dit que c'était cher et qu'il allait prendre un verre d'eau. En quinze minutes, mon fils est devenu radin!*

Xaalys a levé 450 000 euros en 2018. En dehors de son activité professionnelle, Diana siège dans des conseils d'administration, participe à des think tanks, pratique du mentorat et prête volontiers son image pour inciter davantage de jeunes issus de la diversité à se lancer dans l'entrepreneuriat en France et en Afrique.

La patronne a cinq demi-sœurs cadettes et deux enfants.

Tête-à-tête

Pourquoi vous?

J'ai résisté au chemin que l'on a voulu tracer pour moi.

Quand j'ai démissionné, ça a été l'aberration. Mon entourage n'a pas compris. Pourquoi arrêter une carrière en pleine ascension? Prendre des risques? Sortir des rails?

Les attentats de Paris en 2015 ont été une révélation. J'ai soudainement pris conscience que la violence pouvait s'inviter dans mon quotidien – nous n'étions plus protégés. Tu peux tout simplement te lever pour aller travailler et ne jamais rentrer. Du coup, la condition sine qua non pour sortir tous les matins, c'est de faire un truc qui fait sens pour toi, qui t'éclate.

JE NE SUIS PAS PARTIE SUR UN COUP DE TÊTE - J'AI PRÉPARÉ TOUT LE MONDE, FORMÉ MON SUCCESSEUR, RECHERCHÉ MON PROJET.

Et pourtant, j'ai été convoquée plusieurs fois par les différents DRH du groupe pour lequel je travaillais. Ils se sont dit : « Elle pète les plombs. » Je ne sais pas si c'est parce que je suis une femme, mais j'avais l'impression que mes supérieurs le vivaient comme une trahison. Hallucinant! L'un d'entre eux m'a dit : « Personne ne m'a jamais abandonné. » Alors qu'en fait j'allais juste me réaliser. La chenille devenait papillon.

Mes amis m'ont demandé ce que je ferais si cela ne marchait pas : « Et alors! Oui, cela a 99 % de chances de ne pas marcher, mais c'est cela qui est génial! » Provoquer l'alignement des planètes, c'est un joli programme et une sacrée expérience. En cinq ans d'entrepreneuriat, j'ai largement appris, plus qu'en dix ans de salariat. On devient un couteau suisse – j'ai été ma propre assistante, mon propre directeur financier, ma propre directrice marketing. On pilote tout au quotidien, des choses basiques à la vision stratégique. Comment dire non à cela?

Quelle patronne êtes-vous?

Je suis une défricheuse, une « *trailblazer* », comme disent les Anglo-Saxons.

Ce n'est pas pour pointer l'évidence, mais enfin, tout de même, je suis l'une des rares Noires.

JE ME SUIS TOUJOURS CONSIDÉRÉE COMME UNE ANOMALIE STATISTIQUE, C'EST CELA QUI M'A CONSTRUIT.

Que ce soit dans les super lycées où j'ai étudié, les classes préparatoires, mon école de commerce. Est-ce une question de milieu? Certainement. Je vois tout de même autour de moi que mes amies africaines qui ont eu de belles carrières sont originaires d'un milieu privilégié.

Bien sûr, cela a constitué les conditions de notre réussite. Il y a toujours l'exception qui confirme la règle, mais enfin, pour la plupart d'entre nous, des cartes nous été données - polyglottes, études, codes.

Moi, la discrimination, cela fait longtemps que j'ai choisi d'en rire. Je me rappelle quand je prenais le bus pour aller à l'école en ramassage scolaire, les petits Allemands me demandaient combien de temps j'avais mis pour mettre du charbon sur mon corps pour être noire. Je leur disais : « Ce matin, je n'ai pas eu le temps, regardez : mes paumes de main sont restées blanches. » Ça faisait partie de mon quotidien.

JE PENSE QUE C'EST BEAUCOUP PLUS DUR POUR DES GÉNÉRATIONS QUI ONT VÉCU EN AFRIQUE DANS DES COCONS OÙ ILS N'ÉTAIENT PAS DIFFÉRENTS QUI ARRIVENT EN FRANCE ET SE PRENNENT LA DIFFÉRENCE DE PLEIN FOUET.

En Asie, on me prend tout le temps en photo, c'est hyper drôle! Je me dis qu'il faut y ouvrir un musée d'art africain. Quelle que soit la couleur de peau, dans les classes plus populaires, les enfants sont moins poussés vers des filières d'excellence.

Et donc j'essaie de défricher, parce que l'on a toutes besoin de s'identifier à quelqu'un. Si tu rêves d'être astronaute, qu'est-ce que c'est rassurant d'avoir vu une nana avant toi! De facto, cela devient accessible. Une jeune femme noire qui ne voit personne qui lui ressemble dans l'écosystème entrepreneurial, eh bien c'est flippant. Cela ne donne pas envie d'y aller. On se dit que l'on n'y a pas sa place. Et on ne va pas se mentir, à mon niveau professionnel, j'ai 95 % de chances que mon interlocuteur ne partage ni mon genre ni mon origine. Il faut le convaincre malgré ses biais cognitifs, en lui montrant mes valeurs et mes compétences. Cela impacte forcément les opportunités que vous allez avoir.

Quand j'étais petite, j'adorais Tina Turner - voilà une femme qui ne s'est pas laissée enfermer dans sa condition! Elle était au fond du trou, elle a retourné sa vie et est devenue une espèce de lionne! Incroyable.

Pourquoi si peu de femmes à votre place?

La charge mentale, particulièrement avec l'arrivée des enfants. Au Sénégal, la place des femmes n'est pas forcément celle que l'on pense. Je dirais que la société sénégalaise est « faussement patriarcale ». Là-bas, en théorie, les hommes sont les chefs de famille : lorsqu'ils parlent, les femmes sont censées la mettre en veilleuse. Mais dans les faits, ce sont les femmes qui gèrent le quotidien et qui ont donc le pouvoir de faire et de décider - sur l'éducation, la santé, la famille.

LE QUOTIDIEN, QUI EST AU CENTRE DE TOUT, EST PAR DÉFINITION MATRIARCAL.

La France reste hypocrite à ce sujet. Il y a un décalage immense entre les discours sur l'égalité hommes-femmes et la charge mentale que les femmes vivent au quotidien. Le périscolaire, les nuits blanches, les sacrifices professionnels? C'est pour nous. Selon ma propre expérience, je suis celle qui a dû arbitrer entre une réunion et une nounou. Mon mari l'a rarement fait.

Qu'est-ce que vous n'avez pas encore dit?

Les sociétés émergentes sont de plus en plus technologiques. Or, ce sont des parcours dans lesquels les femmes sont beaucoup moins représentées. Dès le collège, nous subissions une espèce de déterminisme qui se renforce par la suite - les métiers techniques ou liés à la manipulation de l'argent sont, par définition, très masculins.

TANDIS QUE LES MÉTIERS DE SERVICE, OÙ L'ON EST CENSÉ AVOIR UNE FORTE EMPATHIE, SONT ESTAMPILLÉS FÉMININS.

Les biais cognitifs sont déterminants et dévastateurs. C'est la responsabilité de l'Éducation nationale au sens large - les professeurs, les conseillers d'orientation, les parents - de combattre cela. Ne jamais sous-estimer les capacités d'une jeune femme.

Nous vivons dans ce monde-là. Et du coup, les pipelines sont vides. Les créateurs d'opportunité se retrouvent à sec, même s'ils ont très envie d'accompagner, de financer, de développer de futures patronnes. Pour que l'ambition se conjugue aussi au féminin.

Rapport au Sénégal

TRÈS, TRÈS FORT. J'Y REVIENS DEUX À TROIS FOIS PAR AN, XAALYS A DES ÉQUIPES BASÉES À DAKAR. CE SONT MES RACINES, UNE SOCIÉTÉ D'ACCUEIL, MOINS NOMBRILISTE.

Mot

CONFIANCE. UNE FEMME CONFIANTE EST ARROGANTE, UN HOMME CONFIANT EST AMBITIEUX. IL FAUT CHANGER LES MENTALITÉS DÈS LE PLUS JEUNE ÂGE.

Rêve

QUE TOUS LES ENFANTS DANS LE MONDE PUISSENT BÉNÉFICIER D'UNE ÉDUCATION FINANCIÈRE ET AVOIR ACCÈS À DES SOLUTIONS COMME CELLE PROPOSÉE PAR XAALYS.

L'immobilier. Le logement. L'habitat. Premier investissement des Français et pilier de la dignité humaine, le sujet touche tout un chacun. À la tête de Gecina (de janvier 2017 à avril 2022), société foncière cotée qui détient et développe un patrimoine immobilier de 20 milliards d'euros : Méka. Cette patronne française d'origine iranienne, 65 ans et trois enfants, a géré du haut de son mètre cinquante-six l'entreprise du SBF 120, qui compte le plus de femmes au sein de ses instances dirigeantes. Méka, c'est aussi la dirigeante qui a accueilli le personnel soignant et les femmes victimes de violences conjugales dans les logements étudiants vides pendant la pandémie.

Comment est-elle devenue n° 1 ?

En ne cessant d'apprendre.

> ” *Je discutais avec l'un de mes collaborateurs, qui m'a dit : « Vous m'avez fait évoluer au sein de l'organisation, je suis maintenant directeur – où est-ce que vous me voyez dans cinq ans ? » Je lui ai demandé son âge et me suis aperçue que cela faisait vingt-deux ans qu'il était sorti de l'école. Je lui ai dit qu'il était temps d'apprendre quelque chose. Je ne pense pas que ce soit la réponse qu'il attendait!*

Continuer à se former, quoi qu'il arrive. À 35 ans, Méka reprend ses études et rejoint les bancs de HEC. La patronne jongle alors entre ses trois enfants, les cours et l'entreprise. Elle ne cessera de se cultiver, se perfectionner et se développer depuis.

> ” *Je pense qu'il ne faut pas penser que l'on détient la vérité absolue, une fois pour toutes, pour toujours. Dans ce monde en pleine mutation, c'est d'autant plus vrai. On vous parle des tokens, du métavers, des NFT... D'un point de vue social, sociétal, environnemental, il est important de continuer à apprendre. Après, je ne me suis pas ruée vers des postes de direction générale, mais j'ai digéré. Il faut faire son miel avant d'appréhender la suite.*

Parcours

Née le 9 mai 1956 à Téhéran, en Iran, Méka grandit aux côtés d'un petit frère dans une famille de religion bahaïe. En 1977, la patronne s'expatrie en France avant d'intégrer ESTP Paris, duquel elle sort diplômée en 1980.

Après ses études, elle démarre sa carrière chez Fougerolle - qui deviendra Eiffage Construction - où elle travaille dix ans. Elle reprend ensuite ses études et obtient un *Executive* MBA de HEC Paris en 1993.

1996 : la dirigeante rejoint la direction de la construction au sein de Simco, fusionné avec la CIPM un an plus tard, puis la SIF trois années après et, enfin, Gecina en 2003. Méka occupe successivement la fonction de directrice du patrimoine, de l'investissement, puis du développement.

En 2006, elle prend la présidence du directoire d'Eurosic, une société d'investissement cotée. Trois ans après, elle préside la région Europe de Ivanhoé Cambridge, investisseur et gestionnaire immobilier canadien.

EN JANVIER 2017, MÉKA DEVIENT LA DIRECTRICE GÉNÉRALE DE GECINA. LA MÊME ANNÉE, ELLE PRÉSIDE LE CONSEIL DE DÉVELOPPEMENT DE LA MÉTROPOLE DU GRAND PARIS. ELLE SERA NUMÉRO UNE DURANT PLUS DE CINQ ANS.

En dehors de ses activités, la patronne siège notamment au conseil d'administration du Crédit foncier de France.

La dirigeante est mère de trois filles, Sabine, Ariane et Carole, ainsi que grand-mère de sept petits-enfants.

Pourquoi vous?

Mais pourquoi pas moi? La question devrait se poser comme cela. Je ne crains pas de communiquer sur ce que je ne sais pas et de monter en compétences dessus. J'accepte mes lacunes, mais je ne me fixe aucune limite.

Je me lance, et après j'apprends.

Même si, lorsque j'ai repris la direction de Gecina, j'avais déjà trente-sept ans d'expérience derrière moi! Et je suis arrivée avec une vision, que j'ai ensuite mise en place. D'ailleurs, je préfère parler de parcours plutôt que de carrière. La carrière, c'est la prédestination, c'est terrible! Le parcours, c'est l'action, c'est le choix, c'est l'apprentissage. J'ai retrouvé récemment un cahier de lycéenne dans lequel je recopiais des pages de livres français que je lisais pour bien apprendre la langue. En particulier, des passages entiers des *Misérables* de Victor Hugo, au sein duquel une centaine de pages sont consacrées aux égouts de Paris, avec une vision avant-gardiste de l'économie circulaire, alors qu'il a été écrit il y a deux cents ans! Finalement, tout est déjà écrit.

Quelle patronne êtes-vous?

J'ai une aptitude et pas beaucoup d'autres : je suis très analytique. Je tiens cela de mon père, qui était ingénieur des travaux publics, diplômé de l'École nationale des ponts et chaussées, avec un doctorat sur les constructions parasismiques japonaises. J'ai toujours voulu construire. L'Iran avait besoin de barrages, de ponts, de routes.

LE LOGEMENT EST UNE NÉCESSITÉ POUR TOUS, C'EST LA BASE DE LA DIGNITÉ HUMAINE.

J'ai démarré ma carrière avec dix ans de travaux publics. La différence entre le chantier et les bureaux, c'est l'incarnation d'une vérité concrète. Si vous n'êtes pas capable de montrer très vite votre capacité de leadership, sans crier ni autoritarisme, c'est fini. Il faut pouvoir rassembler les gens.

Quand je me suis présentée sur mon premier chantier, à 26 ans, du haut de mon mètre cinquante-six et entourée de gaillards costauds, je n'en menais pas large. J'ai invité le chef de chantier à déjeuner et je lui ai dit : « Entre vous et moi – c'est vous qui savez, moi je ne sais rien. Je connais la théorie, je sais faire des comptes, j'ai appris à rédiger des lettres. Mais le terrain m'est totalement inconnu! »

À partir de ce moment-là, j'étais sous sa protection. C'était gagné! Je pense que la conscience de mes limites et l'envie permanente d'apprendre ont fait que j'ai atteint la première la première place.

À un moment, on m'a proposé de prendre le poste de numéro une de

Gecina pour réveiller « la belle endormie ». À 60 ans, je suis descendue dans l'arène, en ayant conscience que ma limite d'âge arriverait rapidement derrière.

Après mon départ de la direction générale, dans quelques semaines, je sais ce que je ne veux pas faire. Je vais partir loin, car nous sommes enfermés depuis un petit moment, méditer, prier, me recentrer. Après, je vais continuer à diriger la fondation Palladio, qui encourage la recherche, la formation et les échanges dans le secteur de l'industrie immobilière. Nous allons lancer « L'Université de la Ville de Demain » pour travailler sur la ville durable. Ce sont des exigences sociétales qui n'ont rien à voir avec le fait que l'on vote droite, gauche, centre, haut ou bas. Les douaniers n'ont pas arrêté le nuage de Tchernobyl - la Terre est un seul pays et tous les hommes en sont les citoyens. C'est mon prochain défi.

Pourquoi si peu de femmes à votre place?

Les femmes, c'est 52 % de la population française. Arrêtons de nous traiter comme une minorité! L'entreprise est moins tolérante avec les femmes.

NOUS SOMMES ENCORE OBLIGÉES D'ENTRER DANS DES SCHÉMAS, ALORS QU'IL FAUDRAIT QUE LES ORGANISATIONS S'ADAPTENT AUX CONTRAINTES LIÉES À LA MATERNITÉ, ET À LA PATERNITÉ.

Une fois que j'ai eu mes enfants, j'ai imposé mon rythme. À la première réunion de chantier, je me suis arrangée. À la deuxième, je suis arrivée avec un ordre du jour, je leur ai dit : « À 18 h, on ferme! À partir de maintenant, nous allons uniquement avoir des conversations utiles. » Je me rends compte *a posteriori* du culot que cela représentait pour une jeune femme de 26 ans. Il y a eu des plaintes, et j'ai eu la chance d'être soutenue par ma direction. Toutes ces appellations - présidente, directrice générale, administratrice -, une fois que vous n'êtes plus là, vous en perdez le titre. Tandis que fille, petite-fille, sœur, mère ou grand-mère, c'est pour la vie. Pour moi, personnellement, cela n'a pas de prix. Mes enfants m'ont donné la force de me dire : ma valeur ne réside pas seulement dans mon statut professionnel. Elle est aussi ailleurs. J'ai appris hier que certaines personnes chez Gecina m'appellent « maman ». C'est déjà pas mal qu'ils ne m'appellent pas « mamie »!

Je suis mariée depuis plus de quarante ans. Mon mari a insisté pour que je prenne son nom, Brunel. Mais je trouve que cela aussi, c'est un sujet : pourquoi ce serait aux femmes de faire ce changement?

Et enfin, je pense que les femmes sont leur propre pire ennemi. On s'imagine une opposition, on se restreint, on s'interdit. La réalité est parfois plus clémente. Dans mon ancien poste, je disais souvent : « Demander n'appauvrit pas. » Au pire, c'est non! Ce n'est pas dramatique, la vie est trop courte. Les ressources humaines m'ont interdit de continuer à utiliser cette expression, car tout le monde me citait pour demander une augmentation!

Qu'est-ce que vous n'avez pas encore dit?

Je suis née au pied des montagnes - l'Iran est un pays de hauts plateaux. Souvent, lorsque l'on vit en Europe, on considère que tout cela est la Méditerranée, avec une certaine douceur de vivre – que nenni! Le mont Damavand culmine à 5 600 mètres, plus haut que le mont Blanc, représentant des contreforts de l'Himalaya. L'Iran est une contrée - même si je n'y suis pas retournée depuis 1977 – où il fait excessivement froid en hiver, et très chaud en été. Cela donne des enfants de haute montagne, avec une grande persévérance. Ce n'est vraiment pas anecdotique : quand vous regardez les Iraniennes, certes, elles sont voilées – avec une grande féminité –, mais surtout, depuis la révolution islamique de 1979, les ayatollahs n'ont pas réussi à les empêcher de circuler, d'étudier, de travailler.

ELLES SONT EN RÉSISTANCE.

Mes parents appartenaient à la nomenclature iranienne. J'étais au lycée français de Téhéran, avec une forme d'occidentalisation dont nous n'avions pas conscience : finalement, qu'on le veuille ou non, on vit dans des castes. Quand je suis arrivée en France pour faire des études, je n'avais pas forcément l'intention d'y rester toute ma vie, nos conditions de vie iraniennes étaient bien meilleures! Nous avons d'abord pensé que la révolution se terminerait puis, petit à petit, la famille m'a rejointe ici. Depuis, je suis devenue très française. Et très parisienne, avec une forte capacité à râler sur tout! Cependant, j'en garde une relativité. D'ailleurs, je ne comprends pas comment, à l'époque, nous n'avons pas vu venir la révolution en Iran. Pourtant, il suffisait de regarder. Je finirai avec un poème du XIIe siècle de Saadi, qui figure sur le fronton des Nations unies : « Les enfants sont les membres d'un même corps, car, dans leur création, ils sont de la même essence. Si un membre souffre des circonstances de l'existence, les autres membres ne peuvent être tranquilles. Toi qui es indifférent au malheur des autres, tu ne mérites pas que l'on t'appelle "être humain". »

Rapport à l'âge

STATUTAIREMENT, IL Y A UNE LIMITE POUR QUITTER SA FONCTION DE DG À 65 ANS. CELA NE VOUS A PAS ÉCHAPPÉ QUE, POUR LA PLUPART DES HOMMES, UNE EXTENSION EST PERMISE.

Rapport à l'Iran

LES IRANIENS RESSEMBLENT BEAUCOUP AUX FRANÇAIS : C'EST UN PAYS DE CULTURE, TRÈS FIER, AVEC UNE LANGUE - LE PERSAN - QUI A SURVÉCU AUX INVASIONS SUCCESSIVES.

Phrase

« CE QUI NE ME TUE PAS ME REND PLUS FORT », MANTRA RAPPORTÉ PAR FRIEDRICH NIETZSCHE, MAIS QUI EST ATTRIBUÉ À L'ORIGINE AU PROPHÈTE PERSAN ZARATHOUSTRA.

Cathy

On connaît Picard, l'enseigne préférée des Français, sa bûche de Noël et ses petits plats qui ont réchauffé les cœurs pendant le dernier confinement. À tel point que l'entreprise créée en 1906 a gagné 15 % de croissance en 2020, avec plus de 1 000 magasins en France et près de 5 000 collaborateurs, pour un chiffre d'affaires de 1,7 milliard d'euros. Aujourd'hui aux commandes de ce mastodonte des surgelés, Cathy a commencé par quinze ans de direction d'hypermarchés dans le Nord. Auchan, Intermarché, Boulanger... la grande distribution n'a plus de secret pour cette dirigeante à l'allure rock and roll, qui apprend le chinois à ses heures perdues et ne peut s'empêcher de ramasser un papier traînant dans les couloirs qui nous mènent à son bureau – déformation professionnelle : rien ne doit dépasser dans les allées d'un supermarché.

Collart Geiger

Comment est-elle devenue n° 1 ?

En testant rapidement ses idées.

Après son baccalauréat, Cathy commence tout en bas de l'échelle. Stage en tant qu'ouvrière à la chaîne avec des batteries à mettre sous gaine, mission estivale en qualité de caissière chez Leclerc ou encore hôtesse d'accueil en charge des fournisseurs, la patronne découvre, en parallèle de ses études, le monde féroce de la grande distribution et en tombe amoureuse.

” Pour mon second stage, j'ai choisi Auchan. Étant du Nord, c'était tout de même une institution. Cheffe de rayon textile femme, on me demandait souvent si je vendais des robes de mariée. J'ai demandé à mon directeur, et il m'a dit : « Pourquoi pas? Débrouille-toi! » Je suis allée acheter les robes, j'ai fait construire une réserve pour les garder sans les salir, j'ai effectué les retouches... et je me suis rendu compte que ce n'était pas rentable. Depuis, je n'ai cessé de tester rapidement mes projets.

En juin 2020, la dirigeante arrive au poste de présidente-directrice générale de Picard, quelques mois après le premier confinement pandémique. Tandis que la livraison à domicile cartonne et que les surgelés ont pris trois points de part de marché, l'enseigne ne la propose que sur 25 % du territoire, autour des entrepôts. La marque semble être passée à côté de l'exposition des achats en ligne. En deux mois, Cathy déploie le concept sur tout le territoire, et le chiffre d'affaires émanant de la partie e-commerce double.

Tête-à-tête

Pourquoi vous?

Certainement cette culture « *test & learn*[1] ». C'est comme cela que j'ai été élevée dans mon milieu professionnel.

Lorsque j'étais directrice régionale en Chine pour Auchan, je peux vous dire que cela était décuplé! Dès que je donnais l'esquisse d'une idée, mes équipes partaient au quart de tour! Il faut célébrer l'échec. Se tromper, c'est avancer. Lorsque je suis arrivée chez Picard, au premier séminaire du comité de direction, j'ai offert à tous une bêtise de Cambrai.

Je leur ai dit : « Cambrai est dans le Nord, donc vous avez une part de mon identité, elle fait partie du patrimoine gas-

1 « Teste et apprends »

Parcours

Née en 1971, Cathy est l'aînée d'un petit frère. La patronne est diplômée de IPAG Business School, avec une spécialisation en marketing et en grande distribution.

Elle démarre sa carrière en 1994 au sein de plusieurs hypermarchés du groupe Auchan, tour à tour cheffe de rayon, directrice commerciale, puis directrice d'hypermarché. Cathy y passe quinze ans avant de prendre la direction de l'animation commerciale France de l'entreprise, en 2010.

2011 : la dirigeante est nommée directrice régionale de Chine, un territoire ultra-stratégique au sein duquel elle passe trois ans avant d'être nommée directrice du projet international maison et de revenir en France.

En juillet 2015, après plus de vingt ans chez Auchan, la patronne rejoint Boulanger en tant que directrice de la transformation culturelle, puis, un an plus tard, le comité de direction d'Intermarché, en charge de l'enseigne Hyper.

DEUX ANNÉES APRÈS, CATHY DEVIENT DIRECTRICE COMMERCIALE DU GROUPE, PUIS DIRECTRICE CLIENT, INNOVATION, MARQUE ET CONCEPTS COMMERCIAUX.

Début 2020, tandis que la famille Zouari entre au capital de Picard à hauteur de 43 %, la dirigeante est choisie pour être la nouvelle présidente-directrice générale de l'entreprise.

Cathy est mère d'un garçon.

tronomique, et surtout cette confiserie vient d'une faute dans les dosages.

Une jolie erreur qui a survécu plus de deux cents ans après – aux prochaines bévues! »

C'EST CET ÉTAT D'ESPRIT QU'IL FAUT CULTIVER AUJOURD'HUI. PLUS QUE JAMAIS, C'EST CELUI DONT NOTRE ÉCOSYSTÈME A BESOIN.

Quelle patronne êtes-vous?

Mon père, qui était militaire, a été mon premier *role model.* Petite, on a pas mal bougé, tous les trois ans à peu près : Lille, Nancy, Allemagne... Mais à chaque fois, il a su s'adapter, et moi aussi. C'était un leader charismatique, meneur d'hommes, très proche de ses équipes. Il avait un côté *Braveheart*! Quand il s'adressait à eux, je voyais leurs yeux briller. Je me suis dit que, plus tard, moi aussi je voudrais inspirer cela. Aujourd'hui, j'essaie de diriger comme lui, avec cette idée de faire corps pour relever n'importe quel défi, en me battant pour mes convictions. J'espère pouvoir donner du sens aux choses, avec une certaine authenticité, mais pour cela il faut être en accord avec ce que l'on est. La nouvelle génération ne vous suit plus parce que vous êtes la patronne, mais parce qu'elle sent que la tête, le cœur et les jambes sont alignés! Il faut être aussi capable d'autoriser. La première autorisation que j'ai donnée ici, c'est celle de se tromper. Comment voulez-vous que les gens prennent des risques sinon?

Lorsque je suis partie à Shanghai, je connaissais cinq mots de chinois. J'y suis restée trois ans, avec un territoire plus grand que la France et quinze magasins à gérer.

C'était important pour moi d'être exemplaire, de faire le premier pas : « Donne d'abord et tu recevras ensuite en retour! » Du coup, j'ai appris le chinois en un temps record. Parce que quand vous avez mimé, dessiné, bégayé, à un moment, il faut y aller! J'ai copié des tonnes de caractères, parce que je voulais aussi envoyer des textos. Au bout d'un an j'étais complètement autonome et je pouvais bien le comprendre. Une fois que la proximité des échanges est établie, plus rien ne vous arrête! Pour Picard, j'ai été chassée, avec neuf entretiens pendant trois mois. Je suis la première femme à accéder à ce poste. Je pense que ce qui a plu, c'est mon côté entrepreneurial, un peu mouton à cinq pattes. L'envie était de renouer avec la croissance, parce que, durant les huit dernières années, Picard avait seulement augmenté son chiffre de 0,6 %. Je suis arrivée avec une grande liste d'actions concrètes et rapides, avant qu'il ne soit trop tard. Cela les a un peu secoués. Je ne pense pas que mon genre ait joué dans la balance.

Pourquoi si peu de femmes à votre place?

Même si ma mère ne travaillait pas, mon père a toujours eu beaucoup d'ambition pour moi. Tout semblait possible si je m'en donnais les moyens. Cheffe de rayon, cheffe de secteur, directrice d'hypermarché... à chaque échelon, je pensais au prochain. Je me suis accrochée jusqu'à que cela arrive. Je pense que c'est la clé. C'est sûr que cela faisait rire tout le monde, je n'avais que des hommes autour de moi... Ils disaient : « Elle est gentille, la petite! » Je m'en souviens encore aujourd'hui. J'ai dû travailler deux fois plus. Certains échelons sont plus durs que d'autres. Je suis restée quatre ans directrice générale adjointe d'une hyper et ma nomination comme numéro un ne venait toujours pas. Je me souviens que l'on a même osé me demander à l'époque : « Es-tu prête à t'engager à condition de ne pas avoir d'autres enfants? » Jusqu'au jour où j'ai rencontré la personne qui m'a enfin fait monter.

ET PUIS DERRIÈRE UNE GRANDE FEMME, IL Y A PARFOIS UN GRAND HOMME ! MON MARI EST TRÈS FACILITANT, IL A, ENTRE AUTRES, ACCEPTÉ DE METTRE SA CARRIÈRE ENTRE PARENTHÈSES POUR PARTIR EN CHINE.

Qu'est-ce que vous n'avez pas encore dit?

Curieusement, je n'ai jamais eu envie de créer ma boîte. Finalement, dans mes postes successifs, j'ai toujours eu le sentiment que c'était ma boîte. J'y ai mis tellement d'énergie à chaque fois! Et il y a encore des innovations que j'ai initiées qui existent dans ces sociétés! Ce n'est pas une revendication, mais une fierté.

Rapport à la grande distribution

CE QUI M'ATTIRE, C'EST L'ASPECT COMPLET DE CE MÉTIER. VOUS MANAGEZ, VOUS ACHETEZ, VOUS GÉREZ. IL Y A UNE LIBERTÉ D'ENTREPRENDRE EXTRAORDINAIRE !

Mot

LE « NORD » ET SES VALEURS : LA SIMPLICITÉ, LA SOLIDARITÉ, L'HUMANITÉ. MON ARRIÈRE-GRAND-PÈRE ÉTAIT MINEUR. CE SONT DES GENS DE CŒUR QUI DONNENT MÊME CE QU'ILS N'ONT PAS.

Phrase

GÉRARD MULLIEZ, LE FONDATEUR D'AUCHAN, QUI PASSAIT DANS LE RAYON : « COMBIEN DE FOIS TU T'ES TROMPÉE CE MOIS-CI ? SI AUCUNE, C'EST QUE JE TE PAIE TROP ! TU N'AS RIEN APPRIS ! »

Jeanne Damas

Jeanne, c'est la réinvention du mythe de la Parisienne. À à peine 30 ans et suivie par plus de 1,5 million de personnes, cette self-made-woman a su se distinguer des it-girls qui vont et viennent. Cette « mamie des réseaux sociaux » a bel et bien transformé son « je-ne-sais-quoi » en Rouje, marque de vêtements et de beauté florissante. Car, avant Instagram, il y avait Facebook et, avant Facebook, il y avait Skyblog. Son regard affûté, son allure innée et ses looks rétro y ont créé l'univers « Jeanne » - être muse, c'est un métier. Une décennie d'influence que je rencontre au sein d'un bâtiment bouillonnant de créativité au cœur du Sentier parisien. Le regard mutin derrière une frange effilée, la dirigeante préfère boire au robinet plutôt que demander un verre d'eau - une dose d'humilité et de candeur inattendue de la part de celle que l'on prend en photo dans la rue. Une patronne avec qui, l'espace d'une petite heure, je vois la vie en Rouje.

Comment est-elle devenue n° 1 ?
En grandissant dans un monde d'adultes.

Jeanne grandit dans le restaurant familial, Le Square Trousseau, dans le XIIe arrondissement de Paris. La brasserie est sa maison, le quartier son village. La cuisine du restaurant est sa cuisine, elle y dîne avec le personnel. En salle se côtoie le Tout-Paris, des personnalités du cinéma ou de la mode, comme Jean-Paul Gaultier.

> ” *J'ai grandi plus vite que la moyenne. Très vite, j'ai traîné dans la rue, à faire du skate à Bastille, rencontrer des gens beaucoup plus âgés, de divers horizons. Je traînais aussi parfois en pyjama sur les banquettes de notre restaurant, en parlant aux clients. En réalité, j'ai tout fait plus tôt que les autres : les bêtises, l'entrepreneuriat, le bébé. Cela donne une certaine maturité.*

Parcours

Née en 1992 à Paris, Jeanne grandit dans le XIIe arrondissement de la capitale dans une famille de restaurateurs. L'appartement familial surplombe la brasserie détenue par ses parents, dans laquelle se croisent créateurs et artistes. Jeanne a une sœur, Louise, à la tête d'une entreprise de bijoux.

Adolescente, elle démarre un blog dans lequel elle partage des clichés de sa vie et de son style. La jeune fille pose pour des amis, signe avec la prestigieuse agence de mannequins IMG et arrête ses études avant le baccalauréat. Tandis que ses amis partent dans des écoles de commerce, elle prend des cours de théâtre à l'atelier Blanche Salant et continue sa carrière de mannequin, égérie de Jacquemus, du Comptoir des Cotonniers, de & Other Stories et de Gucci, ainsi que cover-girl des magazines *ELLE*, *Marie Claire*, *Glamour* ou encore *L'Officiel*.

En 2016, Jeanne lance la marque de vêtements en ligne Rouje avec son associé, Jérôme Basselier, épaulée par la styliste Nathalie Dumeix, dont les pièces rétro sont à l'image de son style. En 2018, la start-up ouvre un corner aux Galeries Lafayette Champs-Élysées. puis, l'année d'après, son premier magasin, accompagné d'un restaurant, Chez Jeanne.

UN AN PLUS TARD, L'ENTREPRISE RÉALISE UN CHIFFRE D'AFFAIRES DE PRÈS DE 6 MILLIONS D'EUROS.

2021 : Rouje compte quatre-vingts salariés et lève des fonds pour accompagner sa croissance américaine, deuxième marché après l'Hexagone.

Jeanne est la coautrice, avec Lauren Bastide, de *À Paris* (Grasset, 2017). La même année elle intègre le prestigieux classement 30 Under 30 du magazine *Forbes* et fait une apparition au cinéma dans le film Rock'n Roll de Guillaume Canet. La patronne est maman d'un petit garçon.

Tête-à-tête

Pourquoi vous?

Honnêtement, c'est une somme de rencontres. Celle avec la créatrice Yasmine Eslami tout d'abord, l'un de mes premiers shoots. J'étais dans la classe de sa belle-fille et elle cherchait des filles qui n'étaient pas mannequins pour poser dans sa nouvelle collection. Derrière l'objectif, il y avait Olivier Zahm, le rédacteur en chef du magazine *Purple*.

Et celle avec Nathalie Dumeix, bien sûr, dont la boutique-atelier était située à deux pas de notre restaurant. Elle est à présent la styliste de Rouje.

Et puis j'ai été l'une des premières présentes sur les réseaux sociaux. À l'époque, rien n'était calculé, ce n'était pas un métier.

AVEC SIMON, LE CRÉATEUR DE JACQUEMUS, ET GARANCE DORÉ, NOUS ÉTIONS LES PRÉCURSEURS FRANÇAIS.

J'ai commencé à faire des collabs avec des marques, qui étaient souvent des cartons. La question qui se posait, c'était le taux de transformation entre mes followers et de potentiels clients.

Au départ de Rouje, nous avons lancé une toute petite collection, avec des robes et une veste, car nous craignions de rester avec un énorme stock sur les bras. Tout s'est vendu en une heure. Cela faisait quinze ans que j'avais envie de créer et d'entreprendre. J'ai côtoyé les créateurs, réalisé des collections capsules, j'ai un œil et une communauté.

TRÈS VITE, LANCER MA PROPRE MARQUE EST DEVENU UNE ÉVIDENCE.

La mode a toujours fait partie de ma vie, ma mère avait un style inné. Elle était patronne du restaurant, mais, dans mes souvenirs, c'était aussi un défilé de mode chaque soir! Elle avait ce côté très solaire, avec ses cheveux blonds bouclés, c'était la féminité absolue.

Quelle patronne êtes-vous?

Au début, nous n'étions que trois, avec Jérôme et Nathalie, dans une pièce, mais on était un peu à l'étroit. Aujourd'hui, nous possédons pratiquement tout l'immeuble, des boutiques en France et bientôt à l'international. C'est vertigineux!

Jérôme maîtrise l'aspect logistique, il a une marque de vêtements avec sa femme depuis quinze ans.

NOUS N'AVONS PAS LE MÊME ÂGE – IL A CINQUANTE ANS. CETTE DIFFÉRENCE DE GÉNÉRATION EST HYPER PRODUCTIVE, C'EST LE PARTENAIRE IDÉAL POUR LANCER UNE AFFAIRE.

J'aime beaucoup le côté ping-pong avec mes associés et les équipes, c'est de cet échange que je me nourris et que l'on fait avancer la machine.

Étant autodidacte et peu structurée, j'ai besoin de parler à tout le monde, de faire des points avec l'ensemble des pôles, dans une fusion permanente.

APRÈS, J'AI UN DÉFAUT QUI PEUT ÊTRE EN MÊME TEMPS UNE QUALITÉ: JE SUIS SANS FILTRE.

Un trait de personnalité très apprécié des journalistes! Parfois, c'est bien, parce que cela fait avancer les choses, et parfois, cela peut être mal interprété.

Pourquoi si peu de femmes à votre place?

Le manque de représentation de patronnes, de celles qui vont au bout de leur passion et qui réussissent. Dans mon cas, je suis encore considérée comme une simple « incarnante », alors que cette image est réductrice :

JE SUIS AUSSI UNE CRÉATRICE ET CHEFFE D'ENTREPRISE.

Médiatiquement, ce n'est pas ce qui ressort, tandis qu'un homme n'aurait pas à souffrir de cette problématique.

La sororité, c'est très concret. Entre copines, c'est important de reconnaître les talents des unes et des autres, et de s'offrir des opportunités.

JE PENSE QUE LES FEMMES ONT UN RAPPORT DIFFÉRENT AU POUVOIR, ON N'A PAS ENVIE D'ÉCRASER TOUT LE MONDE.

Pour être à « l'endroit de ses désirs », il faut être libre et, pour être libre, il faut être indépendante et, pour être indépendante, il faut l'être financièrement.

Qu'est-ce que vous n'avez pas encore dit?

Il y a seulement un an et demi, nous n'étions que quinze. Aujourd'hui, nous sommes quatre-vingts.

NOUS AVONS LANCÉ UNE PETITE COLLECTION DE QUELQUES PIÈCES ET, UNE HEURE APRÈS, TOUT ÉTAIT VENDU. DANS QUELQUES MOIS, NOUS OUVRONS UNE BOUTIQUE À NEW YORK - C'EST IRRÉEL, JE ME PINCE TOUS LES JOURS.

En fait, mon univers peut se décliner à l'infini. Aujourd'hui c'est le prêt-à-porter, demain c'est la beauté, et après-demain, qui sait! C'est chouette d'avoir plusieurs vies!

FINALEMENT, CE QUE JE VENDS, C'EST CETTE IMAGE.

Rêve adolescent

DEVENIR PSY ! J'EN AI VU BEAUCOUP. J'AVAIS L'IMPRESSION D'AVOIR UN DON POUR L'ÉCOUTE, ET QUAND J'AI SU QU'IL FALLAIT FAIRE MÉDECINE, JE SUIS PASSÉE À AUTRE CHOSE !

Livre

KING KONG THÉORIE, DE VIRGINIE DESPENTES (GRASSET, 2006). UN ESSAI SUR LE NOUVEAU FÉMINISME ET LES RAPPORTS GENRÉS, QUE TOUT LE MONDE DEVRAIT LIRE !

Mot

FAISEUSE - J'AIME TOUT FAIRE PAR MOI-MÊME. C'EST POUR CELA QUE JE N'AI PAS SUIVI UNE CARRIÈRE D'ACTRICE, CAR JE N'AI PAS SUPPORTÉ DE NE PAS AVOIR LE POUVOIR DE DÉCISION.

Un déjeuner estival sous les chênes du jardin des Tuileries. En face, Marie : ses cheveux courts et son air mutin dégagent une profonde humanité. J'oublierais presque que je partage la table d'une figure emblématique du capital-risque français, le visage apparu aux côtés de celui de Jean-Baptiste Rudelle sur les écrans de Times Square au moment de l'entrée en Bourse de Criteo. Les pépites françaises, cela fait près de vingt ans que la patronne les finance : Swile, Shine, Lifen... elle est de tous les *boards* et en a défendu les intérêts avec France Digitale, première organisation de start-up en Europe. Associée durant dix ans chez Elaia avant de créer son propre fonds, intitulé « Daphni », la dirigeante s'est aujourd'hui affranchie d'une French Tech terriblement homogène. Incorruptible, loyale, droite... on dit de Marie qu'elle mise sur ceux qui ont le talent mais pas les codes. Son dernier fonds a pour ambition de bâtir la tech de 2050 dans un futur qu'elle veut fertile. Quel avenir financer ? Rencontre.

Comment est-elle devenue n° 1 ?

En développant une plasticité cérébrale hors norme, au gré des lieux d'expatriation de son enfance.

Très tôt, Marie est confrontée à des référentiels socioculturels différents. Son père, chercheur en mathématiques, est nommé à Paris, puis à Vancouver. La dirigeante apprend à lire en anglais. Une adolescence insouciante dans les années quatre-vingts, dans un contexte de projection dans l'avenir, loin des préoccupations environnementales de ses propres enfants.

J'ai réalisé que je pouvais m'ancrer et trouver un équilibre à peu près partout. En plus, le Canada est un terrain de jeu formidable pour un enfant : la mer, la montagne, les grands espaces. J'ai rapidement pris conscience qu'il était possible de piocher dans chaque culture, de créer son propre référentiel. Surtout, j'ai appris que l'on pouvait avoir le choix . Cela apporte une liberté incroyable.

Tandis que les normes sociales locales conditionnent la vaste majorité des mentalités, la patronne crée sa propre route. Questionner le statu quo, Marie n'a cessé de le faire tout au long de ses études et de sa carrière, un cheminement qui l'a amenée à la création du fonds 2050, qui perçoit l'impact comme une révolution économique globale similaire à celle du digital.

Tête-à-tête

Pourquoi vous?

Mon ouverture d'esprit, certainement liée à mon enfance. Ma mère vient d'une culture familiale extrêmement hospitalière. Il y avait toujours beaucoup de monde à la maison, de toutes les origines culturelles et sociales.

DE MON ENFANCE À VANCOUVER, JE SUIS INCAPABLE DE DIRE SI J'ÉTAIS UNE BONNE ÉLÈVE OU PAS. LES NOTES N'EXISTAIENT TOUT SIMPLEMENT PAS.

À la place, des autocollants à gratter et à collectionner - qui sentaient bon - quand tu avais réussi un truc. Je suis entrée en CE1 à Paris et, si je reprends ma photo de classe aujourd'hui, je suis encore capable de classer les gens par niveau scolaire. Deux salles, deux ambiances.

Ce qui m'a sauvée, c'est que j'ai vu ailleurs.

Cette compétition imposée dès le plus jeune âge, je l'ai toujours refusée. Combattre les autres plutôt que réfléchir ensemble est, pour moi, une aberration. Je refuse ce combat.

Parcours

Née le 13 août 1975 à Paris, Marie est la fille cadette du mathématicien Ivar Ekeland, d'origine norvégienne et de Catherine Duclos-Grenet, pharmacienne, originaire d'une famille d'artisans-bouchers à Paris. Son grand frère vit actuellement au Canada.

ELLE ÉTUDIE TOUT D'ABORD LES MATHÉMATIQUES ET L'INFORMATIQUE À L'UNIVERSITÉ PARIS-DAUPHINE, PUIS EFFECTUE UN MASTÈRE EN ÉCONOMIE À L'ÉCOLE DES HAUTES ÉTUDES EN SCIENCES SOCIALES.

À 22 ans, Marie intègre JPMorgan Chase à New York, en qualité d'informaticienne. Elle rentre ensuite à Paris et rejoint l'équipe du capital-risque du Crédit agricole. Elle y travaille avec Xavier Lazarus, qui devient son associé en 2009 chez Elaia Partners, un fonds spécialisé dans l'économie numérique. Criteo, Ykone, Edoki Academy, Teads... les success-stories de son portfolio se succèdent.

2012 : Marie cofonde le lobby France Digitale pour défendre les intérêts de son secteur auprès des pouvoirs publics. Après plus de dix ans au sein d'Elaia, elle cofonde son propre fonds, Daphni, et lève 150 millions d'euros pour investir dans Swile, Shine, Lifen ou encore Zoe au Royaume-Uni. Fin 2017, la dirigeante est nommée présidente du Conseil national du numérique. Elle démissionne quelques jours plus tard, suite à des critiques politiques et médiatiques visant certains membres qu'elle avait choisis pour composer le collège d'experts l'accompagnant, notamment la militante Rokhaya Diallo et le rappeur Axiom.

En novembre 2020, la patronne lance un nouveau fonds d'investissement, intitulé « 2050 ». La structure, sans actionnaires, détenue à 100 % par un fonds de pérennité, a pour objectif le soutien de projets qui innovent dans l'agroalimentaire, la santé, l'éducation, l'habitat, les transports et l'autonomie financière, tels que Sweep, Withings ainsi que ClimateView et Paebbl en Suède.

En l'occurrence, j'étais une très bonne élève, et c'est l'une des raisons pour lesquelles je n'ai pas suivi le système des classes préparatoires et des grandes écoles. C'était un choix délibéré. Heureusement, le reste de ma carrière m'a rapidement donné un mot d'excuse vis-à-vis du système français.

Quelle patronne êtes-vous?

La compétition en équipe me va très bien. Nous avons un but commun, cela est juste, cela fait sens, l'objectif n'est pas de démontrer une quelconque supériorité personnelle. J'ai d'ailleurs pratiqué le volley en compétition jusqu'à mes 27 ans. L'enjeu, c'est : « Qu'est-ce qu'on arrive à régler comme problème ensemble? »

TOUT MON TEMPS ET MON ÉNERGIE DOIVENT CONTRIBUER À UNE CAUSE PLUS GRANDE QUE MA PERSONNE.

Sinon je pense avoir deux angles intellectuels. Le premier, bien sûr, c'est les maths. Je sais modéliser une situation. Avec ce raisonnement logique, l'énergie de toute une équipe est focalisée sur la résolution du problème. Cela crée un consensus, c'est imparable et bien plus fort que le pouvoir de persuasion.

Le second, c'est la partie informatique. C'est ce qui opérationnalise la pensée et fait franchir le pas de l'action. Quand tu codes, c'est la description à l'ordinateur d'une vision. C'est une traduction concrète, qui permet aussi de tester rapidement.

Pour prendre du recul, je pense à mon mari, qui est anesthésiste pédiatrique. Dans l'appréhension des risques, cela remet les idées en place!

Pourquoi si peu de femmes à votre place?

Être numéro une, ce n'est pas encore le parcours naturel tracé pour les femmes.

Nous évoluons dans un monde où les décisions sont basées sur le passé, avec la reproduction des *best practices*. L'intelligence artificielle, par exemple, imite l'apprentissage humain, basée sur ce qui a fonctionné auparavant.

L'inertie liée au manque de parité résulte de ce schéma. Oui, les femmes ne sont pas historiquement dans les sciences, dans la tech, en finance. J'ai été la seule femme dans les *boards* pendant quinze ans. Il faut croire en sa pertinence pour aller à contre-courant, changer de trajectoire.

J'ai eu la chance d'arriver dans une industrie neuve - le capital-risque, en France, au début des années deux mille, c'était totalement nouveau. Ce qui m'a aidée, c'est que l'on ne parvenait pas à me mettre dans une case, à me coller une étiquette. Comme au collège, où j'étais excellente en maths mais aussi en sport. Toute ma vie, j'ai brouillé les pistes.

ON A BESOIN DE FEMMES PIONNIÈRES, POUR DÉFRICHER LA ROUTE DE CELLES QUI SUIVENT.

Qu'est-ce que vous n'avez pas encore dit ?

J'ai besoin d'être utile. Le capital-risque, c'est une responsabilité sociétale et un écosystème stratégique pour le pays. En investissant, on ne prédit pas le futur, on le façonne. Comment ne pas vouloir y participer? Un monde meilleur, cela ne veut pas dire la même chose pour tout le monde. Il n'y a pas de destination commune. Plus j'ai investi, plus j'ai rencontré une problématique systémique sur l'impact réel des start-up. L'intelligence artificielle, par exemple, peut supprimer potentiellement énormément d'emplois, mais aussi améliorer la vie des gens. C'est difficile de se créer des convictions, d'autant plus lorsque tout ce que l'on projette dans le futur, c'est de l'angoisse – climatique, géopolitique, sociologique. Accepter la présidence du Conseil national du numérique, pour moi, c'était enfin définir le cadre de nos buts communs, créer cette vision de la société de demain. C'est pour cela que, dans la composition de mon équipe, j'ai invité une agricultrice, un expert de la cybersécurité, une activiste antiraciste, entre autres. Nous avons besoin d'une vision à 360. Cela a duré une semaine, car mon melting-pot social n'a pas plu.

Heureusement, cette vision s'est transformée en stratégie d'investissement et a donné lieu à 2050.

Équilibre vie pro / vie perso

JE DÉCONNECTE COMPLÈTEMENT. AU MOMENT DE LA CRISE DE 2008, J'ÉTAIS EN CONGÉ MAT. LORSQUE JE SUIS REVENUE, JE LEUR AI DEMANDÉ CE QU'ILS AVAIENT FOUTU !

Mot

ÉQUILIBRE. FAIRE DU SPORT, DE LA MUSIQUE, VOIR DES GENS. C'EST ABSOLUMENT ESSENTIEL POUR MOI, L'OXYGÈNE QUI NOURRIT LE RESTE. JE N'Y RENONCERAI JAMAIS.

Rapport au corps

JE SUIS CONSTAMMENT À L'ÉCOUTE. TOUTES MES GRANDES DÉCISIONS ONT ÉTÉ PRISES, CAR JE NE POUVAIS PLUS PHYSIQUEMENT CONTINUER À AVANCER DANS CETTE DIRECTION.

Delphine

23 avril 2015 : le Conseil supérieur de l'audiovisuel nomme Delphine Ernotte à la présidence de France Télévisions. En pleine crise pandémique, le mandat de la dirigeante est renouvelé pour cinq ans, et celle-ci devient en parallèle la première femme à la tête de l'Union européenne de radio-télévision. Quant à la télévision publique française, l'entrée est plutôt bien gardée : deux portiques de sécurité plus tard, j'espère ne pas m'être trompée de bâtiment. La cour intérieure en verre et plantes murales est assez impressionnante. Je m'engouffre dans un ascenseur vers le septième étage, j'ai une heure top chrono. Lorsqu'elle entre dans la pièce, son carré argent n'est pas sans rappeler celui d'une certaine Anna Wintour, mais, cette fois-ci, le diable paraît sympathique.

Ernotte

Comment est-elle devenue n° 1 ?

En s'imposant là où on ne l'attend pas.

Adolescente, Delphine veut devenir archéologue. Son père lui dit : « C'est une très bonne idée, tu feras cela après ta prépa. » Une arnaque totale. La jeune étudiante ne sait pas si elle souhaite poursuivre en classes préparatoires littéraires ou bien des classes préparatoires scientifiques.

> ” *J'ai un frère et une sœur, qui sont beaucoup plus âgés que moi. J'étais celle qui était arrivée comme un excédent : il a fallu que je fasse ma place. C'est une très bonne école pour la suite. Il se trouve que j'avais une sœur très brillante, un peu surdouée, qui avait fait l'École normale supérieure en lettres. Je me suis dit que cela serait assez dur à suivre, il fallait donc prendre l'autre option, et je suis entrée dans une école d'ingénieurs.*

Un chemin de traverse qu'elle poursuivra toute sa vie. Personne n'attendait la dirigeante aux commandes de France Télévisions : elle divise son salaire par deux et demi, son entourage lui conseille de ne pas y aller : « Cela n'a pas de sens pour sa carrière. » Qu'à cela ne tienne, encore une fois, la patronne va là où on ne l'attend pas, c'est sa meilleure boussole.

Parcours

Fille de deux médecins, Delphine est née le 28 juillet 1966 à Bayonne. Après son baccalauréat, elle sort diplômée de CentraleSupélec en 1989.

Elle intègre France Télécom la même année en qualité d'analyste financière, puis poursuit du côté de la recherche et du développement. En 1993, elle prend la tête du réseau de boutiques parisiennes, avant d'être nommée directrice régionale Centre-Val de Loire en 2004. Deux ans plus tard, elle gère la communication pour la France, puis passe à la direction commerciale en 2008. 2009 : elle devient directrice générale d'Orange Distribution et, moins d'un an plus tard, directrice générale adjointe chargée des opérations France, prenant une place au sein du comité exécutif du groupe. En 2011, la patronne endosse le rôle de directrice générale d'Orange France.

2015 : Delphine accède à la présidence de France Télévisions et, cinq ans plus tard, son mandat est renouvelé par le CSA.

FÉMINISTE DE LA PREMIÈRE HEURE, LA DIRIGEANTE, QUI AVAIT INSTAURÉ LE RÉSEAU FÉMININ INNOV'ELLES CHEZ ORANGE, PLACE LA DIVERSITÉ ET LA LIBERTÉ DE LA PRESSE EN PRIORITÉ DES PROCHAINS MOIS.

En dehors de son activité professionnelle, Delphine est présidente du comité Éthique et Développement durable et membre du comité d'audit et des comptes de Suez Environnement, ainsi que présidente du conseil d'administration de CentraleSupélec.

La patronne est mariée au comédien Marc Ernotte et a deux enfants.

Pourquoi vous?

Je suis très ambitieuse, et il y a aussi chez moi une forme de transgression. Quand vous êtes une femme arrivée à un certain poste où l'on ne vous attend pas, c'est très jouissif. C'est comme si vous forciez une porte. J'adore défoncer les portes. Il y a quelque chose de guerrier dans l'ambition.

LORSQU'ON EST UN HOMME, L'AMBITION, C'EST FINALEMENT SE CONFORMER À CE QUE L'ON ATTEND DE VOUS. C'EST DANS L'ORDRE SOCIAL. UNE FEMME, C'EST EXACTEMENT L'INVERSE.

Mon mari est comédien et le métier d'artiste est difficile. En conséquence, c'est à moi d'assurer financièrement. Je gagne ma vie, et cela se passe très bien. Mon père m'a poussée à être autonome financièrement et je n'ai jamais imaginé d'alternative - jamais je ne souhaiterais dépendre de qui que ce soit.

C'est donc un modèle inversé. En revanche, je suis toujours celle qu'on appelle quand il y a des problèmes, parce que je réponds toujours au téléphone quand ce sont mes enfants. Du coup, je leur dis de m'appeler exclusivement pour les choses urgentes, parce que je sors parfois de réunions très importantes. Une fois, ma fille, qui devait avoir 10 ans, m'a appelée pour connaître la recette des crêpes. Je suis sortie de réunion avec un air très grave et je lui ai rappelé les ingrédients. Je suppose que les crêpes, à cet âge-là, c'est très urgent.

Quelle patronne êtes-vous?

J'adore le pouvoir et je trouve que c'est bien de le dire. J'adore le pouvoir de décider, c'est ma définition du métier de patronne. Certes, on décide après avoir écouté tout le monde, mais il faut aimer décider, parce que c'est ce que l'on fait, du matin au soir.

Lorsque mon équipe arrive en disant : « Il y a un problème, il faut prendre une décision », je me frotte les mains. J'adore cela et je me sens utile. Je suis la *decision-maker*.

J'AIME LES DÉCISIONS COMPLEXES, STRATÉGIQUES, OÙ LE CHOIX N'EST PAS ÉVIDENT.

Il faut apprendre à s'oublier pour avancer. J'ai souvent en tête une phrase de la psychanalyste Françoise Dolto : « J'ai su que je pouvais être psychanalyste le jour où, lorsque j'ai eu un patient en face de moi, j'ai arrêté de penser à ma propre existence. » C'est ce que j'aime dans l'univers des médias, d'être constamment branchée sur ce qui se passe, le pouls de la société, pouvoir éventuellement la prédire. On se sent vivant!

J'ai eu une période de ma vie professionnelle très dure quand j'étais chez Orange , lors de la crise des suicides - je peux vous dire que France Télévisions, à côté, c'est facile.

Cela m'a rendue consciente d'une chose qu'on oublie trop souvent dans les entreprises : les gens sont à la fois beaucoup plus fragiles et beaucoup plus forts qu'on ne le croit. En fait, on ne sait pas qui on a en face de soi, mais, dans tous les cas, il faut faire attention aux gens.

La personne qui a l'air parfaitement bien dans ses baskets est peut-être en train de vivre quelque chose d'extrêmement dur, et va peut-être commettre l'irréparable le lendemain matin. Il faut être le plus délicat possible, ce qui n'est pas toujours facile.

Récemment, un monsieur a été licencié de France Télévisions pour harcèlement sexuel, et il m'a dit en partant : « Ce départ m'a brisé. » Eh bien, cela m'a touchée. Ce monsieur ne comprenait pas de quoi il s'agissait.

La décision était inévitable, car il n'est pas envisageable de laisser des comportements sexistes perdurer dans l'entreprise, il faut montrer qu'il y a un changement ; et, en même temps, ce ne sont pas des décisions faciles.

POUR LE BIEN COLLECTIF, IL FAUT AGIR, MAIS, INDIVIDUELLEMENT, CELA RESTE ÉPROUVANT.

D'ailleurs, les gens disent peut-être de moi que je suis dure, mais je ne crois pas que je le sois. Je ne m'en fiche pas, je n'arrive pas à m'en ficher. Heureusement.

Pourquoi si peu de femmes à votre place?

On projette beaucoup de choses sur les femmes, des choses pas toujours positives.

Heureusement, je ne lis pas forcément ce que l'on écrit sur moi. Quand je suis arrivée à mon poste en 2015, j'en ai pris plein la figure d'un point de vue médiatique. Marie-Anne Paveau, philosophe sémiologue, avait décortiqué les articles me concernant de manière très humoristique, cela m'avait fait un bien fou. J'étais heureuse qu'une personne extérieure dénonce ces attaques.

Lorsqu'on est assailli de la sorte, si l'on dit : « Je suis critiquée, car je suis une femme », l'image renvoyée est celle d'un refus de réponse face à une partie des reproches, qui peuvent être légitimes.

Qu'est-ce que vous n'avez pas encore dit?

Je voulais être peintre. J'ai toujours eu une passion pour les arts : j'ai commencé la peinture à trois ans et j'adorais ça.
Finalement, la télévision me permet aujourd'hui d'être en contact permanent avec ceux qui créent. J'ai épousé un comédien, j'ai beaucoup d'admiration pour les artistes. J'ai arrêté de peindre, en revanche, je fais de la céramique. J'ai tout l'équipement - un four, des émaux. Pendant mes vacances, je fais cela vingt-quatre heures sur vingt-quatre. Je possède une maison de campagne dans la Nièvre, un lieu où il n'y a personne, pas de touristes, pas de Parisiens. J'adore

m'y rendre, voir mes copains du coin, des gens « normaux », qui ne travaillent pas dans les médias.

Je ne suis pas la seule patronne à faire des activités manuelles. Brigitte Maccioni, la présidente d'UGC, fait des trucs géniaux en tricotage. Il faudrait que l'on crée un marché et que l'on reverse les profits à une association.

J'ai eu un patron que j'ai beaucoup apprécié, Thierry Breton, qui m'a dit : « Dans la vie, il faut toujours avoir deux métiers. » Je l'ai vécu, car j'ai écrit et monté une pièce de théâtre avec mon mari. Et lorsque je faisais cela, j'étais parfaitement en équilibre, car, malgré la charge de travail, bizarrement, l'angoisse des deux métiers s'annule, quand ils sont réellement différents. Un métier manuel, c'est le yoga du cerveau, cela fait baisser la tension mentale immédiatement. Lorsque j'étais en école d'ingénieur, j'ai fait du théâtre pendant trois ans. J'ai appris à fabriquer des décors, à créer des costumes. Certes, j'ai passé des nuits blanches à réviser, car il fallait bien passer les examens en parallèle, mais, à l'époque, les cours n'étaient pas obligatoires, donc j'allais à un cours sur deux.

EN FAIT, JE SUIS MANUELLE. J'AURAIS DÛ ÊTRE ARTISAN.

Phrase fétiche

« ÉCOUTEZ, MAINTENANT, ÇA SUFFIT. » BRIGITTE LEMERCIER, CHASSEUSE DE TÊTES, LORSQUE JE FUS PRISE D'UN SENTIMENT D'IMPOSTURE. SIMPLE ET SALVATEUR.

Rapport au feminisme

UNIVERSALISTE, PLUTÔT. JE DÉTESTE QUE L'ON ME DEMANDE CE QUE C'EST QUE « MANAGER AU FÉMININ », PAR EXEMPLE, CELA M'HORRIPILE.

Rapport à la féminité

JE FAIS POUSSER MES CHEVEUX GRIS, J'ASSUME, C'EST LA MODE EN CE MOMENT. J'AI HÉSITÉ À FAIRE DU ROSE PÂLE, MAIS BON, DANS MA POSITION, CE N'EST PAS POSSIBLE.

Mercedes Erra

Elle est la toute première à avoir accepté un entretien. Alors que j'étais étudiante - sans réseau, sans expérience, sans « googlabilité » -, Mercedes m'a dit « oui ». Parce que c'est le genre de personne qu'elle est. « Venez comme vous êtes » de McDonald's, c'est elle. « Faire du ciel le plus bel endroit de la terre » d'Air France, c'est encore elle. Les « Water Babies » d'Évian, cela ne peut être qu'elle. Figure incontournable de la publicité mondiale, la dirigeante aux cheveux blond platine est une icône tricolore féministe et humaniste absolue. Pantin, le bout du monde, un immense bâtiment de verre, mille deux cents collaborateurs. Nous sommes bien chez BETC, temple de la réclame depuis près de trente ans, agence que la patronne, mère de cinq enfants, a cofondée en 1994 et à laquelle elle a légué la première lettre de son nom de famille.

Comment est-elle devenue n° 1 ?
En prenant ses responsabilités.

L'arrivée de Mercedes dans l'Hexagone depuis l'Espagne, à l'âge de six ans, débute avec un parfum de déclassement. La famille s'installe dans un petit appartement à Chelles, situé dans une cité nommée « La Grande Prairie ». L'État français contribue à l'achat de meubles. Puis c'est l'installation à Neuilly-sur-Marne, « dans une drôle de maison mitoyenne » achetée à crédit. Aînée d'une fratrie de quatre enfants, Mercedes prend naturellement les choses en main, des tâches domestiques à l'éducation des plus petits.

> ” *Ma mère était femme au foyer, comme beaucoup à son époque. Elle a mal vécu les premières années françaises, en étant très triste pendant un petit bout de temps. Le choc culturel a été immense, il a fallu tout revoir. Très tôt, j'ai commencé à tenir les rênes de la maison.*

Parcours

Née en 1954, près de Barcelone, Mercedes grandit en Catalogne.

> *Mon père venait de la petite bourgeoisie catalane. Il est arrivé sans le sou et a redémarré en bas de l'échelle mais possédait une intelligence entrepreneuriale, ce qui lui a permis de rebondir rapidement.*

Mercedes ne parle pas français. Élève appliquée, elle travaille dur pour entrer dans le moule et rattrape vite son retard. L'école a toujours représenté l'intégration pour la dirigeante, qui s'est tue en classe durant une longue période, par peur des moqueries. Six mois plus tard, son français était meilleur que celui de ses camarades. Après le bac, la patronne entre en hypokhâgne à Fénelon, entourée de filles, ce qui lui va bien.

> *À cet âge-là, le regard des garçons oriente trop le comportement des filles et les met en compétition. À distance de ce regard, tout va mieux. La solidarité entre nous et notre « dinguerie culturelle » étaient géniales. On débattait pendant des heures d'un ouvrage ou d'un film. J'étais entourée de « tronches » et les côtoyer était d'une richesse phénoménale.*

Cette période est marquée tout de même par la terreur de ne pas entrer à l'École normale supérieure. La dirigeante finit d'ailleurs par développer une phobie de la mauvaise note, et ne lit plus pour le plaisir. En 1979, Mercedes obtient une maîtrise de lettres à la Sorbonne, puis son Capes, et devient professeure de lettres. Elle intègre HEC deux ans plus tard. Elle commence sa carrière en stage chez Saatchi & Saatchi et monte rapidement les échelons.

En 1995, au sein d'Havas, elle cofonde BETC, qui deviendra la première agence française de publicité. En 2008, Mercedes est nommée, en plus, présidente exécutive de Havas Worldwide.

La patronne est également présidente du conseil d'administration du Musée national de l'histoire de l'immigration depuis 2010, présidente du comité français de Human Rights Watch et membre des conseils d'administration de la Fondation du Collège de France, de la Fondation Engagement Médias pour les Jeunes, du Théâtre du Châtelet, de l'Opéra-Comique, du comité d'investissement du fonds de dotation de la Bibliothèque nationale de France ainsi que du conseil de surveillance de Roche Bobois.

Tête-à-tête

Pourquoi vous ?

J'ai cru que j'étais la patronne. Comme à la maison, en entreprise, même en stage, je me sentais responsable de tout.

NOUS ÉTIONS PEUT-ÊTRE CENT CINQUANTE DANS L'AGENCE MAIS LORSQU'IL Y AVAIT UN PROBLÈME, JE ME DISAIS QUE C'ÉTAIT À MOI DE LE RÉSOUDRE. JE PENSAIS QUE C'ÉTAIT TOUJOURS DE MA FAUTE. DU COUP, J'AI MONTÉ LES ÉCHELONS TRÈS RAPIDEMENT, J'ÉTAIS SÛREMENT FAITE POUR CELA.

J'ai toujours adoré travailler. J'occupais constamment de nouvelles fonctions et mes patrons de l'époque me rajoutaient des titres pour que cela suive derrière. En huit petites années, j'ai été successivement cheffe de publicité, directrice de clientèle, directrice générale adjointe du groupe, puis directrice générale de l'agence.

JE VOULAIS UNE VIE DE TRAVAIL, UN POSTE QUI ME PASSIONNE ET QUE MON COMPAGNON M'ACCOMPAGNE DANS CETTE VISION-LÀ.

J'ai quatre enfants et mon mari, Jean-Paul, qui a choisi d'être à la maison, en avait déjà un, nous sommes donc sept. Il me soutient, mais ce n'est pas vraiment un homme au foyer. Il m'a, bien sûr, aidée, mais les nounous ont aussi été essentielles.

Au bout de huit ans, je suis devenue « numéro une ». Personne ne l'a annoncé, dans les faits c'était moi. Je suis restée quatorze ans chez Saatchi & Saatchi. Le groupe a été racheté par des Anglais. Les seules choses que je n'appréciais pas dans le management des Anglais étaient la difficulté qu'ils avaient à accepter les femmes et leur léger mépris pour la culture française. Je n'avais pas le temps de m'en soucier, je gagnais des budgets.

Rémi Babinet et Eric Tong Cuong sont venus me chercher pour créer une nouvelle structure qui ait une place sur la scène internationale. Les deux premières années ont été un peu compliquées : nous n'avions pas le même point de vue sur le rôle de la stratégie. Finalement, nous avons, avec Rémi, qui est toujours mon associé, trouvé un équilibre, riche en discussions et fertile pour l'agence.

Maintenant que j'ai créé ma maison, je ne risque pas de bouger.

Quelle patronne êtes-vous ?

Aujourd'hui, je suis dans la transmission,

JE VEUX FAIRE EN SORTE QUE LA SUITE, LORSQUE JE NE SERAI PLUS LÀ, SOIT ENCORE PLUS MAGNIFIQUE.

En même temps, je continue à travailler dur – la publicité est un écosystème en crise permanente.

Pourquoi si peu de femmes à votre place?

La chance que j'ai peut-être eue, par rapport à d'autres femmes, c'est que le travail n'était pas une option – personne n'allait m'arrêter.

Les injonctions sur la maternité restent terribles : si un enfant est fragile, on pointe du doigt la mère qui travaille. Les filles ont des kilos de trucs dans la tête.

Alors que moi, j'étais révoltée.

MESDAMES, SOYEZ INDÉPENDANTES. IL FAUT POUVOIR VIVRE DE SES PROPRES MOYENS.

Lors de ma première grossesse, mon patron m'a convoquée et m'a dit : « Maintenant Mercedes, ça suffit, il faut rentrer à la maison. » Je lui ai demandé pourquoi et rétorqué que la clinique était à la même distance du bureau que de la maison. Je pense que les femmes doivent avoir la liberté de vivre leur grossesse comme elles l'entendent.

JE SENTAIS QUE L'ÉQUILIBRE VIE PROFESSIONNELLE/VIE PRIVÉE DEVAIT ÊTRE REVU, POUR LES HOMMES COMME POUR LES FEMMES.

Qu'est-ce que vous n'avez pas encore dit?

L'année de mes 23 ans, mon père a dû brutalement arrêter de travailler et j'ai pris la relève financière pour subvenir aux besoins de la famille, en finissant notamment de payer le crédit de la maison.

Je me suis toujours débrouillée pour financer mes études, et j'ai eu la chance d'avoir une bourse à HEC.

J'ÉTAIS SURPRISE QUE PRESQUE TOUS MES CAMARADES DE CLASSE N'AIENT PAS À TRAVAILLER EN DEHORS DE LEURS ÉTUDES.

Mes premiers pas dans le monde du travail ont donc été synonymes de fins de mois difficiles.

Quelques mois auparavant, j'avais fait un stage dans la publicité chez Saatchi & Saatchi et au bout de quinze jours, je savais que c'était ma vocation. Tout d'abord, en publicité, nous réfléchissons sans cesse, la stratégie est partout. Et puis, l'humain est au cœur de la réflexion. Ce sont les sciences humaines au service d'une action. Le format de l'agence publicitaire me convenait aussi tout particulièrement - conseiller de l'extérieur me donnait de l'air.

C'ÉTAIT COMME SI LE MÉTIER DE PUBLICITAIRE AVAIT ÉTÉ INVENTÉ POUR MOI, MAIS COMMENT AURAIS-JE PU LE SAVOIR AVANT DE LE FAIRE ?

Engagements

LE FÉMINISME ET LES DROITS HUMAINS : WOMEN'S FORUM, FORCE FEMMES, COMMISSION SUR L'IMAGE DES FEMMES DANS LES MÉDIAS, UNICEF, HUMAN RIGHTS WATCH...

Mot proscrit

LA FATIGUE. MES PARENTS ÉTAIENT PLEINS D'ÉNERGIE, ET MON PÈRE TRÈS BOSSEUR - J'AI LONGTEMPS CRU QUE LE SAMEDI ÉTAIT UN JOUR TRAVAILLÉ EN FRANCE.

Tic

LA MANIE DE L'ORDRE POUR TOUT. IL RESTE TOUJOURS UN TIROIR À RANGER, SURTOUT AVEC MES CINQ GARÇONS ET MON MARI À LA MAISON ! JE N'ARRÊTE JAMAIS.

Elle est celle qui murmure à l'oreille des numéros unes. D'ailleurs, c'est elle que l'on aperçoit dès les premières minutes du film *Numéro une,* de Tonie Marshall, accueillant sur la scène du Women's Forum une Emmanuelle Devos patronne du CAC 40. Une légende. Mère de neuf enfants, énarque, autrice de quatre ouvrages, présidente de General Electric France pendant dix ans, la dirigeante cofonde en 2014, aux côtés de Gonzague de Blignières, un fonds engagé, à l'ère où le concept n'était pas encore à la mode. 1,5 milliard de capitaux levés et 64 collaborateurs plus tard, je mets les pieds pour la première fois chez RAISE. Un lieu magique, une bâtisse entourée de verdure, nichée à deux pas des Invalides. L'ambiance y est chaleureuse et joyeuse, on peut entendre des rires à travers les escaliers, il reste des paillettes au sol, vestiges d'une célébration la veille. Clara arrive et je retiens mon souffle.

Comment est-elle devenue n° 1 ?

En tordant le cou à la prédestination sociale.

Née au début des années soixante dans un milieu privilégié, la petite Clara ne s'est pas coulée dans le moule familial : dans son écosystème, lorsque l'on naît femme, il faut penser à se marier et avoir des enfants. Ses sœurs ont d'ailleurs suivi ce schéma-là.

> *Petite, je voulais être un garçon, parce que je souhaitais avoir la vie des hommes. Je voyais ma mère faire les lessives et les courses, tandis que mon père réalisait des choses intéressantes et voyageait.*

Le pouvoir, elle le voit très tôt, de près. Fraîchement diplômée de Sciences Po, elle intègre en 1982 le cabinet du maire de Paris, un certain Jacques Chirac. Son mari, quant à lui, est nommé secrétaire d'État en 1995, avant de devenir ministre de l'Agriculture sept ans plus tard. Le miroir aux alouettes est tombé très vite.

> ❞ *Mon père m'a dit : « Ma fille, que vas-tu faire chez les loups ? » Il était terrorisé de me voir intégrer l'univers politique. Il a été effectivement extrêmement difficile pour moi d'avoir des exemples féminins, car il n'y en avait pas, ou peu. Ma mère est danoise, et j'ai appris très tôt que la différence est un formidable atout. Paradoxalement, en tant que femme, on se souvient de toi, même après ne t'avoir vue qu'une seule fois. Un homme en costume se mêle à la foule et ceux qui ne te considèrent point ne voient pas venir ta réussite. En fait, je me suis faufilée.*

Travailleuse acharnée, Clara préfère la capacité à agir, dans les grandes choses comme dans les petites. Elle prône la répétition des tâches comme clé du succès et avoue ne pas aimer que « les choses [lui] résistent ». Si l'on n'y arrive pas, c'est qu'il s'agit d'un brouillon et pas de la version définitive, comme le disait Maurice Schumann lorsqu'il a cofondé l'Europe : « L'Europe est tellement difficile à créer, ne prenez pas les échecs comme des erreurs, prenez-les comme des apprentissages. »

Parcours

Née le 27 janvier 1960 dans le XIVe arrondissement de Paris, Clara devient élève de l'École nationale d'administration en 1986 après un passage à la mairie de Paris. Elle intègre ensuite la Cour des comptes en tant qu'auditrice, avant d'être nommée tour à tour cheffe des services d'expansion économique au Caire, puis cheffe du bureau de l'Union européenne au sein du ministère de l'Économie et des Finances.

En 1995, la patronne rejoint Colette Codaccioni, ministre de la Solidarité entre les générations, en qualité de directrice de cabinet. Elle prend ensuite la sous-direction de l'Appui aux PME. De 2003 à 2006, Clara est présidente de l'Agence française pour les investissements internationaux.

Septembre 2006 : Clara prend les commandes de General Electric France, puis est nommée vice-présidente de GE International.

En 2013, elle crée, avec Gonzague de Blignières, le groupe RAISE, entièrement paritaire. Il repose sur un mécanisme de financement conjuguant rentabilité et générosité, puisque les équipes d'investissement donnent 50 % de leur intéressement afin de financer son fonds de dotation RAISESHERPAS, dédié aux start-up.

En dehors de ses activités professionnelles, la dirigeante est membre des conseils d'administration de Veolia, du groupe Bouygues, de Danone, de LVMH et présidente de la Chambre de commerce américaine en France.

Avec son mari, Hervé, Clara a neuf enfants : Philothée, Bérénice, Thaïs, Marie-Lou, Amédée, Eulalie, Faustine, Jérôme-Aristide et Angélico.

Tête-à-tête

Pourquoi vous ?

Je me suis souvent posé la question de mon rôle. J'ai été fonctionnaire, haute fonctionnaire, à la tête d'une filiale d'un grand groupe américain, j'ai écrit des livres. Finalement, j'ai mis du temps à comprendre qu'on ne sait pas toujours ce que l'on souhaite faire et que cela n'est pas grave. On sait généralement ce que l'on aime faire à l'instant présent, mais sans être forcément convaincu que c'est ce que l'on va faire toute sa vie.

En classe de CM2, je voulais être une bonne sœur exploratrice. Je voulais arpenter les routes d'Afrique à moto, m'occuper des enfants et construire une école. Une projection qui a beaucoup fait rire mes camarades à l'époque.

IL VAUT MIEUX RÉALISER DES ENVIES QUE L'ON PEUT CONSIDÉRER COMME ÉPHÉMÈRES, LES UNES APRÈS LES AUTRES, PLUTÔT QUE DE SE RÉVEILLER À 50 ANS EN DÉCOUVRANT QUE LE GRAND RÊVE QUE L'ON POURSUIT DEPUIS DES ANNÉES N'ÉTAIT PAS LE BON.

Mon père me disait : « Tu es un oiseau posé sur un arbre, qui vole de branche en branche. » La vraie Clara s'accomplit en vol.

Quelle patronne êtes-vous ?

Ce qui m'anime, c'est de participer à un projet qui est plus grand que moi. Je n'ai pas besoin de tout comprendre pour y aller mais d'être une pièce du puzzle, de faire partie d'une œuvre collective. Par exemple, RAISE a pour ambition d'aider les autres à grandir.

Je tire également de la force dans une certaine forme de fragilité. C'est de là que vient l'insatisfaction qui crée le mouvement. Il faut donc absolument apprivoiser nos fragilités. C'est le vrai moteur de la vie. Pour gravir la montagne, il faut passer par des crevasses et des rochers. Il faut partir à l'exploration de soi et de ses zones d'ombre. Le musicien Leonard Cohen disait : « Il y a une faille dans toute chose, c'est par là qu'entre la lumière. »

Tant qu'il n'y a pas assez de femmes « numéro une », le reste ne changera pas. Le sujet n'est pas un « *nice to have* »! Mon combat, c'est que les femmes aient le pouvoir de décision.

Pourquoi si peu de femmes à votre place?

Ma définition du féminisme, c'est uniquement l'égalité entre les hommes et les femmes. Ce n'est pas de la revendication, c'est simplement, comme disent les Chinois, la seconde moitié du ciel.

L'humanité qui maltraite les femmes est une humanité mourante.

Le féminisme, c'est simplement accepter que des choses qui nous apparaissent comme évidentes sont en fait scandaleuses, et qu'il faut les supprimer. Je m'explique : la France a, par exemple, vécu pendant très longtemps sans un droit de vote accordé aux femmes ou sans qu'elles aient la possibilité de signer un chèque. Des gens « bien sous tous rapports » trouvaient cela normal.

Le féminisme, c'est rappeler que non, cela n'est pas normal. Lorsque l'on a créé RAISE avec Gonzague, nous avons décidé de construire une entreprise avec une totale parité. Personne n'avait fait cela dans le monde de la finance. Pour nous, c'était une évidence. La vie est construite comme cela.

LE FÉMINISME, CE N'EST PAS FÉMININ, C'EST HUMAIN.

En réalité, je n'aime pas cette question. Je répondrai par les paroles du chanteur Matthieu Chedid, qui dit : « Je ne suis pas un homme, je ne suis pas une femme. Juste une âme. » (« Une Âme. », 2017)

Qu'est-ce que vous n'avez pas encore dit ?

L'un de mes échecs. Un samedi matin, j'ai pris la route en plein hiver et j'ai pris en stop une dame, qui devait avoir 75 ans et qui tirait un petit caddie le long de la route avec ses affaires. Après l'avoir déposée, je ne retrouve plus mon blouson. Je n'ai pas pu m'empêcher de penser qu'elle l'avait pris, et je me suis dit : « Tant pis, elle en a plus besoin que moi. » Finalement, j'ai retrouvé la parka dans le coffre. En croyant faire une bonne action, j'étais en fait ancrée dans une supériorité qui n'avait pas de sens. Je pense souvent à cette dame, qui est devenue mon ange gardien : elle est ma vigilance.

Activité extraprofessionnelle

LES TÂCHES MANUELLES - DÉBOUCHER MON LAVE-VAISSELLE, RÉPARER DES PRODUITS ÉLECTRIQUES, POUR SE RECONNECTER AU RÉEL INSTANTANÉMENT.

Phrase fétiche

« ON N'EST PAS FATIGUÉ DE CE QUE L'ON A FAIT, ON EST FATIGUÉ PAR TOUT CE QU'IL Y A ENCORE À FAIRE. » UNE PHRASE QUE ME RÉPÉTAIT MA MÈRE, UN *CALL TO ACTION* PERMANENT.

Plaisir coupable

L'AUTODÉRISION, C'EST CE QUI REND LA VIE ASSEZ GAIE. MES ENFANTS ME DISENT : « MAMAN, COMMENT PEUX-TU ÊTRE PATRONNE ? CE N'EST PAS POSSIBLE. ILS SE SONT TROMPÉS. »

Bibiane

C'est l'une des figures les plus influentes du PAF, le cerveau derrière « L'amour est dans le pré », « Scènes de ménages », « Top Chef » ou encore « Un dîner presque parfait ». Bibiane a starifié les anonymes et mis à l'antenne pour la première fois Karine Le Marchand, Cyril Lignac et Valérie Damidot. D'abord présentatrice du 20 h en Belgique, elle préfère l'effervescence des coulisses aux lumières des plateaux et devient directrice de programmation puis productrice, pour de grandes chaînes françaises. Lorsque TF1 rachète Newen, la pépite derrière « Plus belle la vie », « Versailles » et « Chambre 2806 : l'affaire DSK », qu'elle dirige, la patronne est nommée présidente. Sept ans plus tard, le groupe Newen a triplé de taille et la dirigeante prend son envol vers de nouvelles aventures. Elle me reçoit dans son bureau aux murs décorés d'affiches de cinéma et à la table basse agrémentée de confiseries, dans lequel je resterais bien quelques heures de plus.

Godfroid

Comment est-elle devenue n° 1 ?

En mettant à profit son intelligence émotionnelle.

EQ. Deux petites lettres qui signifient « *emotional quotient* » chez les Anglo-Saxons. Le relationnel, le mot juste, le pouvoir de persuasion. Au-delà du travail, au-delà des capacités analytiques, au-delà de l'ancienneté, il y a l'intelligence émotionnelle.

Bibiane semble incarner le concept à la perfection. Les bonbons dans son bureau ? Un prétexte pour engager la conversation. J'ai plongé.

” *Lorsque j'étais chez M6, nous étions en pleine négociation avec l'une de nos animatrices vedettes. Ce sont toujours de grands moments, car c'est une population exigeante. En l'occurrence, cette négociation était plus épineuse et est arrivée jusqu'au patron, Nicolas de Tavernost. Celui-ci décide d'appeler l'animatrice pour lui faire entendre raison, sans succès. Je lui ai dit : « Laisse-moi faire à ma manière. » C'est-à-dire, en gros, prendre un café et discuter. J'ai demandé le cadre de négociation, et j'y suis arrivée. Nicolas m'a avoué penser que la méthode douce échouerait. Ce n'était pas un compliment, mais je l'ai pris comme tel.*

PROCHE DES ÉQUIPES ET DES ANIMATEURS, BIBIANE A ACQUIS LA CONFIANCE DE CHACUN. ELLE CONNAÎT LES LIMITES DE LA DIRECTION, LA LIGNE ENTRE « ÇA PASSE » ET « ÇA CASSE ». LES DIRIGEANTES SEMBLENT PLUS À L'ÉCOUTE, RECHERCHENT LE DIALOGUE, PARVIENNENT AU COMPROMIS. PEUT-ÊTRE MÊME QU'ELLES FÉDÈRENT PLUS FACILEMENT QUE LEURS HOMOLOGUES MASCULINS.

” *L'ennemi de la patronne, c'est de vouloir imiter le patron.*

Parcours

Née le 31 mai 1954 à Bruxelles, Bibiane est diplômée en droit et fiscalité de l'université catholique de Louvain.

> *» Mon réalisme, mes pieds sur terre et mon autodérision viennent certainement de ma culture belge. J'ai grandi à 25 kilomètres de Bruxelles, dans une petite ville de province. À l'adolescence, j'ai voulu être journaliste. Je lisais* Le Nouvel Observateur, *les femmes grandes reporters me fascinaient. Le jour où je l'ai annoncé à mon père, il m'a répondu qu'il ne connaissait personne dans le milieu. Il a dû se dire : « Comment vais-je l'aider ? » Dans le journalisme, il y avait beaucoup d'appelés, et peu d'élus. J'ai donc fait des études « sérieuses » en droit fiscal, complétées par des cours du soir de journalisme. Le contenu académique n'était pas très costaud, mais les professeurs étaient des grands patrons de la presse belge. J'ai tout de suite trouvé un travail.*

La dirigeante monte les échelons et finit par présenter le journal de RTL -TVI jusqu'en 1989. En 1991, elle quitte la Belgique pour la France en étant nommée directrice générale adjointe en charge des programmes de Canal J, puis directrice de la programmation de France 2. Bibiane rejoint ensuite le groupe Canal+, d'abord en qualité de directrice des programmes numériques et directrice de l'antenne, puis en tant que vice-présidente exécutive des chaînes et services de l'organisation.

2003 : la patronne prend la tête de FremantleMedia France puis, quatre ans plus tard, devient directrice générale des programmes de M6. Elle y restera huit ans. En 2015, Bibiane prend les commandes de la société de production Newen, fraîchement rachetée par le groupe TF1. Le 31 janvier 2022, elle annonce son retrait pour développer de nouveaux projets personnels.

Bibiane a deux filles et cinq petits-enfants.

Tête-à-tête

Pourquoi vous ?

Ce que j'ai appris dans les petites rédactions dans lesquelles j'ai débuté, c'est l'humanité de chacun. Vous pouvez très bien interviewer le président de la République, puis un chômeur. Peut-être que le président a plus peur que vous, il joue gros, il est stressé. Il est humain. Après cela, personne ne m'a plus jamais impressionnée par son titre. Mon boucher et son savoir-faire peuvent être plus impressionnants qu'un P.-D.G. rencontré quelques heures auparavant.

J'EN AI DÉVELOPPÉ UN SENS DU RELATIONNEL.

L'une de mes compétences, c'est d'avoir « du nez ». Après le « Loft », il y a eu « À la recherche de la nouvelle star », que j'ai produit. J'ai senti à ce moment-là que nous étions à un tournant audiovisuel et sociétal, que « M. et Mme Tout-le-Monde » pouvaient devenir une star. En tant que productrice, je me suis battue avec M6 pour prendre des candidats à la voix extraordinaire, sans critères physiques. Et il y eut, pour la première fois à la télévision, des jeunes femmes en surpoids. Fini la blonde parfaite. Après ça, c'était parti : le coaching, la décoration, la cuisine… D'ailleurs, la cuisine, aujourd'hui, tout le monde trouve cela normal, mais quand j'ai mis la première émission à une heure de grande écoute, cela a fait l'effet d'une bombe. À l'époque, il n'y avait que Maïté et Ducasse.

Quelle patronne êtes-vous ?

Je n'ai jamais voulu devenir patronne. Ma motivation, c'est le syndrome de la première de la classe. La satisfaction du travail accompli, de plaire à mon manager, et donc de prendre confiance en moi. Je ne suis pas du tout une ambitieuse, mais j'ai besoin de réussir ce que j'entreprends. Je n'accepte pas un travail si je sens que je n'en ai pas les moyens.

AUJOURD'HUI, JE NE TRAVAILLE PLUS POUR UN PATRON, MAIS JE CONTINUE À ME POSER LA QUESTION DE CE QU'IL PENSERAIT DE MES DÉCISIONS.

Enfin, le pouvoir, pour moi, c'est celui de tenir réellement les rênes de ce qu'on produit dans son poste. On ne peut pas faire ce métier sans être dans un apprentissage permanent, les mains dans le cambouis : tout change tellement vite. Ce qui était vrai hier ne le sera plus demain, il faut constamment être à l'écoute pour connaître la prochaine tendance.

Pourquoi si peu de femmes à votre place?

Les femmes de la génération avant la mienne, celles qui ont eu de grands postes dans les médias, comme Michèle Cotta ou Pascale Breugnot, ont ouvert la voie à toutes les autres. J'estime que l'on ne m'a jamais regardée comme une femme en particulier. Je suis légitime. La seule fois où mon genre a pesé dans la balance, c'est lorsque j'ai été présentatrice télé, car les responsables voulaient une femme. Mais sinon, je travaille dur, je fais les sacrifices nécessaires, sans vraiment me poser de questions. Je suis certainement devenue *workaholic,* car ma mère aurait bien voulu travailler, et on l'en a empêchée. Aujourd'hui, plus personne n'interdit à sa fille de faire des études, alors qu'attendons-nous? Il faut sortir du confort. Lorsque l'on m'a proposé de devenir numéro trois de Canal+, j'ai hésité. Et puis finalement c'était soit ça, soit je partais, du coup je n'ai pas eu trop le choix. Eh bien, c'est le rôle dans lequel j'ai le plus appris.

Et puis il y a les injonctions sur la maternité. Dès que nous avons pu nous payer une nounou, nous en avons engagé une, le soir en semaine. En revanche, le week-end, nous nous dédiions aux enfants. Je leur disais : « Tu sais, la plupart des mamans, le week-end, elles doivent faire les courses, le ménage, le repassage... Nous avons la chance d'avoir quelqu'un qui nous aide, car maman travaille beaucoup, donc le week-end, c'est que vous! Aucune obligation. »

Je ne comprends pas pourquoi il y a si peu de femmes. Aujourd'hui, on les cherche. D'ailleurs, les bonus sont calculés là-dessus, donc c'est vraiment dans la ligne de mire.

Qu'est-ce que vous n'avez pas encore dit?

J'ai toujours été très féminine. Je le fais pour moi, pour me plaire. Cela étant dit, lorsque je dois donner une conférence, je porte une robe, tout en élégance, pour ne pas avoir l'uniforme masculin. Pourquoi s'uniformiser ?

Talon d'Achille

JE N'AI AUCUNE CONFIANCE EN MOI, MÊME SI CELA VA DE MIEUX EN MIEUX. CHAQUE JOUR, JE REMETS TOUT EN JEU. UN RECOMMENCEMENT PERPÉTUEL.

Phrase fétiche

« IL Y A TOUJOURS DU POSITIF DANS L'ÉCHEC. » LE VERRE À MOITIÉ PLEIN... EN CE MOMENT, JE RÉPÈTE PLUSIEURS FOIS PAR JOUR « AU MOINS, LE COVID NOUS AURA APPORTÉ... »

Plaisir coupable

LES ÉCHANTILLONS DE PRODUITS DE BEAUTÉ. QUAND JE RECEVAIS MA BOX, J'ATTENDAIS LE SOIR, JE FERMAIS MON BUREAU, ET JE L'OUVRAIS. IRRÉSISTIBLE.

Marie Guillemot

Quartier de la Défense, 18 h. Une tour parmi d'autres, du verre, du béton, des étages. Marie entre, le contraste avec l'environnement est saisissant - les habits colorés, le sourire immense, les yeux joyeux. Présidente du directoire chez KPMG France, premier cabinet français, depuis 2021, elle rayonne sur la photo de classe de la direction du Big Four, au milieu de dix collègues masculins - cherchez l'erreur. Diplômée de l'EDHEC, commissaire aux comptes, expert-comptable, la dirigeante accompagne depuis trente ans le développement de grands groupes internationaux - principalement en audit, mais aussi en conseil. En dix-sept ans, la patronne a monté tous les échelons de ce premier cabinet français, fondé en 1922, parmi dix mille collaborateurs. La rencontre a lieu autour d'un café dans une grande salle de réunion multicolore.

Comment est-elle devenue n° 1 ?

En apprenant à naviguer avant même de savoir marcher.

Marie est née bretonne, près de Vannes, dans une famille de capitaines au long cours cap-horniers du côté de son père et d'entrepreneurs du côté de sa mère. Le père de la dirigeante a fait plusieurs fois le tour du monde aux commandes de gigantesques porte-conteneurs. Très attachée à la Bretagne, la patronne y possède une maison entre le golfe du Morbihan, la baie de Quiberon et les îles.

Marie fut dans un bateau avant ses premiers pas. Son ancrage, c'est la mer, l'iode, le granit. Une recharge absolue : « Pas besoin d'y passer trois semaines, c'est immédiat! »

> ” *Évidemment, j'ai le permis bateau. Mais chez nous, il n'y a que la voile qui compte! Le sujet, c'est de jouer avec les éléments, sentir cette vulnérabilité, parce que cela vous dépasse complètement. J'ai grandi en apprenant à aimer l'incertitude, à y être préparée. Rien n'est écrit d'avance. Et c'est cela qui m'a guidée dans toute ma vie professionnelle, surtout dans ces environnements que sont le conseil et l'audit.*

Parcours

Née en 1968, Marie sort diplômée de EDHEC Business School en 1990.

La dirigeante démarre sa carrière chez Ernst & Young et reste huit ans au sein du cabinet. En 1998, elle rejoint Salustro Reydel et y devient associée.

Sept ans plus tard, elle intègre le réseau KPMG et est nommée responsable du secteur télécoms, médias et technologies. En 2017, elle prend la direction stratégique du développement des grands comptes et entre au comex en 2018.

Avril 2021 : Marie succède à Jay Nirsimloo à la présidence du directoire de l'entreprise.

Marie a trois enfants : Stanislas, Louis et Adélaïde.

Pourquoi vous ?

Inspirée par cet entourage de capitaines, j'ai toujours voulu explorer quelque chose, avec une curiosité un peu boulimique.

TRÈS TÔT, JE ME SUIS DIT QUE LA LUNE, CE N'ÉTAIT PAS POUR MOI, JE PRÉFÉRAIS RESTER SUR TERRE !

Parmi mes modèles, Claudie Haigneré, à qui je voue une admiration sans bornes! Quand elle parle de regarder la Terre depuis l'espace en écoutant le *Requiem* de Mozart, je suis en apesanteur avec elle! Mon autre idole, c'est le navigateur Éric Tabarly, un coureur océanique d'exception. Il a gagné tout ce que l'on peut remporter sur mer, c'était un homme franc et taiseux pour qui l'équipage et l'innovation étaient les maîtres-mots. Je pense souvent à sa préparation aux tempêtes, à l'inconnu. Et puis il y a eu ma grand-mère maternelle, qui s'est retrouvée veuve au sortir de la guerre, avec trois enfants à charge. Elle dirigeait une usine de fabrication de meubles, avec une force de conviction et une humanité rares. Ces trois personnalités ont en commun autant de détermination que de sensibilité. Elles constituent pour moi de véritables références.

Quelle patronne êtes-vous ?

Au départ, j'ai choisi le conseil-audit pour la multiplicité des perspectives que cela m'offrait. Car à l'époque, ma grande crainte était d'être mise dans une case et d'être prisonnière d'un parcours. Je me suis dit que je resterais seulement quelques années en cabinet : cela fait trente ans que j'y suis!

En effet, ce sont des métiers qui tiennent leurs promesses. Avec le recul, je m'aperçois que j'ai exercé des missions d'une incroyable variété! La filialisation d'un groupe aéronautique, toutes les acquisitions d'un leader du luxe, le développement d'un groupe de médias et de communication à l'international, le passage à la 3G, la 4G, la 5G pour des opérateurs télécoms de référence... sans parler des introductions en Bourse en France et aux États-Unis. Impossible d'épuiser la richesse de ces différents univers! Grâce à nos missions pour nos clients, nous vivons des choses incroyables, au cœur de beaucoup de bouleversements. Parfois, face à la possibilité de rejoindre mes clients dans des postes prestigieux, j'ai hésité. Et puis, à chaque fois, je me suis dit que non. Je ne suis pas restée par habitude. Dans nos métiers, il y a toujours un nouveau terrain à explorer. C'est cela que j'aime, grandir en compétences, en savoir-faire, et faire grandir les autres.

C'est pour moi une préoccupation d'autant plus forte que, chez KPMG, la moyenne d'âge se situe aux alentours de 30 ans. Forcément, cette génération est engagée sur la question environnementale. Nos collaborateurs sont conscients que c'est maintenant que se joue l'avenir de la planète. Pour eux, il n'y a pas de débat, le rôle de l'entreprise dépasse le cadre exclusif de sa performance économique. Au-delà des chantiers que nous implantons avec nos clients, on a déjà fait une première journée d'action où l'on était sept mille à ramasser des déchets. Si nos dix mille collaborateurs s'engagent sur des gestes au quotidien, l'impact est déjà phénoménal! Je crois beaucoup à ces effets multiplicateurs.

Brutalement, il y a quelques années, j'ai repris le portefeuille client d'un de nos associés, très malade. Il était impossible de traiter autant de dossiers et d'interlocuteurs en restant « bonne élève ». Il a fallu réinventer une façon de travailler et jouer en équipe. Alors que je ne laissais jamais rien au hasard, j'ai appris à agir dans l'incertitude et la complexité, sans maîtriser l'ensemble des paramètres. Créer la confiance plutôt qu'être dans l'hyper-contrôle, faire toujours passer le service du client devant des considérations d'organisation interne : j'ai beaucoup appris de cet épisode difficile qui continue à m'inspirer.

Pourquoi si peu de femmes à votre place?

Bien sûr, nos métiers sont exigeants et les femmes font face au défi de savoir conjuguer vie personnelle et vie professionnelle. Dans mon cas, ce qui m'a le plus aidée à accepter de nouvelles responsabilités, c'est sûrement mon côté exploratrice et « possibiliste » : avancer avec optimisme dans l'incertitude, chercher les chemins pour résoudre les tensions, inévitables, qui font partie de la vie. C'est dans mon caractère, mais c'est aussi une posture qui se travaille et qui sera de plus en plus utile dans les crises multiples que nous vivons. En tant qu'associée, j'ai dû apprendre à travailler non pas davantage, mais différemment, avec plus d'autonomie et plus de reconnaissance. Et surtout, le soutien inconditionnel de mes enfants et de ma famille a été un encouragement formidable.

Par ailleurs, je n'avais jamais ressenti le caractère genré des tâches ou été sensible au sujet du féminisme avant d'évoluer en entreprise. Je n'ai pas eu de problème à être recrutée dans le cabinet, j'ai gagné en expérience, échelon après échelon, j'ai même été promue après un congé maternité, comme si je ne m'étais jamais arrêtée.

Et puis je suis devenue associée à 33 ans. Et là, le regard des autres a changé. D'un coup, je me suis retrouvée dans un rôle de commissaire aux comptes, signataire pour des groupes du CAC 40. J'ai éprouvé un double déphasage de jeunesse et de genre face à des dirigeants masculins de cinquante ou soixante ans. La première fois que j'ai pris la parole lors d'un conseil, on m'a regardée droit dans les yeux et on m'a dit : « Messieurs les commissaires aux comptes, la parole est à vous. » Il m'a fallu apprendre à ne pas me laisser intimider et à imposer ma compétence. Mais il y a eu aussi des moments inoubliables, par exemple quand le directeur financier d'un de mes clients a dit :

« EN FAIT, AUTOUR DE LA TABLE, CELLE QUI N'EN A PAS, C'EST LA SEULE QUI EN AIT »!

Il a aussi fallu braver certains messages – quand je partais à 19 h pour m'occuper de mes enfants, j'ai dû faire face à l'habituel : « Bon après-midi! » Eh bien non, ce n'est pas parce qu'on reste jusqu'à 23 h au bureau qu'on est efficace, bien au contraire. Il est temps de changer les mentalités. Même si nos métiers demeurent exigeants, ni le présentéisme ni le présentiel ne constituent l'alpha et l'oméga.

Je suis la première femme à diriger KPMG en France. C'est un honneur autant qu'une responsabilité : celle d'encourager chacune et chacun, de montrer à toutes et tous que c'est possible et que l'on ne doit jamais renoncer à ses rêves ni à son ambition. À chaque étape de ma carrière, je me suis projetée, avant d'être nommée, dans le prochain rôle. Une manière de m'inscrire dans une forme de confiance et de me familiariser avec les prochains défis.

Qu'est-ce que vous n'avez pas encore dit?

C'est au moment où j'ai pris la responsabilité du développement commercial que j'ai commencé à développer une vision, une profession de foi pour transformer le cabinet autour des nouvelles exigences écologiques et sociales.

JE SUIS PERSUADÉE QUE LES RÔLES DE DIRECTION SONT DES ENDROITS CLÉS POUR MOBILISER LE COLLECTIF, L'ÉCOSYSTÈME, ET FAIRE BOUGER LES LIGNES ! C'EST MON COMBAT DE DIRIGEANTE.

C'est ce qui m'a amenée ensuite à être candidate, puis élue à mon dernier poste, à la présidence du directoire.

Engagement

L'ÉCOLOGIE. J'AI CONNU MON POINT DE BASCULE LORS D'UNE EXPÉDITION DANS L'ARCTIQUE, À LAQUELLE PARTICIPAIT LE CLIMATOLOGUE JEAN JOUZEL. IL Y A EU UN AVANT ET UN APRÈS.

Livre

L'APPRENTISSAGE DE L'IMPERFECTION DE TAL BEN-SHAHAR. JE PENSAIS DEVOIR ÊTRE TOUJOURS LA PARFAITE MANAGER, ÉPOUSE ET MÈRE. À UN MOMENT, CELA VOLE EN ÉCLATS, ET ON S'APERÇOIT QU'ON PEUT VIVRE, TRAVAILLER, RÉUSSIR AUTREMENT.

Mot

CHOISIR. LE CHOIX, C'EST LE LUXE.
MAIS CHOISIR, C'EST AUSSI RENONCER,
ET CELA, J'AIME MOINS !
DANS MA VIE PROFESSIONNELLE
COMME DANS MA VIE PRIVÉE,
JE NE LÂCHE RIEN.

Lundi matin, 8 h 30. Le métro est bondé, les premiers rayons du printemps viennent réchauffer les visages encore masqués. L'entrée du siège de la RATP possède la forme d'une bouche de métro, comme un clin d'œil à ces trains souterrains qui sont devenus le quotidien de millions de Parisiens depuis 1900. À la tête de cette fourmilière, Catherine, skieuse émérite et énarque, habituée des entreprises détenues partiellement ou totalement par l'État (Air France et Eutelsat). Au-delà de la carte postale parisienne, le groupe RATP, c'est le troisième opérateur mondial de transports urbains, un géant aux 69 000 salariés transportant 16 millions de voyageurs au quotidien, dans plus de 14 pays. Au loin, on aperçoit un bout d'horloge de la gare de Lyon – la table d'accueil est recouverte d'un petit déjeuner –, une heure plus tard, je crois avoir englouti la plupart des viennoiseries.

Comment est-elle devenue n° 1 ?

En évoluant proche du cash-flow.

Catherine est la première femme de la direction générale du Trésor à partir dans le secteur privé, sans y revenir.

” Le Trésor, c'était fantastique sur le plan intellectuel, certainement la plus belle concentration de cerveaux de la République, mais il y a un truc qui me manquait beaucoup, c'était de « manager ». Vous

écrivez des notes au ministre, vous avez un contact direct avec les grands patrons, vous émettez des recommandations stratégiques, mais vous n'êtes pas dans l'opérationnel.

Chez Air France, Catherine occupe cinq postes en dix ans. Elle prépare l'ouverture du capital de l'entreprise, met en place le système de mesure de la performance, pour finir par piloter les finances. Elle prend ensuite la direction financière d'Eutelsat.

» Quand je suis arrivée chez Eutelsat, mon téléphone a sonné, et j'ai entendu une voix masculine pleine de componction me dire : « Chère madame, nous voulons vous inviter à entrer dans le club des directeurs financiers, où vous seriez la première femme! » Je me suis retrouvée à l'Automobile Club de France et au moment du dîner de mon « intronisation », un participant m'a dit : « Allez, on va introduire la première femme dans notre club, c'est différent du règlement de la piscine où nous restons entre nous, ce qui nous permet de nous baigner à poil. » Six mois après, j'ai été rejointe par Fabienne Lecorvaisier, directrice financière d'Air Liquide. Quand je suis partie du club en 2017, on devait être six ou sept femmes. Diriger les finances d'une entreprise, c'est très important. Le dernier bastion que certaines sont en train de brillamment faire craquer, c'est le fait de diriger un compte de résultat. Vous avez beaucoup plus de chances de devenir patronne après.

Parcours

Née le 23 janvier 1965 à Cannes, Catherine poursuit des études secondaires de ski-étude avant d'intégrer l'université Côte d'Azur, où elle obtient une licence de droit.

> ›› *Je serais restée dans le Sud si mon maître de conférences en droit public ne m'avait pas repérée. C'est lui qui m'a poussée à aller plus loin. À vrai dire, je détestais le droit privé, je m'y ennuyais à mourir! C'est à ce moment-là que ma vie a basculé. Je voulais quand même garder un lien avec le ski, alors j'ai démarré le monitorat. C'est une formation très longue et exigeante que j'ai finie en parallèle de mes études. Aujourd'hui, je suis encore monitrice de ski affiliée à l'école de ski d'Auron, une station de ski à 90 kilomètres de Nice.*

En 1986, elle sort diplômée d'une maîtrise de sciences politiques à l'université Paris II Panthéon-Assas, puis rejoint Sciences Po avant de faire l'ENA jusqu'en 1993 (promotion Léon Gambetta).

Catherine démarre sa carrière dans la fonction publique, à la direction générale du Trésor. En 1997, elle rejoint Air France où elle restera dix ans – d'abord en qualité de cheffe de projet senior, puis en tant que directrice adjointe du contrôle de gestion, directrice déléguée aux opérations aériennes, et enfin déléguée générale des ressources humaines, pour finir par prendre la direction des affaires financières de l'entreprise.

2007 : la dirigeante entre chez Eutelsat, où elle est nommée directrice financière et membre du comité exécutif. Six ans plus tard, elle passe chez Rexel, où elle devient directrice générale déléguée après avoir pris les commandes du pôle finance.

Le 2 août 2017, Catherine succède à Élisabeth Borne à la tête du groupe RATP.

En dehors de ses activités professionnelles, la patronne est membre du conseil d'administration d'Airbus et de KPN.

Tête-à-tête

Pourquoi vous ?

J'ai fait douze ans de compétition internationale de ski alpin. Ce sport de haut niveau m'a inculqué une certaine endurance dès le plus jeune âge.

Enfant unique, j'ai chaussé mes premiers skis à l'âge de 23 mois. Mes parents avaient construit un tout petit chalet dans l'arrière-pays grassois où j'ai pu apprendre à skier. Je passais des heures dans la forêt, seule avec mon mini-sac à dos, mon eau et mes barres de céréales! Un truc qui paraît impensable de nos jours!

J'AI COMMENCÉ LA COMPÉTITION À 8 ANS ET ARRÊTÉ À 20 ANS LORSQUE JE SUIS PARTIE À PARIS POUR MES ÉTUDES.

C'est un sport de maîtrise de soi, dans un environnement hostile, qui peut être très dangereux. Il faut être rigoureux et précis. J'ai souffert d'un trauma crânien, de côtes cassées, de chevilles foulées... et pourtant, à chaque fois, on y retourne. Ce sport a certainement forgé la patronne que je suis devenue.

Quelle patronne êtes-vous ?

J'ESSAIE DE SUIVRE DE TRÈS, TRÈS PRÈS UNE EXÉCUTION OPÉRATIONNELLE TOUT EN GARDANT EN TÊTE LA VISION STRATÉGIQUE. C'EST UN COMBAT AU QUOTIDIEN.

Ce qui me passionne, c'est de dépasser la cause de l'individuel. C'est pour cela que le droit public m'a toujours fascinée, car c'est la base d'un régime, le fondement d'une démocratie éventuelle.

Je pense que cette passion pour le bien commun et une certaine aisance sociale qui m'a été transmise par mes parents – qui travaillaient dans des métiers de contact – m'ont permis de traverser tous les milieux. Quand je suis arrivée à Paris, je n'avais ni les codes ni fait les « bonnes écoles »!

Pourquoi si peu de femmes à votre place?

C'est d'abord une problématique de vivier. Dans ma promotion à l'ENA, nous étions 15 filles sur 102 personnes. Mais curieusement, mon genre n'y a pas posé problème. Mon héroïne, dans la promo, c'était mon amie Michelle Kirry, qui a fait un troisième enfant à ce moment-là. Lorsque je l'appelais à la maison le soir, j'entendais les enfants qui jouaient derrière.

Je ne me suis jamais sentie empêchée un moment de faire quelque chose. J'ai eu la chance d'intégrer la direction du Trésor, qui était une administration prestigieuse, où il y avait certes peu de femmes, mais celles-ci étaient puissantes! Le choc est arrivé lorsque je suis entrée au comité de direction d'Air France en 2000, nous étions trois femmes. J'ai eu l'impression de découvrir la vraie vie. Dans le monde de l'entreprise, il y a une lutte pour le pouvoir et à ce jeu-là, les femmes partent de plus loin et de plus bas!

Mais les femmes arrivent. La question, maintenant, c'est la préparation de la relève au sein des entreprises sur ces postes à forte responsabilité. C'est cela qui fera que l'on aura des patronnes!

Qu'est-ce que vous n'avez pas encore dit?

Un évènement m'a soudainement fait sortir de l'enfance et passer à l'âge adulte. Lors d'un séjour en Argentine, en août 1979, dans le cadre d'une compétition de ski, j'ai découvert le concept de dictature lorsque l'un de mes voisins a soudainement disparu. La Junte est arrivée, l'a embarqué et on ne l'a plus jamais revu! Quand je suis rentrée en France, à 13 ans et demi, j'ai compris la chance que j'avais de vivre au sein d'une démocratie, sans aucune menace physique pour soi ou sa famille.

En conséquence, naturellement, lorsque j'ai choisi mes études, je n'ai pas longtemps hésité : j'ai opté pour le droit public. Dépasser la cause de l'individuel, c'est ce que j'ai essayé de garder en tête durant toute ma vie professionnelle.

Échappatoire

LE JAPON : J'Y VAIS POUR ME CHANGER LES IDÉES. UN PAYS TRÈS SUBTIL, TRÈS SOPHISTIQUÉ, TRÈS ESTHÉTIQUE. MA MÈRE M'A TRANSMIS SON INTÉRÊT POUR CETTE CULTURE.

Passion

LA MUSIQUE EST TRÈS IMPORTANTE POUR MOI. THE DIVINE COMEDY, PATTI SMITH, LONDON GRAMMAR... J'AI ÉCOUTÉ DES HEURES ET DES HEURES DE MUSIQUE SUR MON WALKMAN ENTRE DEUX COMPÉTITIONS !

Livre

TOUTE L'ŒUVRE DE MARGUERITE YOURCENAR, EN PREMIÈRE PLACE DE MON PANTHÉON PERSONNEL. POUR MON ANNIVERSAIRE, DES AMIS M'ONT OFFERT UN ORIGINAL DE SA CORRESPONDANCE.

Sophie et Fanny

Elles sont les fondatrices de Vestiaire Collective, seule licorne française co-fondée par des femmes. Sophie, allure longiligne et sens inné du style, fut directrice de studio durant quinze ans au cœur de l'industrie de la mode, avant de constater qu'une pièce sur deux dans son placard restait sur un cintre. Fanny, blondeur solaire et capital sympathie qui cachent une redoutable femme d'affaires, a grandi dans les magasins de prêt-à-porter de sa mère. Vestiaire Collective, leader incontesté de la vente d'accessoires et de vêtements de luxe d'occasion, 23 millions de membres dans quatre-vingts pays, surfe sur la croissance exponentielle de la mode circulaire face à la fast-fashion, troisième industrie la plus polluante au monde. Les patronnes luttent contre le gaspillage de près de 4 millions de tonnes de textiles chaque année aux côtés de 700 collaborateurs.

Hersan Moizant

Comment sont-elles devenues n° 1 ?

En répondant au décalage entre leur industrie et ses consommateurs.

La mode, Sophie est tombée dedans à son premier défilé. Azzedine Alaïa, Tom Ford, Yves Saint Laurent… la patronne se passionne pour la création, qui devient rapidement son obsession. Assistante studio, styliste puis à la tête de studios de création, la dirigeante travaille dans le tourbillon parisien de l'industrie textile pendant plus d'une décennie. Et puis le rapport au vêtement change. Tandis que 60 % des dressings ne voient pas le jour, l'écosystème produit à tour de bras, dans une frénésie qui ne se semble pas près de s'arrêter. Sophie comprend de l'intérieur que le changement doit venir de l'extérieur. Et pose sa démission.

” Avant de monter Vestiaire Collective, j'ai eu un long moment d'entre-deux. Je venais de quitter la mode, car je ne m'y épanouissais plus. J'ai participé à quelques projets, qui n'ont abouti nulle part. Lorsque l'on cherche absolument l'idée, cela ne réussit pas. Vestiaire est venu à moi, comme une évidence. Une conviction très forte, impossible de passer à côté.

De son côté, Fanny vient d'une famille d'entrepreneurs sur quatre générations. Les grands-parents de la dirigeante arrivent d'Espagne sans argent ni études. Rapidement, ils montent un café-restaurant, puis un cinéma, puis une société d'ambulances. À 18 ans, la mère de Fanny crée sa première auto-école. Pour la patronne, le déclic startupien s'effectue après l'arrivée des enfants.

La pépite ne s'est pas construite en un jour. L'équipe des six fondateurs travaille d'arrache-pied durant deux années avant de lancer la plateforme. En 2009, Vestiaire Collective est lancé : le succès est immédiat et son nom est rapidement sur toutes les lèvres.

Tête-à-tête

Pourquoi vous ?

Sophie. J'ai une dualité ancrée, qui vient de la créativité de ma mère et du pragmatisme de mon père. Cela m'a permis de mettre un pied dans la mode, mais d'en garder un ancré dans la réalité. Petite, je voulais être médecin, comme mon père, qui, à plus de 80 ans, exerce toujours. Enfant, je n'avais pas de poupées, mais Oscar, le squelette, dans ma chambre. À chaque fois que je passe devant un hôpital, j'ai parfois un petit pincement au cœur de ne pas avoir fait médecine. J'en ai gardé une empathie un peu maladive. J'aime décortiquer les maladies, les symptômes, comprendre les remèdes. Quant à ma mère, elle avait un sens de l'esthétisme inné. À ses côtés, j'ai développé un œil.

Parcours

Née en 1973, Sophie grandit à Troyes, avant d'étudier à Paris. Elle est diplômée de sciences économiques et de l'école ESMOD Paris.

Née en 1976, Fanny grandit dans l'Hérault. Après son baccalauréat, la patronne rejoint Neoma Business School, dont elle sort diplômée en 2001 spécialisée en marketing. La dirigeante travaille ensuite pour plusieurs enseignes de mode, dont John Galliano et Dim. Six ans après, Fanny reprend ses études et obtient un diplôme en management à l'Institut français de la mode. À la vue des pièces de créateurs dormant au sein des garde-robes de leurs amis, Sophie et Fanny ont alors l'idée de digitaliser le concept du vide-dressing haut de gamme. L'objectif ? Consommer moins mais mieux.

Sophie et Fanny s'associent à Sébastien Fabre, Henrique Fernandes, Christian Jorge et Alexandre Cognard pour créer Vestiaire de Copines en octobre 2009. Thierry Gillier, fondateur de Zadig & Voltaire, croit immédiatement au projet et décide d'investir 400 000 euros. Dès l'année suivante, la start-up lève 1,5 million d'euros aux côtés de Ventech puis, un an plus tard, 7,5 millions d'euros avec Balderton Capital.
2012 : le nom de l'organisation s'internationalise et devient Vestiaire Collective. Un an plus tard, l'entreprise lève 20 millions de dollars auprès de Condé Nast Publications.

Cinq ans après, la structure est bien implantée en Europe et a les yeux rivés sur l'Asie. Fanny déménage à Hong Kong avec ses filles, Louise et Jeanne, ainsi que son mari, Michaël. Depuis le premier jour, Sophie s'occupe de la ligne éditoriale de la plateforme ainsi que de son offre. Elle fut à l'origine de la création du service d'authentification des pièces proposées, qui a participé à la renommée du site.
Vestiaire Collective lève alors 62 millions de dollars, 40 millions et 59 millions d'euros pour croquer des parts dans le marché asiatique.

Mars 2021 : la pépite décroche le titre de onzième licorne hexagonale avec une dernière levée auprès de Kering, à hauteur de 178 millions d'euros. L'inventaire de l'entreprise compte alors 3 millions d'articles, dont 140 000 nouvelles pièces chaque semaine.

Lorsque vous venez de province, le stylisme est parfois une notion abstraite. Et pourtant, mes parents m'ont fait confiance. Je n'ai pas d'enfants, donc je reste leur fille chérie. Ne pas être maman, c'est un choix. Quelle liberté!

JE SUIS POINTILLEUSE, DANS LES DÉTAILS, INCAPABLE DE FAIRE DEUX CHOSES À LA FOIS.

Les mères de famille, elles en font cinquante! Je préfère me concentrer sur le focus du moment, que je vais explorer jusqu'au bout, durant des heures. Je m'identifie d'ailleurs à la cliente qui chine, qui cherche, qui se plonge dans une quête précise.

Fanny. Nous étions six au départ, quatre garçons et deux filles. Avec Sophie, nous sommes les Survivors!

La force de Vestiaire à son lancement réside dans six expériences complémentaires : il n'y en a pas un qui faisait le même métier que l'autre, avec en surplus des caractères de leaders et de suiveurs qui s'imbriquaient bien.

SURTOUT, NE JAMAIS S'ASSOCIER AVEC VOTRE COPIE CONFORME ! C'EST LA CLÉ D'UNE RÉUSSITE.

Le 50/50 n'existe pas, la décision se prend en fonction de l'expertise de chacun.

Quelle patronne êtes-vous ?

Sophie. Je suis une première de cordée.

Il y a beaucoup de moments durs et, de temps en temps, une bulle de bonheur. L'entrepreneuriat, c'est une escalade constante, avec parfois des plateaux qui semblent interminables.

DEPUIS LA CRÉATION DE VC, IL N'Y A PAS EU UN RÉVEIL SANS PASSION. ELLE EST MON MOTEUR.

Je l'ai apprivoisée, elle est devenue mon moteur. D'ailleurs, je ne pense pas m'arrêter un jour, comme mon père.

Fanny. Je n'ai pas d'ego. Mon frère m'a demandé un jour pourquoi je ne prenais pas la place du CEO dans le quotidien, cela n'est pas du tout mon ambition et ne m'est jamais venu à l'esprit.

J'AI LA CHANCE INOUÏE DE POUVOIR TOUCHER À TOUT CE QUI ME PASSIONNE AU CŒUR MÊME DE MA SOCIÉTÉ,

de choisir mes missions au quotidien. Mon parcours chez Vestiaire Collective s'est fait au gré de mes envies - avec un démarrage au marketing, puis le développement de la marque en Europe, suivi de l'Asie, et enfin l'aspect durable ainsi que la direction générale.

Pourquoi si peu de femmes à votre place?

Sophie. Les femmes sont dans une bataille permanente. Je revendique mon féminisme. Nous sommes toujours en train de prouver, nous démener un peu plus, sans avoir la place que l'on mérite.

Fanny et moi avons commencé avec quatre garçons - seules les deux cofondatrices sont restées. Pourquoi? Est-ce que nous nous accrochons plus? Est-ce que nous sommes plus combatives? Est-ce que nous avons moins d'orgueil? Ce sont des questions que l'on peut légitimement se poser. Finalement, cela reflète assez bien notre capacité de résilience.

FACE AUX DIFFICULTÉS, ON REMONTE NATURELLEMENT LES MANCHES.

Cela fait maintenant près de trente ans que je travaille, et j'observe, tout de même, une accélération en matière de parité. Nous avons fait de grands pas. L'éducation d'hier n'est pas celle d'aujourd'hui, mais nous revenons de loin.

Fanny. Ma mère a été mon *role model* absolu. Elle est incontestablement la cheffe de famille. Il n'y a eu aucune différence entre l'éducation de mon frère et la mienne.

Après, je fais attention à ma féminité. Il y a toujours une ambiguïté entre ce qu'on reflète et ce qu'on aimerait refléter. On a tous une façade, mais je ne cache pas mes émotions. Y compris aux équipes. Lorsque l'on pleure, que l'on se montre fragile, cela crée du lien. Il faut être transparent.

Les femmes se posent tellement plus de questions que les hommes. Je doute en permanence, c'est ce qui fait que j'ai survécu toutes ces années. Je réfléchis constamment au prochain coup. Quand j'ai présenté le concept de Vestiaire Collective à mon frère, il l'a détruit. Mais je me suis accrochée. Je ne voyais pas comment cela ne pouvait pas marcher. J'avais Vestiaire dans les tripes, même si la montagne semblait immense et que j'étais terrorisée à l'idée de la gravir. Peut-être que d'autres femmes n'ont pas suivi le même chemin. Le doute, c'est le talon d'Achille féminin. Le jour où nous nous débriderons de toutes les injonctions sur la maternité, la carrière, la féminité, il n'y aura plus de barrières.

Qu'est-ce que vous n'avez pas encore dit?

Sophie. Après plus de quinze ans dans la mode, je me suis essoufflée. Je n'étais pas alignée avec ce milieu qui m'avait pourtant tellement plu. J'avais besoin de me dévouer à une mission qui faisait sens avec mes valeurs. Et puis quitte à bosser aussi dur, autant que cela soit pour moi.

Fanny. Avec le recul, j'aurais intégré plus tôt l'aspect international, y compris dans le nom même de l'entreprise. Quand Vestiaire de Copines s'est transformé en Vestiaire Collective, cela a été un choc pour notre communauté de "copines"! Et pourtant, nous avions des ambitions dès le début. Si c'était à refaire, je viserais tout de suite la Lune! La modestie, parfois, ce n'est pas bon.

Justine Hutteau

C'est la reine de la beauté éthique. Toujours le sourire aux lèvres, sportive émérite, génie du *self-content*, Justine est partout - de Monoprix à l'émission « Qui veut être mon associé? », sur M6. À seulement 23 ans, l'entrepreneure fonde avec son associé Thomas Méheut la start-up Respire. Celle qui fait partie des happy few « 30 Under 30 » du magazine *Forbes* m'attend au beau milieu d'un open space en ébullition, à deux pas de la gare du Nord. Le regard est franc, et la vingtaine conquérante.

Comment est-elle devenue n° 1 ?
En fédérant une communauté.

Encore étudiante à HEC Montréal, Justine choisit le sujet « Pourquoi les gens courent et se motivent à travers les réseaux sociaux? » comme thèse de fin d'études. Appliquée, elle crée un compte Instagram dédié au projet, @Justinerun, sur lequel elle documente ses courses, marathons et trails auprès d'une communauté grandissante de coureurs. Une relation avec ses abonnés démarre.

> ” *C'est une activité chronophage, que j'ai vécue de prime abord comme une étude. J'avais une routine : aller courir, poster une photo, voir comment les gens réagissent et utiliser de nouveaux outils, comme les hashtags. Le moment où ma communauté s'est accrue a été lorsque j'ai partagé un échec lors d'un semi-marathon où je me suis effondrée – je pense que mes followers se sont identifiés dans cette vulnérabilité de « Mme Tout-le-Monde ».*

En parallèle, le diagnostic de sa tumeur bouleverse la jeune femme et elle décide de surveiller de près tous les produits d'hygiène et de beauté qu'elle utilise. Constatant la restriction dans le choix de déodorants naturels, elle consulte ses dix-huit mille followers sur la thématique et trouve un écho de besoin. Cette tribu affinitaire incarnera la preuve de concept de Respire.

Au moment où ces lignes sont rédigées, Justine a plus de cent mille abonnés sur Instagram, ainsi que sur LinkedIn.

Parcours

Née en 1994, Justine grandit à Sucy-en-Brie, en région parisienne. Sa mère est au foyer, et son père propriétaire d'une entreprise familiale d'aménagement de véhicules utilitaires.

Après son baccalauréat, Justine s'envole au Canada et obtient un Bachelor of Business Administration à HEC Montréal trois ans plus tard, avec une spécialité en finance. L'étudiante reste une année supplémentaire pour obtenir sa maîtrise et démarre sa thèse.

FACE À SA TUMEUR BÉNIGNE, LA FUTURE PATRONNE S'INTERROGE SUR LA TOXICITÉ DES PRODUITS DE BEAUTÉ QU'ELLE UTILISE AU QUOTIDIEN, EN PARTICULIER LE DÉODORANT QUI L'ACCOMPAGNE DANS SON STYLE DE VIE SPORTIF.

2018 : Justine rentre en France, cofonde Respire avec Thomas Méheut, rencontré au détour d'une soirée, et confie la formule du premier déodorant de la marque à un docteur en pharmacie. Un an plus tard, le financement participatif du duo est un carton, les précommandes s'arrachent, avec plus de vingt et un mille produits vendus. La marque connaît une petite notoriété sur les réseaux et Justine est contactée par les équipes de Monoprix, puis rapidement de Sephora, de Nocibé, des Galeries Lafayette… un réseau de distributeurs bientôt complété par plus de mille pharmacies à travers l'Hexagone. La dirigeante réalise également une petite levée en *seed* avec le fonds à impact RAISE et quelques *business angels*.

En trois ans, Respire vend plus de 4 millions de produits. Dentifrices, savons, shampoings – la start-up se diversifie. En 2021, Justine remporte le titre de femme entrepreneure de l'année des CEO Awards, décernés par Be a Boss. Quelques mois plus tard, elle sort un premier livre *Rêver, oser, se dépasser* (Marabout, 2022).

Pourquoi vous ?

Depuis toute petite, mon père m'appelle le « bulldozer ». Ma mère, qui est belge, était styliste avant d'arrêter de travailler pour s'occuper de ma sœur – mon aînée de deux ans – et de moi. Mon père, qui est français, est chef d'entreprise et a repris avec ma tante la société familiale d'aménagement de véhicules utilitaires. Mon arrière-grand-père a fondé la structure, et ma grand-mère en a repris la direction dans les années soixante-dix, à une époque où l'entrepreneuriat féminin n'était pas mis à l'honneur, encore moins dans un milieu (automobile) très masculin.

Tout cela a certainement forgé ma vocation de « startupeuse ». Avec presque trente salariés et un chiffre d'affaires similaire à celui de mon père, on peut dire que j'ai réussi à rattraper, en deux ans, l'envergure du commerce familial.

Respire n'aurait pas fonctionné si la marque n'avait pas été incarnée, et peut être moins si le visage de celle-ci avait été Thomas Méheut, mon associé, car

LA PÉRIODE FAVORISE ÉNORMÉMENT LES FEMMES ENTREPRENEURES.

C'est ce qui a fait toute la différence.

Au-delà de l'image de téléréalité, les réseaux sociaux ont le pouvoir de connecter des personnes autour de passions communes, des gens qui ne se rencontreraient peut-être jamais dans la vraie vie – avec une puissance de frappe inégalée pour faire passer des messages. En me mettant au sport et en documentant mes courses pour ma communauté, j'ai reçu beaucoup de messages de personnes qui me disaient que je leur donnais aussi envie de s'y mettre. Des inconnus m'envoyaient des photos avec des médailles en disant : « Grâce à toi, j'ai couru mon premier marathon. »

Quelle patronne êtes-vous ?

Mon premier objectif, avec Respire, c'est d'avoir un impact positif sur la santé des consommateurs de nos produits – même si j'espère que, dans quelques années, des applications telles que Yuka, permettant de scanner le contenu exact d'un article, n'existeront plus, car toutes les pièces proposées seront irréprochables. Le second objectif est bien sûr de ne pas polluer la planète. Je fais à présent partie de la Convention des Entreprises pour le Climat ; dans une conférence, Valérie Masson-Delmotte, une paléoclimatologue française, nous a alertés sur le fait que si l'on ne réduit pas par cinq notre émission carbone d'ici cinquante ans, les conséquences seront dramatiques. Mon entreprise ne peut participer à cela.

JE SUIS TOTALEMENT HABITÉE PAR CE QUE JE FAIS ET PAR MA SOCIÉTÉ.

Nous avons la chance d'être rentables depuis le début de l'aventure. Mon rêve, mon ambition, c'est que Respire existe encore dans cent ans, comme des groupes comme L'Oréal ou Yves Rocher. Leurs produits sont dans nos salles de bains depuis des décennies.

Pourquoi si peu de femmes à votre place?

Je pense que peu de femmes se lancent dans un projet entrepreneurial par peur du jugement. Le jugement démarre à l'école.

L'ÉCHEC N'EST PAS VALORISÉ, NOUS SOMMES TOUS TERRORISÉS DE NOUS TROMPER.

Or, commettre des erreurs, c'est avancer. Après mon bac, j'ai eu un ras-le-bol de l'esprit ultra-compétitif qui régnait au sein du système scolaire français, assez d'être les uns contre les autres. En terminale, je suis partie quelques semaines au Québec, où j'ai découvert une culture totalement différente.

Certains continuent à dire que Respire existe uniquement grâce à Thomas, mon associé. Que je ne suis qu'une égérie. Cela me fait doucement rire.

Qu'est-ce que vous n'avez pas encore dit?

Le jugement est aussi en ligne. Au moment du lancement de Respire, notre déodorant était sur toutes les lèvres – nous avons vendu cinquante mille pièces en quelques jours, la distribution via les magasins Monoprix était en rupture de stock.

J'ai alors compris que je suis ce qu'on appelle une « *one person brand* ».

D'un coup, je suis devenue une personnalité publique, avec, en conséquence, des personnes qui ont cherché à me nuire.

EN L'ESPACE DE QUELQUES SEMAINES, J'AI PRIS DE NOMBREUSES CRITIQUES DANS LA FIGURE, UNE COMMUNAUTÉ DE HATERS S'EST FORMÉE.

Des critiques personnelles, mais aussi des critiques sur l'efficacité du déodorant. Avec le recul et les chiffres, nous savons que seulement 25 % de ces primo-acheteurs n'ont pas apprécié le produit. Rationaliser cette déferlante de haine m'a permis de la dompter d'une certaine manière. Malgré beaucoup de messages positifs, il est extrêmement difficile de ne pas se concentrer sur le négatif. Le 1er mars 2020, un article sur LinkedIn m'a mise à terre : intitulé « La génération Z : les rois du marketing sans foi ni loi » et accompagné de ma photo, le post remettait en question mon histoire personnelle qui est à la genèse de Respire, c'est-à-dire la découverte de ma tumeur. Ce contenu a fait le buzz, avec des dizaines de milliers de likes. Je n'avais que 24 ans et j'ai l'ai très mal vécu. Pour prendre du recul et comprendre qu'on ne peut pas plaire à tout le monde, j'ai dû me créer une carapace. Depuis août 2019, je suis suivie par un coach qui m'a tout d'abord aidée à gérer les personnes qui me reconnaissent et m'abordent dans la rue, ou dans des situations plus délicates comme en discothèque, en acceptant de ne pas contrôler mon image de manière permanente, mais aussi d'épurer les reproches en laissant hors de moi la critique ultra-négative et personnelle, tout en intégrant la critique constructive, notamment sur les produits. Je crois avoir réussi à faire la part des choses en sachant filtrer ces deux typologies de critiques, pour mieux évoluer.

Et pourtant, certains feed-back sont extrêmement vertueux. Nous avons travaillé depuis deux ans sur un nouveau déodorant avec les personnes qui n'ont pas aimé le premier, il est sorti il y a quelques semaines et s'est vendu à soixante-dix mille exemplaires en l'espace d'un mois et demi, sur le principe du « satisfait ou remboursé ». Mon premier déodorant n'était pas parfait et je l'ai reformulé – il faut se lancer sans se poser de questions –, le mieux est vraiment l'ennemi du bien.

Rapport à l'image

MES POSTS PERSO SONT POUR LE PLAISIR, SINON CELA PART EN ESCLAVAGISME : SERAI-JE CRITIQUÉE POUR AVOIR PRIS L'AVION ? Y A-T-IL UNE BOUTEILLE EN PLASTIQUE EN STORY ?

Échappatoire

LE SPORT, DÉFINITIVEMENT. APRÈS TANT DE KILOMÈTRES PARCOURUS, TOUT DEVIENT POSSIBLE. FINALEMENT, L'ENTREPRENEURIAT EST UNE COURSE COMME UNE AUTRE.

Phrase fétiche

« MES SEULES LIMITES SONT CELLES QUE JE M'IMPOSE. » RÉUSSIR À ALLER JUSQU'AU BOUT D'UN TRAIL TIENT À 20 % AU PHYSIQUE ET À 80 % AU MENTAL, UN BOOST DE CONFIANCE EN SOI !

L'accueil est canin. Byron et Percy, les *boys* de Carole, un golden retriever et un king-charles, m'ouvrent les portes du royaume Joone, start-up spécialisée dans les produits d'hygiène et de soins sans chimie pour toute la famille, reconnue pour ses couches 100 % naturelles. La dirigeante est l'une des quatorze femmes de la French Tech Next 120. Sa pépite compte aujourd'hui soixante-cinq salariés et réalise un chiffre d'affaires annuel de 20 millions d'euros. Autrice, professeure, comédienne, cavalière et entrepreneure, le parcours de Carole est souvent qualifié d'« atypique ». La patronne arrive pieds nus, (très) enceinte et me propose de la pizza (à laquelle je ne dis pas non) dans un décor blanc et rose, dans lequel les Joonies s'affairent. Horaires flexibles, télétravail, congé payé second parent, massages gratuits, salle de sieste, cours d'anglais hebdomadaires – le rêve startupien bat son plein, non sans rappeler une licorne féminine outre-Atlantique : Glossier.

Comment est-elle devenue n° 1 ?

En apprenant sur le tas.

2014 : Carole chute à cheval et se brise l'épaule. L'alitement durera six mois, une torture.

La dirigeante se souvient alors d'une conversation qu'elle a eue quelques jours auparavant avec l'investisseur Christophe Raynaud d'ISAI, rencontré par hasard lors d'une journée dédiée à l'entrepreneuriat à HEC, à laquelle elle a emmené les étudiants de la Sorbonne dont elle avait alors la responsabilité en tant que professeure. Elle lui pitche l'idée d'un réseau social pour mamans qui lui trotte dans la tête depuis un moment.

> ❞ *Il y avait un vrai besoin, il n'y avait que des forums, c'était très mal organisé, impossible d'avoir des réponses. Je me sentais dépourvue, car mes amies qui avaient fait une école de commerce ne voulaient pas tenter l'aventure. Il m'a dit : « Carole, il n'y a aucune école au monde qui te prépare à être entrepreneure. Arrête de te chercher des excuses et lance-toi. »*

La dirigeante démarre avec ce qu'elle sait faire : acheter des livres. « création d'entreprise », « études de marché » « *business plan* », la patronne se rend rapidement à l'évidence : elle doit être accompagnée par un CTO, mais ne connaît personne dans le milieu entrepreneurial. Elle lève alors un peu d'argent auprès d'un ami, mais sans *business model* : la start-up s'écroule. Six mois plus tard, Carole passe un entretien au sein de l'incubateur The Family.

> ❞ *The Family m'appelle pour me dire : « C'est trop bien, tu connais bien l'univers du bébé, je suis sûr qu'il y a un gros marché, j'ai plein d'investisseurs pour du produit – trouve une idée de boîte. » De prime abord, j'ai eu peur, car je voulais retrouver une stabilité d'emploi. Et puis j'ai commencé à réfléchir : les petits pots, c'est compliqué. Par contre, les couches, c'est très opaque, il n'y a pas grand-chose.*

Quelques mois plus tard, le financement arrive. C'est le début de Joone.

Parcours

Née le 25 novembre 1983, à Moulins, en Auvergne, Carole grandit dans une famille de fonctionnaires, avec « beaucoup d'enseignants ».

En 2004, la dirigeante part en Caroline du Nord pour étudier la littérature américaine. Puis, n'ayant pas envie de passer le Capes, elle décide de réaliser une thèse sur l'écrivain Cormac McCarthy à l'université Paris 12 tout en devenant *research fellow* à la prestigieuse université Brown.

> ❞ *Suite à ma thèse, j'ai commencé à travailler à la Sorbonne. Le rythme était trop paisible à mon goût – seize heures par semaine –, du coup j'ai voulu faire une seconde thèse pour devenir professeure des universités. Mon maître de stage m'a dit que cela prendrait quinze ans avant que l'on accepte de me donner un poste de maîtresse de conférences. J'avais 26 ans. En parallèle, une amie me demande de remplacer une comédienne le temps d'une répétition. Le metteur en scène me donne le rôle, et je démarre une carrière d'actrice : une pièce, puis deux, puis trois, un agent, une publicité et un film :* Taken 3.

En 2014, suite à son accident équestre, Carole fonde MommyVille, un réseau social à destination des jeunes parents, rapidement suivi de Joone. Deux ans après la création de la start-up, le magazine *60 Millions de consommateurs* place l'entreprise en tête de son classement de couches naturelles.

En 2016, Carole complète sa formation avec un Executive MBA à l'École nationale des ponts et chaussées.

2020 : Joone lève 10 millions d'euros pour poursuivre sa diversification, notamment avec une gamme de cosmétiques *made in* France.

Elle a également une sœur et un demi-frère ainsi qu'un fils, Hadrien.

Tête-à-tête

Pourquoi vous ?

Des États-Unis, je garde surtout cette culture d'ouverture infinie du champ des possibles. Cela m'a enlevé des œillères, a repoussé mes limites, déclenché une ambition.

LE PLUS GRAND ENNEMI, C'EST SOI, NOUS SOMMES NOTRE PROPRE CENSURE.

Ma professeure de *creative writing* n'a cessé de me le répéter.

Joone n'était pas du tout censée être la boîte de ma vie. Je me suis dit que j'allais faire un test du produit sur le marché et voir si cela marchait. Si cela ne marche pas, tant pis. Nous avons démarré avec une couche en trois tailles et trois imprimés - neuf unités - en juillet 2017, soit trois mois en retard.

Mais nous, c'est-à-dire Lucie, Inès et moi, rencontrées chez The Family, avions réussi à créer une jolie communauté affinitaire. Ça a pris assez vite. Les gens adoraient les imprimés, être livrés à domicile, consommer une autre marque que celles qui étaient déjà sur le marché. C'était parti.

Quelle patronne êtes-vous ?

Patronne, c'est un peu un gros mot en France.

J'aime embarquer les gens dans une aventure, le pouvoir en tant que tel ne m'importe pas.

IL Y A UN PETIT CÔTÉ « CHANGEONS LE MONDE », AUSSI.

Nous avons démarré avec la couche : je suis maintenant la bête noire de mon industrie, n'empêche que de plus en plus de marques nous copient. Le chemin est pavé. Cet impact, c'est réjouissant.

Pour être entrepreneure, il faut avoir un minimum d'ego.

QUE TA BOÎTE MARCHE OU PAS, IL Y A TOUJOURS DES EMMERDES. CE QUI FAIT LA DIFFÉRENCE, C'EST LA MANIÈRE DONT TU LES GÈRES.

J'ai 65 salariés, il y a 52 semaines dans l'année, et 1 salarié a forcément un problème par an. Donc j'ai un problème par semaine, voire deux, souvent. Je suis très exigeante, car je le suis aussi avec moi-même, mais j'estime être juste. Le fameux « dure mais juste ».

Pourquoi si peu de femmes à votre place?

Je n'ai jamais senti le « Tu es une femme ». Avant d'être une femme, j'étais un parcours atypique. On m'a dit que je m'étais éparpillée, que je n'avais pas les épaules pour lancer une entreprise. Je ne me suis jamais vraiment sentie à ma place. D'ailleurs, lorsque j'étais comédienne, une partie des actrices m'en voulaient de prendre leurs rôles alors que je n'avais pas fait l'école pour.

Ce matin, une journaliste m'a dit : « Vous n'avez pas fait les bonnes écoles ». Je lui ai dit que j'étais diplômée d'un PhD en Ivy League (à Brown) avec la Sorbonne et que j'avais eu les félicitations du jury durant ma soutenance de thèse. Je pense que cela devrait suffire. Après l'échec de Mommyville, j'ai vécu dans un trou durant six mois : interdit bancaire, location de mon appartement sur Airbnb. J'avais trente ans, et tout le monde m'a dit :

« ENFIN, CAROLE, TU ES PROFESSEURE, TU ES COMÉDIENNE, TU N'ES PAS UNE FEMME D'AFFAIRES. »

Qu'est-ce que vous n'avez pas encore dit ?

Les États-Unis ont vraiment été le vrai tournant de ma vie. Pourquoi la création du mythe américain ? Pourquoi la littérature de l'Ouest ? Pourquoi Cormac McCarthy ?

C'était fascinant, car cela m'a appris à façonner une mythologie de toutes pièces. L'Amérique est un pays très jeune, et qui exerce pourtant une influence mondiale sans précédent. S'intéresser à ce sujet si éloigné de moi m'a forgé l'esprit pour la suite.

Talon d'Achille

ME SENTIR UN PEU ÉTRANGÈRE PARTOUT OÙ JE SUIS. AUX ÉTATS-UNIS, JE SUIS LA FRANÇAISE, HABILLÉE, MAQUILLÉE, COIFFÉE. EN FRANCE, MA COMMUNICATION PARAÎT AMÉRICAINE.

Réussite

LA BOX « MATERNITÉ » - TOUT CE DONT UNE FUTURE MAMAN A BESOIN POUR ALLER À LA MATERNITÉ, NOTRE BEST-SELLER.

Rêve

LA TRANSPARENCE ABSOLUE. NOUS AVONS DÉVELOPPÉ DOORZ, UNE TECHNOLOGIE QUI PERMET DE CONNAÎTRE TOUT CE QU'IL Y A À SAVOIR SUR SON PRODUIT EN SCANNANT SON QR CODE.

Pauline

« Tu as interviewé Pauline ? » Difficile de passer à côté. Cofondatrice de Gemmyo, première maison de joaillerie personnalisée 100 % *made in* France, la patronne réinvente depuis dix ans le bijou hexagonal. Une pépite qui sait marquer les esprits – qui a oublié cet immense chaton rose, une bague sur l'oreille, placardé dans le métro parisien ? Un pari parti d'une demande en mariage, celle de son mari, Charif Debs – devenu son associé –, suivie d'une course aux alliances déceptive et intimidante. La start-up, qui emploie plus de soixante-dix personnes, a depuis ouvert plusieurs boutiques en France et à l'international. Mais Pauline, c'est surtout « Le Gratin », désormais appelé « Le podcast de Pauline Laigneau », l'un des podcasts les plus écoutés en France. La dirigeante y interviewe des personnalités sur leurs succès et leurs échecs : patrons, artistes, sportifs, chefs, médecins, journalistes… Cette reine des réseaux sociaux cumule par ailleurs 140 000 abonnés sur LinkedIn et 100 000 followers sur Instagram, friands de ses conseils de carrière. Normalienne, trentenaire, entrepreneure, Pauline se connecte à notre visioconférence.

Laigneau

Comment est-elle devenue n° 1 ?
En prenant des risques.

Au début de Gemmyo, l'équipe a peu de moyens et il faut rapidement sortir du lot, et ce, dans un univers de joaillerie ultra-concurrentiel. 2014 : Pauline a l'idée de la campagne « Jeune et Joaillier », un chaton XXL couleur rose fluo qui s'est affiché partout dans la capitale. Ici, pas question de lui mettre la couronne, la bague est délicatement posée sur son oreille, un clin d'œil aux codes traditionnels d'un secteur à dépoussiérer.

» Notre première campagne d'affiche a été un énorme carton, totalement inattendu, qui nous a permis d'émerger. J'avais peur. À l'époque, ce n'était

pas évident, on s'est dit que les gens allaient nous prendre pour des tarés! Que le chaton serait ridiculisé! Évidemment, cela n'a pas été le cas. Et en même temps, je n'étais pas loin d'appeler la régie publicitaire pour annuler tout au dernier moment. Si cela a été un succès, c'est parce qu'il y avait une belle prise de risque. Seulement voilà, après ce succès, nous avons pris la confiance. Comme le chaton a bien fonctionné, nous avons voulu renouveler l'essai avec un bijou plus visible. Un enfer à réaliser. Essayez de faire sauter un chat dans une bague! Ce fut un échec mémorable, qui a coûté très cher en temps et en énergie, et la campagne a franchement été un flop. Pourquoi? Parce que nous ne sommes pas sortis de notre zone de confort.

Après cet échec, la patronne se jure de garder l'esprit précurseur qui a défini les débuts de son aventure entrepreneuriale - pas question de se reposer sur ses lauriers! Ne pas surfer sur la vague, mais la réinventer, une priorité pour la startupeuse qui en a fait depuis la ligne directrice de ses sociétés.

Tête-à-tête

Pourquoi vous ?

Parce que j'ai assumé l'entrepreneure que je suis, et j'ai fait les choses à ma manière, sans chercher à rentrer dans le rang, l'attendu et le conventionnel.

Après des études finalement assez classiques, je suis allée vers ce qui me convenait, et j'ai rapidement testé ce qui pouvait apporter une nouveauté dans la société et sur un marché donné.

POUR ENTREPRENDRE, IL FAUT ACCEPTER DE NE PLUS ÊTRE UNE BONNE ÉLÈVE, DE TRÉBUCHER.

Les choses « bien faites » sont souvent celles qui ont justement déjà été faites.

Parcours

Née le 29 juillet 1983, Pauline étudie l'anglais à l'École normale supérieure, dont elle sort diplômée en 2010. Deux années après, elle obtient un mastère en entrepreneuriat à HEC Paris.

Après quelques stages, la dirigeante cofonde en 2011 la marque de joaillerie Gemmyo avec son mari. Quelques mois plus tard, le couple effectue une première levée de fonds auprès de *business angels*, à hauteur de 340 000 euros. Une année après, un second financement de 600 000 euros complète le premier, et le site de la start-up est lancé.

La preuve de concept validée, l'entreprise effectue une levée de 3,1 millions d'euros auprès du fonds d'investissement Alven Capital, pour déployer son activité.

En 2015, l'organisation ouvre une première boutique à Paris, dans le quartier de Saint-Germain-des-Prés. S'ensuit un pop-up store au Printemps Haussmann, puis d'autres boutiques à Lyon et à Toulouse. La marque, qui travaille avec une centaine d'artisans joailliers français, effectue également plusieurs collaborations, dont les maisons Fauchon, Pradier et Dalloyau.

2020 : la pandémie bénéficie à Gemmyo, qui accroît son chiffre d'affaires de 30 %. Un an après, la maison s'internationalise en Suisse et en Belgique.

En parallèle de ses activités professionnelles, Pauline lance le podcast « Le Gratin » en 2018, qui devient rapidement une référence sur la thématique business, puis, en 2020, les formations « Demian », dédiées à l'entrepreneuriat.

Quand j'ai arrêté de viser d'être professeure pour devenir entrepreneure, c'est là que les choses intéressantes sont arrivées, avec Gemmyo, puis avec Demian. Tous ces moments clés dans mon parcours ont été des instants où j'ai arrêté de faire uniquement plaisir aux autres, et de suivre le cadre qui m'était tout tracé.

Quelle patronne êtes-vous ?

Pendant longtemps, j'ai voulu contrôler les choses. Qui dit surveiller dit vouloir avoir du pouvoir – pas par ego, mais par pure envie de maîtrise. Avec les années qui passent, je me suis rendu compte que vouloir tout dompter n'était pas souvent très productif, parce que l'on ne laisse pas de place aux opportunités, à l'inattendu, à la sérendipité.

Lorsque l'on va trop loin dans sa vision, sans déléguer, on agit et on pense de manière trop étriquée. Il n'y a pas de place pour innover. Après tout, ma manière de faire n'est pas meilleure qu'une autre. Il faut sortir de son jugement pour avancer. Depuis, j'ai laissé de la place aux autres, même si cela ne va pas forcément au rythme que je voudrais. Pour réussir, c'est le collectif qui doit toujours primer, quoi qu'il arrive.

IL FAUT À TOUT PRIX SE CONSTITUER UNE ÉQUIPE DE GENS DIFFÉRENTS DE SOI.

Ce n'est pas si évident, car, vraiment, qui se ressemble s'assemble. C'est l'une des clés de la réussite de mon entreprise. Je suis vraiment dans l'action, avec un petit côté rouleau compresseur, j'ai besoin de m'entourer de personnes dans l'analyse, précautionneuses, avec une attention du détail. Il faut savoir faire décoller les choses, mais surtout les faire tenir. C'est grâce à la combinaison de nos personnalités que nous réussissons sur le long terme.

Pourquoi si peu de femmes à votre place?

Je vois tellement de femmes qui n'ont pas confiance en elles. Des femmes qui souffrent de leurs complexes, du syndrome de l'imposteur, qui ne se sentent pas à leur place. C'est un trait qui se conjugue plus souvent au féminin. De mon côté, j'ai débarqué dans l'univers de la joaillerie avec aucune expérience!

LA LÉGITIMITÉ ARRIVE AVEC LE TRAVAIL, QUI ENLÈVE LES DOUTES, UN À UN.

Après, je ne crois pas que l'homme et la femme soient en compétition, la construction d'un monde paritaire ne se fera pas sans eux. Je n'aime pas le côté revendicatif, qui semble projeter un conflit, qui n'est pas quelque chose de sain. Je pense que cela a été nécessaire à un moment donné, et je comprends que cela l'est encore un peu aujourd'hui. Mais je me vois dans l'après, dans la période où l'on n'a plus besoin de cela.

Je pense qu'il y a encore une problématique sociétale de perception. La femme est souvent éduquée pour un rôle de « nourricière », même de manière implicite. Tout ce qui déborde de cette position est remis en cause, et donc elle doute. Il y a encore peu d'exemples qui ont réussi à se libérer totalement de ce côté bienséant, de la femme qui est aimée parce qu'elle ne fait pas de remous. Peut-être que les femmes de notre génération ont cultivé cette image, car nos mères étaient comme cela. Il ne faut pas avoir honte de ses ambitions, de remettre en cause le schéma familial, de voir les choses en grand.

Qu'est-ce que vous n'avez pas encore dit?

Le dernier tabou, notamment dans le monde du travail, c'est celui de la vulnérabilité. Pendant des années, je n'ai rien laissé transparaître. Physiquement, chaque mot était calculé, j'étais terrorisée à l'idée que l'on puisse penser que je n'y arriverais pas. Le regard des autres était si important pour moi.

Quand j'ai raté l'ENA, cela a été un drame. Mes parents m'ont dit qu'ils pensaient que je n'étais pas faite pour cela, et je l'ai tellement mal pris! Avec le recul, évidemment, ils avaient raison. Il n'y a pas qu'un chemin vers la réussite, mais des milliers. En France, cela n'est pas célébré. Finalement, cette école était un rêve qui n'était pas le mien - je ne me suis jamais posé la question de ce que je voulais réellement. J'attendais une espèce d'approbation sociétale, alors que le succès est finalement arrivé dans l'échec!

Depuis, j'ai tracé ma route. Mes faiblesses me rendent intéressante, elles sont le sel de la vie! Demander de l'aide à quelqu'un, c'est le meilleur moyen de créer du lien.

Livre

EN AVANT TOUTES DE SHERYL SANDBERG. C'EST UN OUVRAGE ÉQUILIBRÉ, AVEC DES ÉTUDES QUI, EN EFFET, DÉMONTRENT QUE, CULTURELLEMENT, LA FEMME EST PERÇUE COMME NOURRICIÈRE.

Phrase

« *EITHER YOU RUN THE DAY, OR THE DAY RUNS YOU*[1] ». JE ME SUIS LONGTEMPS LAISSÉ PORTER PAR LES GENS, PAR LA VIE, PAR TOUT, ET, À UN MOMENT, J'AI DÉCIDÉ DE CE QUE JE VOULAIS.

[1] SOIT VOUS DIRIGEZ VOTRE JOURNÉE, SOIT C'EST ELLE QUI VOUS DIRIGE.

Bijou

UNE BAGUE INTITULÉE *PARIS 1901*, QUE J'AI DEPUIS 2020, UNE PÉRIODE DIFFICILE POUR GEMMYO DURANT LE CONFINEMENT, AVEC - 85 % DE REVENUS. QUAND ON TOUCHE LE FOND, ON PEUT REBONDIR !

Alexia Laroche-Joubert

Qui a oublié la directrice de la « Star Academy » ? Au-delà de son passage furtif dans le télécrochet qui a déniché Nolwenn Leroy, Jenifer et Olivia Ruiz, Alexia est avant tout la productrice de télévision qui incarne le bouleversement audiovisuel hexagonal des vingt dernières années. À l'ère des réseaux sociaux, de « Koh-Lanta », de « Loft Story » ou encore de « Miss France », ses émissions redéfinissent les codes du PAF et cumulent les records d'audience. La dirigeante gère notamment Adventure Line Productions, joyaux du mastodonte médiatique Banijay, premier producteur de contenus indépendants au monde, avec plus de 120 000 heures de divertissement au compteur. En ce jour estival, il fait très chaud dans le bureau d'Alexia. Un compagnon canin impassible surveille silencieusement le totem iconique brandi par Denis Brogniart, qui repose triomphalement derrière la patronne.

Comment est-elle devenue n° 1 ?
En surmontant sa dyslexie.

Alexia est née avec la rage, la rage de vaincre d'importants problèmes scolaires. Celle qui a appris à lire et à écrire à 11 ans est totalement dyslexique, dysorthographique et dysgraphique. Les fautes d'orthographe, c'est sa marque de fabrique. Tandis que tous ses professeurs militent pour une orientation vers des filières techniques, sa mère, le grand reporter Martine Laroche-Joubert, lutte à ses côtés pour qu'elle reste dans un schéma général. Enfant, toujours dernière, elle ne se projette pas, mais surmonte les difficultés une à une avec un certain pragmatisme.

> *En fin de compte, le travail était ma drogue, très clairement. Ma vie professionnelle n'occupe pas les trois quarts du temps, mais les quatre tiers du temps. J'ai dû travailler dix fois plus pour arriver à un niveau médiocre, alors que l'on voulait me mettre, de toutes les manières, de côté.*

Alexia obtient son baccalauréat de justesse grâce à la natation, avec un 20/20. Certaine de ne pas l'avoir du premier coup, elle est allée voir la liste des admis sans grande conviction. Et puis, en se rapprochant du papier, incrédule, elle a fini par voir un « long nom » qui s'est avéré être le sien.

Parcours

Alexia est née le 18 décembre 1969 à Paris. Ses parents divorcent et, lorsqu'elle a 6 ans, un premier demi-frère naît quatre ans après ; trois autres suivront. Après son baccalauréat, la future dirigeante poursuit des études de droit, un cursus rigoureux, « pas très conceptuel », où il faut apprendre « par cœur », qui semble lui convenir parfaitement. L'étudiante a pour objectif de devenir policière, mais sa petite taille (1,61 m) lui ferme les portes du commissariat. Son diplôme d'études supérieures spécialisées (DESS) en droit de la propriété intellectuelle en poche, elle intègre le monde de l'audiovisuel avec un coup de pouce de ses parents.

> *Le bac en poche, je cumule mes études et des petits boulots dans l'audiovisuel : je rangeais des cassettes, je triais des documents, très anodins. Et puis j'ai commencé à faire un truc génial : des bandes-annonces. J'ai adoré raconter des histoires, je trouvais ça dingue. Petit à petit, j'ai élargi mes activités à l'assistanat de production, j'ai commencé à travailler et je suis entrée dans le métier.*

Les quatre premières années, la jeune femme évolue dans les coulisses de la chaîne Canal Jimmy et de TMC aux côtés de Patrick Sabatier et du journaliste Stéphane Paoli, puis elle rejoint Canal+ auprès de Michel Denisot, dont le baby-foot du « Grand Journal », vestige de la grande époque du petit écran, trône encore dans les bureaux de Banijay. En 1998, Alexia devient la plus jeune rédactrice en chef à l'unité magazines et documentaires de TF1. Elle est alors repérée par Stéphane Courbit, futur patron d'Endemol.

2001 : « Loft Story », la première émission de téléréalité, débarque sur le petit écran français. À la production, Alexia. Une déflagration qui bouleversera le paysage audiovisuel hexagonal pendant les vingt années qui suivent, aux prémices des réseaux sociaux et de l'écosystème de l'influence.

Jusqu'en 2008, la patronne dirige les programmes d'Endemol. Elle produira notamment « Star Academy », dont elle est aussi la directrice de l'école. Après treize ans, elle quitte le groupe et Alexia crée alors sa propre société de production : ALJ Productions. « Dilemme », « Les Marseillais », « Les Ch'tis »... des émissions qui deviennent rapidement cultes. En 2016, la dirigeante est nommée à la tête d'Adventure Line Productions et, en 2021, elle devient également présidente de la société Miss France.

Pourquoi vous ?

L'envie, c'est mon moteur. Mon plus flagrant exemple, c'est « Loft Story ». Je n'avais aucune raison d'être là, mais je voulais faire ce programme. Personne ne misait sur moi, je n'aurais jamais dû avoir le poste. Faute de combattants, ils me l'ont donné.

IL N'Y A PAS DE MAUVAIS CHOIX SI C'EST GUIDÉ PAR L'ENVIE.

Personne ne pouvait penser que ce serait un tel phénomène. Ça a été un bouleversement dans beaucoup de pays, mais pas un scandale à ce point. On a eu les intellectuels qui se sont indignés, d'innombrables couvertures de magazine, des paquets de « merde » devant le siège de M6. Mes parents se sont fait insulter à des dîners, parce que j'ai fait le « Loft ». Moi, j'étais convaincue de la puissance du programme, mais je ne m'attendais pas à un phénomène de société. D'ailleurs, j'étais enfermée dans le Loft, j'avais une chambre qui était un placard, où il y avait juste la place de mettre un lit, sans fenêtres. Je dormais là, parce que je n'avais même pas le temps de rentrer chez moi.

Delphine de Vigan, dans *Les enfants sont rois* (Gallimard, 2021), décrit le phénomène, où tout le monde a dit : « On n'accueillera jamais Big Brother chez nous, jamais, jamais, jamais. » Pourtant, le jour où il a tapé, on lui a déroulé un tapis rouge vers la chambre à coucher : « Vas-y, entre, et je te montre mon accouchement, ma femme, mon mariage, mon épilation. » C'est exactement ce que l'on a vécu avec le « Loft ».

Bizarrement, je ne suis pas beaucoup sur les réseaux sociaux. À l'époque, j'étais une enfant de chœur par rapport à ce que tout le monde livre sur soi en ligne aujourd'hui.

Je suis aussi assez opportuniste. Pourquoi je me suis retrouvée à l'antenne avec la « Star Academy »? Ce n'est pas moi qui l'ai demandé. J'organisais des castings de comédiens et, à un moment, mon patron me dit : « Tu diriges la prod. Diriger l'école, ça ne doit pas être très différent. » Et je me suis dit : « Ah ouais, c'est super. Parce que, comme ça, je vais être à l'intérieur de la turbine pour pouvoir influer sur le programme. » J'ai voulu tirer le fil de cette nouvelle expérience et la rendre utile. Il faut tirer chaque fil qui se présente, même si bien souvent la pelote ne se crée pas.

Quelle patronne êtes-vous ?

J'ai mis beaucoup de temps à monter les échelons. Les gens pensent que j'y suis arrivée très vite – c'est faux.

JE N'AI JAMAIS ARRÊTÉ DE TRAVAILLER, J'AI SACRIFIÉ UNE PARTIE IMPORTANTE DE MA VIE PERSONNELLE, LE TRAVAIL ÉTAIT MON CARBURANT, ET LES VACANCES COURTES.

Lorsque je suis devenue cheffe, je suis allée voir mon patron *(Stéphane Courbit, avec qui Alexia travaille depuis plus de vingt-cinq ans)* et je lui ai demandé ce que cela signifiait de diriger. Il m'a montré avec un clin d'œil un Code pénal et m'a dit : « Eh bien, c'est de lire ça. » C'est assumer des responsabilités de tout ordre mais aussi pénalement répréhensibles. J'aime prendre des décisions et je résiste bien à la pression, je dirige l'entreprise, mais je ne suis pas sûre de diriger autrui. La solution de facilité pour travailler avec les gens que j'admire, c'est de les embaucher. C'est la chance que j'ai eue lorsque j'ai été nommée à la tête d'Adventure Line Productions. Je connais la directrice de la production depuis que j'ai 20 ans, j'ai essayé de débaucher trois fois le directeur des programmes et j'ai formé la personne chargée du développement. Je ne suis pas forcément attirée par les programmes, mais par les gens.

J'ai géré d'énormes boîtes et j'ai géré des start-ups. Ce double profil est rare. En 2008, j'étais numéro trois d'Endemol, et je me retrouve avec un seul collaborateur à monter une toute petite boîte où j'investis mon propre argent, parce que personne ne m'a dit qu'on pouvait lever des fonds. Avec le recul, ça paraît surréaliste. Il fallait bien payer les gens, donc je suis allée chercher toutes mes économies. Heureusement, j'ai été rachetée, donc j'ai récupéré la mise.

Finalement, je suis arrivée là où je voulais être. Je suis heureuse. Je n'ai plus cette ambition forcenée. L'ambition, pour moi, c'est un point organique à atteindre. Pendant longtemps, j'ai tracé ma route tel un bulldozer. D'ailleurs, mon erreur de manager a été quelquefois d'oublier des gens sur le quai. Un bon manager, c'est quelqu'un qui arrive à embarquer tout le monde. Et ça, je l'ai appris au fil des expériences, et je le dis souvent à mes équipes, n'hésitez pas à me dire quand je vais trop vite, on éduque aussi ses patrons.

Quant à la célébrité, pour les réservations des restaurants, c'est fantastique. Globalement, je peux appeler n'importe qui, tout le monde sait qui je suis et on me prend au téléphone. C'est un accélérateur de contacts, de prises de décision. J'ai rencontré mon compagnon la semaine qui a précédé le confinement. Lorsqu'on a enlevé les masques, il ne savait pas que les gens me reconnaissaient. Il m'a dit : « C'est quoi, ce bin's ? »

Pourquoi si peu de femmes à votre place ?

Tout le monde n'a pas envie d'être patronne. Je pense quand même qu'il faut admettre que l'on sacrifie sa vie de famille.

ON NE PEUT PAS FAIRE CROIRE AUX JEUNES FEMMES QUE L'ON GÈRE TOUT BIEN.

Ma fille m'a dit : « J'ai toujours su que ta priorité, c'était ton boulot. Mais je ne l'ai pas mal vécu, c'était comme ça. » En revanche, s'il lui arrivait un problème, elle devenait ma priorité. Je n'ai pas cherché à être une maman parfaite. Par contre, j'ai organisé ma vie pour passer du temps avec mes filles, j'ai négocié, à la place d'une augmentation de salaire, huit semaines de vacances, dont la moitié des vacances scolaires. Le pendant, c'est que je rentre à 21 h. Pendant toute leur enfance, elles étaient couchées à mon retour.

Après, il y a un truc qui me rend hystérique. C'est ce que j'ai appelé « la-génération-HEC-je-t'épouse ». C'est-à-dire : toutes ces femmes qui se disent « je fais HEC, je trouve mon mari et je l'épouse ». J'ai travaillé dur pour faire des études, il était hors de question que je ne travaille pas après. J'ai dit à mes filles : « Si vous faites des études, vous avez intérêt à avoir des bons jobs derrière. »

Pour ce qui est du féminisme, le questionnement est venu des autres femmes. Pas du tout de moi. Je ne me suis jamais vue comme une femme, mais comme un individu, avec des compétences ou des manques, avec une expertise ou pas. Il s'avère que j'ai toujours été accompagnée par des hommes qui ont probablement été plus féministes que moi. Et donc, je ne me suis jamais posé la question. J'ai été élevée par une mère qui m'a inculqué que rien n'est impossible pour une femme et j'élève mes deux filles de la même manière.

Un chien teckel nain dort sous le bureau d'Alexia et je lui demande son nom.

Un jour j'ai regardé les chiens sur internet… erreur. Elle s'appelle Hip-hop, parce qu'à l'époque j'animais « Pop Star ».

Qu'est-ce que vous n'avez pas encore dit ?

Issue d'un milieu extrêmement privilégié, le revers de fortune de mon père m'a inculqué une formidable capacité d'adaptation. En l'occurrence, je me suis toujours sentie très bien dans des milieux très populaires, mais j'ai été élevée dans un milieu extrêmement snob. Je suis toujours dans ce paradoxe, un caméléon. Quand j'étais adolescente, j'étais au Polo de Paris, un des clubs les plus huppés de la capitale, mais je passais ma vie avec les palefreniers. Un jour, je déjeunais avec eux de l'autre côté d'une barrière, réelle, physique, en face des gens de « la haute ». Et je me suis promis que je ne me mettrais jamais de barrières, je serais soit d'un côté soit de l'autre, selon mon choix. Je ne supporte pas que l'on me range dans une case.

Talon d'Achille

C'EST UN SACRÉ SUJET D'INVESTIGATION. JE NE ME SUIS JAMAIS POSÉ CETTE QUESTION – ÇA EN DIT BEAUCOUP –, PARCE QUE JE N'AI PAS EU LES MOYENS DE ME MONTRER FRAGILE.

Mantra

« CE QUI EST PRIS N'EST PLUS À PRENDRE. » TOUJOURS AVEC UN ESPRIT DE CONQUÊTE.

Lecture

ÉLOGE DU CARBURATEUR (MATTHEW CRAWFORD, ÉDITIONS LA DÉCOUVERTE, 2009). UN PROFESSEUR DE STANFORD RACONTE LA SATISFACTION IMMÉDIATE DE RÉPARER DES MOTOS, PRÉFÉRABLE QUELQUEFOIS À LA FRUSTRATION D'EXERCER UN MÉTIER INTELLECTUEL DONT L'EFFICACITÉ EST DIFFICILEMENT QUANTIFIABLE.

Longtemps figure de proue de la Start-up Nation, Céline Lazorthes est l'entrepreneure qui a digitalisé la cagnotte. Anniversaire, pot de départ, EVJF… Leetchi, le service qui permet de collecter de l'argent en ligne, est partout. À 33 ans, la fondatrice cède son entreprise au groupe Crédit Mutuel Arkéa pour la modique somme de 50 millions d'euros. Et puis une pandémie globale arrive, et la ramène à son histoire familiale et à ses premiers amours pour la médecine. Face à l'urgence, Céline co-crée le collectif Protège Ton Soignant, genèse de sa nouvelle aventure entrepreneuriale, Résilience, une application de télésurveillance pour les patients atteints d'un cancer. Une première rencontre a lieu dans une demeure entourée d'un jardin au cœur du IXe arrondissement de Paris, le siège du groupe Leetchi MangoPay, dans laquelle nous avions pris un thé sous une verrière. 40 millions d'euros levés pour cette nouvelle start-up plus tard, Céline me reçoit dans un espace de coworking dont les chocolats chauds sont faits par un barista.

Comment est-elle devenue n° 1 ?

En s'accrochant.

L'entrepreneuriat, ce sont les doigts qui ne sortent jamais de la prise. Au lancement de Leetchi, Céline a pleuré deux fois : la première lorsque le site fut en ligne et la seconde lorsqu'elle s'est aperçue qu'il n'y avait aucun client. Liberté, succès, conférences… la vie d'un entrepreneur génère beaucoup de fantasmes.

> ” *La réalité du quotidien, c'est de faire principalement des trucs relou, travailler jusqu'à pas d'heure et acheter du papier toilette lorsqu'il n'y en a plus. On sort clairement les rames, entre les nuits blanches et les week-ends, c'est l'obsession absolue et permanente.*

La réussite sur les premières années est uniquement liée à la force de travail.

> ❞ *Entreprendre, c'est avancer les yeux bandés dans une forêt, on se prend un certain nombre de pins, c'est long et pas très droit. Ce n'est absolument pas qu'une question d'expérience ou de génie. C'est surtout beaucoup de transpiration.*

Tête-à-tête

Pourquoi vous ?

Je pense qu'il faut toujours avoir une motivation profonde pour entreprendre au-delà d'une opportunité de marché pour pouvoir se surpasser.

Je viens d'une famille de trois générations de médecins. Mon grand-père était assez emblématique dans le secteur de la santé – neurochirurgien et anatomiste, il a créé le premier centre hospitalier universitaire en France dans les années soixante, à Toulouse. Il y a une artère dans le cerveau qui porte son nom. Il a continué à enseigner jusqu'à ses 96 ans.

J'ai grandi avec cette ombre-là et la notion que la santé doit être accessible à tous et de la meilleure qualité possible. Lorsque j'étais enfant, mes sorties étaient souvent liées à la médecine, j'allais voir des squelettes et peut-être moins des jardins. À Noël, nous recevions des livres d'histoire. Je n'ai pas eu un quotidien de Walt Disney.

À 18 ans, je n'ai pas fait médecine, car 30 % du programme à la faculté de Toulouse, où j'habitais, étaient enseignés par ma famille – mon père, mon oncle et mon grand-père. Il a fallu que je me prouve autrement et puis j'étais très attirée par les métiers de la tech, donc j'ai fait l'École d'ingénieurs en informatique avant de rejoindre HEC.

DURANT MA DERNIÈRE ANNÉE D'ÉTUDES, JE ME SUIS PORTÉE VOLONTAIRE POUR ORGANISER LE WEEK-END D'INTÉGRATION.

Parcours

Céline est née le 19 décembre 1982 à Toulouse, dans une famille de médecins. Après le baccalauréat, la jeune femme décide d'intégrer les classes préparatoires de l'école d'ingénieurs en intelligence informatique EPITA, puis effectue un master à l'Institut internet et multimédia (IIM) du pôle universitaire Léonard-de-Vinci avant de poursuivre le master d'entrepreneuriat de HEC en 2007.

Durant cette dernière année d'étude, Céline constate le manque de solutions de cagnottes en ligne lors d'un week-end d'intégration et fonde Leetchi. En 2013, elle crée également MangoPay, une solution de paiement B to B.

Après avoir revendu le groupe en 2015, la dirigeante quitte les opérations pour prendre de la hauteur en qualité de présidente du conseil de surveillance et nomme, en 2018, Alix Poulet à la tête de Leetchi, ainsi que Romain Mazeries pour gérer MangoPay.

La patronne espère alors prendre une petite pause, mais le Covid-19 en décide autrement. Sous l'impulsion de Thomas Clozel, fondateur de Owkin, elle démarre le collectif et collecte 7,4 millions d'euros distribués dans plus de quatre cents établissements médicaux. Forte de cette expérience au cœur de l'univers médical, elle cofonde Resilience en 2021 avec Jonathan Benhamou, qui vient également de céder PeopleDoc. 18 millions de nouveaux cas de cancers à travers le monde, 67 000 oncologues et un suivi insuffisant pour les patients d'une maladie devenue chronique, qui touche à peu près tout le monde. Resilience démarre en partenariat avec le centre Gustave-Roussy et Unicancer, actionnaires à 5 %, et lève rapidement 40 millions d'euros pour permettre aux patients de mieux comprendre et suivre leurs effets secondaires au long terme. Fin 2021, l'entreprise acquiert Betterise, une start-up française spécialisée dans le suivi thérapeutique.

En dehors de ses activités d'entrepreneure, Céline est membre du conseil d'administration de la SNCF et d'Iliad ainsi que de France Digitale.

La dirigeante est mère d'un garçon.

Je suis donc partie avec une petite enveloppe en papier collecter de l'argent auprès de mes camarades de promotion. Évidemment, c'était un peu compliqué : entre ceux qui n'avaient pas de sous, ceux qui ne savaient pas vraiment s'ils allaient venir, ceux qui avaient peut-être des oursins dans les poches... J'ai été obligée d'avancer une partie du week-end avec mon humble trésorerie d'étudiante. Je me suis alors demandé pourquoi il n'existait pas sur internet - à une époque où l'on peut y trouver un billet d'avion ou son mari - un moyen de collecter de l'argent à plusieurs. Cela n'existait pas et je me suis donc lancée. Je n'ai pas attendu d'avoir un.e associé.e pour me lancer. D'ailleurs, personne ne voulait s'associer avec moi.

À aucun moment je ne me suis dit : « Tiens, je vais monter une banque. » Je voulais juste digitaliser l'enveloppe papier qui tourne d'un bureau à un autre, sans savoir que c'était une banque. Parfois, il faut juste s'accrocher.

Après la vente de Leetchi, j'ai voulu revenir à la médecine. J'avais toujours gardé en tête que je reprendrais mes études à un moment. Lorsque l'on est diplômé d'une grande école, il existe une passerelle pour entrer en deuxième ou troisième année. Mais lorsque je me suis renseignée pour le faire, je me suis rendu compte qu'il y avait un âge limite : 35 ans. J'en avais 36.

Quelques mois après, il y a eu le Covid-19 - j'ai créé avec d'autres entrepreneurs Protège Ton Soignant ; un collectif qui récoltait de l'argent pour acheter du matériel médical aux établissements de santé qui en avaient besoin. Ce collectif, fondé en quelques jours, comptait plus de cent cinquante bénévoles.

J'AI COMPRIS À CE MOMENT-LÀ QUE JE POUVAIS TRAVAILLER DANS LE SECTEUR DE LA SANTÉ EN Y APPORTANT MES COMPÉTENCES D'ENTREPRENEURE.

Quelle patronne êtes-vous ?

J'espère être bienveillante, exigeante et à l'écoute. Il faut s'entourer de gens plus compétents que soi. On ne peut pas tout maîtriser et il faut constamment être tiré vers le haut. Je suis également assez pugnace, un mot qui définit assez bien la vie d'entrepreneur. L'acharnement fait vraiment la différence.

Pourquoi si peu de femmes à votre place?

L'équilibre familial a énormément évolué dans notre société. C'est pour cela que je me suis investie pour un congé paternité à égalité avec celui de la femme, car l'on ne peut pas tout attendre du côté maternel. Comme il ne faut pas tout attendre des hommes, il y a beaucoup d'injonctions sur eux : celui qui porte la famille, les responsabilités, avec un côté parfois toxique. Qu'un homme qui gagne moins que sa femme se sente limité dans sa masculinité n'a aucun sens. Tant qu'une femme se présente pour un poste et qu'il y a un risque qu'elle ne soit pas là pendant quatre mois, alors qu'un homme, c'est un mois, il y aura un problème. Nous ne sommes plus les mêmes familles, la famille n'est plus forcément l'objectif d'une vie. Il faut questionner le système.

J'ai eu l'immense chance d'être soutenue psychologiquement par ma famille pendant mon parcours entrepreneurial. Je sais que ce n'est pas le cas de toutes. Avant de faire un Mastère à HEC, j'ai hésité à poursuivre mes études, car j'étais en CDI. Mon employeur de l'époque, Gilles Babinet, m'a dit : « Vas-y. Tu vas faire de grandes choses, tu ne sais simplement pas encore de quoi il s'agit. » Cela m'a libérée. Quelqu'un d'autre y croyait, cela m'a rendu les choses possibles.

Lorsque j'ai eu l'offre de rachat de Leetchi, mon premier réflexe a été de chercher si dans la tech, en Europe, une femme avait revendu une société plus chère. Je n'ai pas trouvé. J'ai eu un énorme syndrome de l'imposteur et je me suis dit que c'était tombé sur moi sur un malentendu. Aujourd'hui, j'aurais peut-être changé de paradigme.

Qu'est-ce que vous n'avez pas encore dit?

Mon ambition a beaucoup grandi avec le temps, car je me suis projetée à la mesure de ce que je connaissais. L'ambition est, par ailleurs, un terme plutôt perçu comme négatif, tandis que je le perçois comme positif.

La mienne est d'être au service des autres, ce qui signifie avoir un destin plus grand. J'ai eu l'immense privilège de réaliser mes rêves jeune, aujourd'hui j'ai l'impression que tout est du bonus. Je ne suis pas pour autant inattentive, bien au contraire, mais la peur de l'échec est partie. Finalement je suis allée bien au-delà de ce que j'attendais de moi-même. J'essaie, à mon échelle, de changer les choses. Tous les sujets liés aux inégalités des chances m'exaspèrent. Ce n'est pas une notion abstraite : j'ai eu la chance de grandir dans un milieu assez privilégié, où j'ai pu étudier et même choisir mes études, en faisant certes un prêt étudiant, mais avec un champ des possibles. J'aimerais que ce soit le cas pour tous. La justice dans ce sens est très importante pour moi.

Rapport à l'image

POUR FAIRE PARLER DE LEETCHI, ON S'EST RENDU COMPTE QUE L'ANGLE MÉDIATIQUE QUI SÉDUISAIT ÉTAIT L'ENTREPRENEURIAT AU FÉMININ. J'AI CAPITALISÉ DESSUS.

Conseil

IL FAUT S'ENTOURER DE GENS PLUS COMPÉTENTS QUE SOI. ON NE PEUT PAS TOUT MAÎTRISER ET IL FAUT CONSTAMMENT ÊTRE TIRÉ(E) VERS LE HAUT.

Engagement

ACCÉLÉRER LE FINANCEMENT DES ENTREPRISES FONDÉES PAR DES FEMMES - C'EST L'OBJECTIF DE SISTA, L'ONG QUE J'AI COFONDÉE AVEC D'AUTRES ENTREPRENEURES.

Anne

J'ai encore en tête le jingle de la publicité de Cuisinella, entendu à la télévision, à la radio ou sur internet. Et les heures à attendre mes parents dans un canapé d'exposition tandis qu'ils choisissaient la taille des portes, la couleur du revêtement, le matériau de l'îlot central. Pour la provinciale que je suis, Schmidt et Cuisinella font partie du décor et ont créé mon décor, celui de la cuisine, pièce maîtresse du foyer, où tout peut arriver. Derrière ces marques, Schmidt Groupe, une entreprise familiale fondée en 1934, premier fabricant français de cuisines, avec plus de 1 500 magasins à travers le monde, 7 usines, 1 800 salariés, 1 100 commandes par jour et un chiffre d'affaires annuel de près de 700 millions d'euros. À la tête de cette institution depuis 2006, Anne Leitzgen, petite-fille du fondateur. Ses grandes boucles rousses, son regard malicieux derrière ses lunettes et ses habits arty lui donnent l'allure d'une fée lorsqu'elle entre dans la pièce.

Leitzgen

Comment est-elle devenue n° 1 ?

En réinventant l'entreprise familiale.

Lorsqu'Anne reprend l'organisation alsacienne, elle fait d'abord le pari de garder l'équipe existante, d'une loyauté absolue envers son père et ce qu'il a transmis.

» Je ne voulais pas arriver en rupture, en pensant que je savais mieux que tout le monde, ce qui aurait été totalement faux. L'organisation marchait bien. Mais, dans un coin de mon cerveau, je me disais : « Nous vivons sur un *business model* qui a été mis en place par mon père il y a maintenant une vingtaine d'années et qui ne nous portera pas éternellement. Il va falloir faire bouger les choses. » On m'a dit : « Tu nous emmerdes à vouloir tout bouleverser, cela marche. » Et j'ai rétorqué : « Oui, ça marche, mais ça ne durera pas éternellement. »

Elle se heurte donc à des difficultés de changement – les premiers mois sont pénibles.

ANNE TENTE D'IMPOSER LE CHANGEMENT, MAIS COMPREND RAPIDEMENT QUE CELUI-CI S'ACCOMPAGNE EN LUI DONNANT DU SENS.

Finalement, l'ancienne équipe part à la retraite et l'évolution est organique. Aujourd'hui, il ne reste qu'une personne au sein du comité de direction qui était là lorsqu'Anne est arrivée. Le groupe est passé à la vitesse supérieure sur le marché exponentiel du rangement sur mesure et s'est surtout implanté en Chine, terre d'une croissance à deux chiffres, avec 1 usine et plus de 800 magasins.

Tête-à-tête

Pourquoi vous ?

Au moment du choix de la succession, nous avions envie d'une présidence familiale. La valeur « famille » vis-à-vis de nos partenaires et de nos concessionnaires est ultra-rassurante : « Tant qu'il y a quelqu'un de la famille, il ne pourra rien arriver de mal. »

IL EST VRAI QUE JE SUIS TOMBÉE DANS LA MARMITE ÉTANT PETITE : J'AI GRANDI EN FACE DE NOTRE USINE HISTORIQUE.

Enfant alsacienne heureuse, je faisais du patin à roulettes dans les locaux. Il ne fallait pas me faire attraper, sinon j'étais grondée!

Je n'ai jamais eu aucune pression pour reprendre l'entreprise. Mes parents étaient allemands et sont arrivés en France suite à l'achat de l'usine par mon grand-père maternel. Lorsque celui-ci a imaginé sa succession auprès de ses trois filles (ma mère est la deuxième), il a découpé l'organisation en trois entités

Parcours

Née en 1973, Anne obtient, en 1995, une maîtrise de gestion spécialisée en marketing. La dirigeante commence sa carrière chez Publicis.

> *» Je suis partie faire des études à Paris dans l'optique de travailler dans la publicité. J'y ai travaillé durant plusieurs années, avant de retourner en Alsace pour des raisons affectives. J'avais un compagnon qui vivait en Allemagne, je vivais à Paris, nous avons coupé la poire en deux. Et puis une petite voix me trottait dans la tête : « Et si tu avais tenté l'entreprise familiale ? » Il se trouve que Schmidt Groupe cherchait quelqu'un en marketing. Je pensais rester un an ou deux, tout au plus, histoire de cocher la case. J'y suis restée.*

La dirigeante rejoint l'entreprise familiale en 1999 et se prend au jeu. Commerce, ressources humaines, marketing, elle occupe plusieurs fonctions et poursuit ses études en parallèle. En 2005, elle est diplômée d'un master en gestion et management stratégique de l'ICG de Strasbourg et du CPA de HEC.

En 2006, Anne prend les commandes de l'entreprise créée soixante-douze ans plus tôt par Hubert Schmidt, son grand-père. Le groupe connaît une forte croissance et s'implante dans vingt-cinq pays à travers le monde. Treize ans plus tard, la patronne nomme un nouveau directeur général pour continuer à faire rayonner les « *inspiring living spaces* » au-delà des frontières de l'Hexagone.

En dehors de ses activités professionnelles, la patronne est membre de l'APM, de collectifs d'entreprises engagées dans la RSE, de plusieurs conseils d'administration et mère de deux filles, Sacha et Phoebe.

indépendantes juridiquement, que mes parents ont fini par toutes racheter.

Mon père a présidé l'entreprise juste après le mariage de mes parents, en 1968. Ma mère, qui fut directrice générale puis présidente, avait une aisance relationnelle et une mémoire absolument formidables, se souvenant du nom de tous nos collaborateurs, de leurs enfants, des clients. Tandis qu'elle avançait en âge, nous nous sommes posé la question de la suite, avec ma sœur aînée : elle n'avait pas très envie de reprendre le flambeau. Je me suis dit que je resterais uniquement si j'en avais les épaules. J'ai donc travaillé avec une coach durant une année sur la question du choix. Qu'ai-je envie de faire? Reprendre l'entreprise est-il un choix ou une obligation? Quel est le poids de la loyauté?

Lorsque nous avons collectivement pris la décision de me nommer à la présidence, nous l'avons validé avec le directeur général de l'époque, puis annoncé au comité de direction, aux collaborateurs, à nos clients...

NOUS AVONS RITUALISÉ LE DÉPART DE MA MÈRE POUR QUE CELUI-CI SOIT SEREIN.

Nous ne pouvions pas diriger à deux. Par exemple, je n'ai jamais repris son bureau. La continuité familiale, certes, mais avec une nouveauté.

Quelle patronne êtes-vous ?

Avec le temps, je pense connaître les domaines dans lesquels je peux amener une valeur ajoutée à l'entreprise, et ceux dans lesquels il y a des gens qui le font mieux que moi. Je ne ressens pas le besoin d'être mise en avant, sauf si c'est utile au collectif.

J'ai conscience que la liberté associée à une organisation qui appartient à sa famille est un vrai luxe. Dans les entreprises familiales, parfois, l'entreprise est au service de la famille et, parfois, c'est la famille qui est au service de l'entreprise. De notre côté, nos choix personnels ne doivent pas impacter le groupe. La transmission aux générations futures se fait au sens large, pas forcément dans la famille, peut-être à d'autres repreneurs, aux clients. Je me fiche que mes filles suivent ; s'il faut vendre l'entreprise pour qu'elle perdure, je le ferai. L'important est qu'elle continue d'exister pour les prochaines générations.

NOUS NE SOMMES QUE DES PASSEURS, PAS DES PROPRIÉTAIRES.

On m'a donné un flambeau, je dois en faire quelque chose de bien pour ceux d'après et tout faire pour que l'entreprise ait un impact positif sur son écosystème.

Pourquoi si peu de femmes à votre place?

J'ai été invitée à un programme d'entrepreneuriat féminin à Stanford avec d'autres patronnes du monde entier, des femmes de 20 à 60 ans, de la start-up au grand groupe. Cela m'a éveillée sur beaucoup de choses, et j'ai notamment été marquée par une étude de cas sur une femme qui a monté un fond capital-risque et qui a plutôt bien réussi. À la fin de l'étude, la plupart des étudiants la trouvaient antipathique, ils n'avaient pas très envie de collaborer avec elle. L'année d'après, le même cas a été proposé avec, à la place, un homme. Le ressenti général était tout l'inverse : capital sympathie, attractivité, etc.

Cela m'a rappelé, lorsque j'ai repris l'entreprise, et que ma mère m'a suggéré de prendre un homme pour le faire à ma place. Le premier frein est donc sociétal. C'est un petit baluchon que l'on transmet de génération en génération.

IL EST TEMPS DE CHANGER LES CODES.

Qu'est-ce que vous n'avez pas encore dit ?

Les injonctions sur la maternité restent terribles. Prendre rendez-vous chez le pédiatre, emmener les enfants à l'école, organiser les vacances… des tâches typiquement assignées aux femmes ! Et quand vous êtes une mère célibataire, il n'y a pas le choix. En Allemagne, la pression sur les mères est omniprésente. Les femmes qui ne priorisent pas les enfants ont même un terme consacré : les *rabenmutter* « mères corbeaux » ! Choisir son travail avant sa famille y est inimaginable. En France, il y a des alternatives. Dans l'entreprise, nous avons monté des structures, une crèche pour que les mères (et les pères !) puissent travailler tranquillement.

Il faut choisir ses batailles. On ne peut pas être sur tous les fronts en même temps, sinon on s'éparpille. L'arrivée des enfants a été assez salvatrice sur la question, car cela m'a forcée à faire des choix. À l'époque, mon assistante m'a dit : « Maintenant, je bloquerai tous les mercredis après-midi dans ton agenda. » Je lui ai répondu que c'était impossible. Elle m'a rétorqué que non seulement c'était possible, mais que c'était même essentiel. Et, en fait, c'était tout à fait possible. Déléguer ne veut pas dire ne pas délivrer.

Rapport à la féminité

C'EST UNE ARME QUI PEUT PARFOIS SERVIR MAIS AUSSI DESSERVIR. IL Y A UN ÉQUILIBRE À TROUVER.

Mantra

« *KEEP THE BEST, CHANGE THE REST*[1]. »
TOUJOURS REGARDER DE L'AVANT
ET SURTOUT « *CARPE DIEM*. »

[1] « GARDE LE MEILLEUR, CHANGE LE RESTE. »

Lecture

HISTOIRES DU SOIR POUR FILLES REBELLES D'ELENA FAVILLI ET FRANCESCA CAVALLO (LES ARÈNES, 2009). CHAQUE SOIR, JE LE LIS AVEC MES FILLES. ET *FRÈRES D'ÂME* D'EDGAR MORIN ET PIERRE RABHI.

Valérie Lorentz-Poinsot

C'est la première fois que je prends le volant pour un entretien. Nous sommes à côté de Lyon, au siège des laboratoires Boiron. Lorsque je rencontre Valérie, je me dis qu'il y a tant de patronnes à découvrir en dehors de Paris! J'arrive sous un joli soleil matinal, enrhumée depuis trois semaines. Après l'entretien, la dirigeante m'offre la panoplie de guérison. Est-ce l'air lyonnais ou ces médicaments homéopathiques avec lesquels j'ai grandi ? Quelques jours plus tard, je ne suis plus symptomatique.

Comment est-elle devenue n° 1 ?
En s'adressant directement au patron.

À son arrivée chez Boiron, le premier rôle de Valérie est de présenter les médicaments homéopathiques aux médecins. Au bout de trois mois, elle se rend compte que les équipes opérationnelles ont besoin d'être sérieusement réorientées.

> ❞ *J'avais trente-deux ans, et deux choix. Soit je partais, soit j'alertais le patron. Je voulais voir ce qu'il avait dans le ventre, alors, un jour, j'ai frappé à la porte de Christian Boiron. À l'époque, mon chef m'a dit : « Mon Dieu, cela va mal se passer, tu vas rester cinq minutes. » Je suis restée une heure, je lui ai expliqué que dans la guerre commerciale avec notre concurrent principal, Dolisos, nous étions uniquement focalisés sur le pharmacien, alors que le nerf de la guerre, c'était le médecin. Il m'a dit que j'avais une connaissance du terrain et des autres laboratoires qui était précieuse, et m'a demandé de rester. Cette conversation a changé ma vie.*

Quelques années plus tard, Boiron fusionne avec Dolisos. La patronne crée le département du développement médical et change la stratégie commerciale. Tandis que le reste des équipes garde une distance avec la direction, Valérie n'a pas peur. Les patrons, elle les a côtoyés durant les congrès qu'elle a organisés dans son poste précédent : ils ne l'impressionnent pas. Une démystification qui lui permettra de monter jusqu'à la première marche.

Parcours

Née en 1968, Valérie grandit à Chalon-sur-Saône dans une famille modeste avec sa sœur cadette, Anne. Son père est transporteur routier et sa mère travaille pour une banque. En 1991, la dirigeante obtient une maîtrise de sciences économiques et de marketing à l'université de Dijon, puis entame sa carrière en qualité de cheffe de publicité chez Publicis.

Deux ans plus tard, elle intègre l'univers pharmaceutique en tant que visiteuse médicale pour le groupe Fournier. En 1998, elle devient chargée de la communication et des congrès pour l'organisation, avant de devenir cheffe de produit Raniplex, un médicament qui combat les ulcères gastriques.

En 2000, la patronne rejoint son mari à Lyon et intègre les laboratoires Boiron comme cheffe de produit. Cinq ans plus tard, elle dirige le développement médical, puis devient directrice générale adjointe en 2007. 2011 : Valérie est nommée directrice générale déléguée de l'organisation, puis, huit années après, elle succède à Christian Boiron à la direction générale. Créée en 1932, l'entreprise, dont la mission est de « soigner avec respect », est le leader mondial de l'homéopathie, présent dans 50 pays avec un peu plus de 2 700 collaborateurs et 300 millions de consommateurs.

Mère de trois enfants - une fille et deux garçons -, Valérie est également l'autrice de *Wonder Women* : *Dites oui à vos pouvoirs* (2015, Le Cherche-Midi), ainsi que d'*Homéopathie : Liberté, Égalité, Santé !* (2019, Flammarion).

Pourquoi vous ?

J'ai eu la chance de sortir du rôle support qu'est celui de la communication dès le début de ma carrière.

Après deux ans chez Publicis, je suis allée travailler pour le laboratoire Fournier, qui était alors mon client, car il était impossible d'obtenir un CDI dans un univers publicitaire en crise. En revanche, l'écosystème pharmaceutique embauchait à tour de bras. J'ai d'abord été visiteuse médicale parce que l'on ne pouvait pas entrer au service de la communication sans avoir fait du terrain. En réalité, cela a totalement changé ma trajectoire.

Deux ans à présenter les produits aux médecins, à connaître leurs problématiques, la concurrence, les négociations commerciales. Ensuite, j'ai organisé des congrès partout dans le monde, puis l'entreprise m'a formée médicalement lorsque je suis devenue cheffe de produit Raniplex.

C'était une organisation où l'on faisait monter les gens qui en avaient envie.

EN QUELQUES ANNÉES, J'AI PU AINSI AVOIR UN DÉBUT DE VISION À 360°.

Quand je suis entrée chez Boiron, mon profil était recherché : quelqu'un qui a fait du terrain, et qui s'y connaît également en marketing. Finalement, j'avais déjà les atouts pour la suite.

Quelle patronne êtes-vous ?

J'ai monté les échelons de l'entreprise un à un.

JE VIENS DE TOUT EN BAS.

Durant les trois années avant le départ de Christian, j'ai été préparée à la succession. Et tout s'est accéléré à la fin de l'été 2018, quand, durant les vacances, un matin, à 8 h, j'ai reçu un SMS de Christian qui me disait : « C'est le moment, tu prends ma place. Le 5 septembre, on l'annonce au conseil d'administration. » J'aurais souhaité que mon papa voie cela.

Quelques mois après ma nomination, le gouvernement décidait d'amorcer un déremboursement progressif de l'homéopathie.

DE PATRONNE EN HERBE, JE SUIS PASSÉE À PATRONNE GUERRIÈRE.

Nous avons alors été obligés de mettre en place un plan social qui a concerné un peu plus de cinq cents collaborateurs. Licencier cinq cents personnes, c'est la chose la plus dure que j'ai jamais eu à faire. Vous n'avez pas le choix : il faut sauver l'entreprise. Faut-il en licencier 500 aujourd'hui, ou 3 000 demain ? Et au-delà de ce plan, il fallait que je ne lâche rien : nous avons dû innover, en homéopathie et dans d'autres produits de santé, tels que des probiotiques, par exemple, et nous diversifier en commercialisant des tests Covid-19.

Être numéro une, cela n'a rien à voir avec la seconde place. Dans un rallye, vous êtes pilote ou vous êtes copilote. Quand vous êtes numéro deux, vous anticipez les murs, les virages, les dérapages, et prévenez le pilote. Mais quand vous êtes pilote, vous sentez les choses au plus profond de vous-même. Il n'y a plus d'airbag, vous êtes passé de la défensive à l'offensive.

Pourquoi si peu de femmes à votre place?

Cela tient peut-être à l'éducation. Ma mère était très dure. Si ma chambre n'était pas rangée, elle mettait tout en vrac dans le couloir. Si je ne savais pas une leçon, elle faisait voler le livre. Nous avions la culture du résultat.

Et puis c'est une question de vivier, pour qu'il y ait des femmes dirigeantes, il faut qu'il y ait des femmes qui grimpent.

POUR FAIRE MONTER LES FEMMES, IL FAUT AUSSI QUELQU'UN QUI TIENT L'ÉCHELLE.

Christian Boiron a su me faire confiance et me guider tout au long de mon ascension. Il se trouve que, durant cette période, j'ai divorcé et j'ai rencontré, au sein de l'entreprise, mon compagnon, Patrice. Aujourd'hui, je suis la patronne de mon mari! Mais cela se passe très bien, il s'occupe de tout le développement de l'entreprise à l'international, et chacun a sa place. À la maison, depuis le troisième enfant, nous avons Sylvie, qui nous aide. Je n'aurais pas eu cette carrière si elle n'avait pas été là. Forcément, ma priorité, cela a toujours été que mes enfants puissent avoir une belle qualité de vie. Je ne vais pas faire les boutiques, de toute manière je n'ai pas le temps! Mais, tous les matins, je vais marcher avec mon mari ou nager. C'est un rituel pour respirer, être dehors, s'oxygéner, s'étirer... Tous les matins quoi qu'il arrive.

Qu'est-ce que vous n'avez pas encore dit?

J'ai une confiance profonde en l'homéopathie. Ma conviction, c'est que, lorsque l'on vous soigne, il ne faut pas que vous soyez plus malade qu'avant. Pour moi, l'homéopathie, c'est l'assurance d'être soigné en toute sécurité, sans effets secondaires, sans interactions médicamenteuses. En oncologie, les médicaments homéopathiques ont toute leur place en soins de support pour accompagner les patients atteints d'un cancer à mieux supporter les effets indésirables de la maladie et de ses traitements conventionnels.

L'HOMÉOPATHIE EST COMPLÉMENTAIRE, LE BUT C'EST D'AIDER À AVOIR UNE MEILLEURE QUALITÉ DE VIE ET ALLER AU BOUT DE LA CHIMIO, PAR EXEMPLE.

Nous avons besoin de toutes les typologies de médecines, mais je reste convaincue que, pour certaines pathologies bénignes, on doit avoir le choix de ne pas s'armer d'un bazooka pour tuer une mouche.

Aspiration enfantine

LA PUBLICITÉ ! JE COLLECTIONNAIS TOUTES LES PUBS DE PARFUMS, DE BEAUTÉ, DE MODE. CONCEVOIR UN MANTRA, RÉALISER UN FILM, DIFFUSER UNE CAMPAGNE.

Rejet

LA CONDESCENDANCE. JE L'ASSIMILE À QUELQUE CHOSE DE FAUX, À UN MANQUE DE TRANSPARENCE, À UNE ATTITUDE QUI N'A PAS LIEU D'ÊTRE. CELA M'HORRIPILE.

Phrase

« RESPIRER, RÉFLÉCHIR, AGIR. » CELA M'ACCOMPAGNE AINSI QUE MES ÉQUIPES AU QUOTIDIEN. ET, BIEN SÛR, NOTRE SLOGAN : « VOTRE SANTÉ MÉRITE LE PLUS GRAND RESPECT. »

Longtemps seule patronne du CAC 40, Catherine plonge son regard dans le mien. Dehors, ce 1er avril est illustré par une tempête de neige qui ressemble à une farce climatique. Dedans, j'ai gravi les vingt-quatre étages d'une tour Engie en pleine mutation énergétique. Avec près de 56 milliards de chiffres d'affaires et un peu plus de cent soixante-dix mille collaborateurs sur la planète, ce fleuron du capitalisme tricolore est surtout le premier opérateur d'infrastructures gazières en Europe. Un monstre. Pas de quoi effrayer celle qui fut héliportée durant des années sur les plateformes pétrolières les plus reculées. Centralienne et mère de deux enfants, cette grande dirigeante à l'aube de la cinquantaine incarne un subtil mélange de fermeté et de féminité. J'en suis restée subjuguée.

Comment est-elle devenue n° 1 ?

En s'imposant dans l'antichambre du pouvoir.

Fille de professeurs de mathématiques, Catherine a toujours cultivé un côté scientifique.

Adolescente, la patronne souhaite devenir ingénieure dans l'aéronautique. Construire les fusées, l'espace, l'extrême, l'inconnu, la science... ces défis majeurs la font rêver. Plus tard, lors de ses études, elle choisit l'option « espace ». Mais au moment de faire des stages, la future patronne se rend compte que, finalement, l'industrie aéronautique contient très peu de nouveaux programmes. Le recrutement visait principalement à équilibrer la pyramide des âges.

Au même moment, Catherine rejoint Schlumberger en stage de fin d'études, une société de services aux organisations pétrolières.

❞ Ce qui m'a vraiment attirée, c'est cette recherche de profils aventuriers, qui étaient à l'opposé de ma personnalité. J'ai voulu être là où l'on ne m'attendait pas, car je ne voulais pas être prisonnière d'une image genrée. À n'importe quelle heure du jour, ou de la nuit, on pouvait m'appeler sur une mission quelque part dans le monde, ce que je trouvais grisant. Mes copains de promo m'ont dit : « Tu te rends compte que tu vas devoir rentrer tous tes bagages dans l'hélicoptère ? » Je m'étais construit cette réputation de fille qui prenait les trois quarts du coffre lorsque nous partions en week-end.

Le début de carrière de la dirigeante se construit sur le terrain, au sein de plateformes off shore au Congo, puis en Écosse, un milieu hostile dans lequel elle est souvent la première femme.

❞ C'est comme on l'imagine : on dort dans des cabines, dans un monstre de métal, au milieu de la mer, avec à peu près quatre-vingt-dix personnes, dont une ingénieure : moi. Il y a des enjeux de sécurité, de risques majeurs, et donc le fonctionnement est très réglementé, et la communication extrêmement directe. J'ai adoré cette clarté dans les relations.

Après quelques années, les affectations s'effectuent généralement dans des rôles managériaux, à terre. Catherine s'accroche à l'opérationnel, car elle sait que c'est là que cela se passe – la patronne a compris qu'il s'agit de l'antichambre du pouvoir. Car pour arriver à un certain niveau de responsabilité, il faut avant tout être crédible opérationnellement.

❞ Je suis convaincue que cela a fait la différence. Ce n'était pas la norme pour une femme, d'autant plus une mère.

Face à la maternité, nombreuses sont celles qui se retrouvent naturellement mises en retrait au sein des organisations, ou qui parfois se retirent d'elles-mêmes. Des rôles supports qui peuvent s'avérer être un piège.

Parcours

Née le 7 août 1972 à Rabat-Salé, au Maroc, Catherine est d'origine corse et basque par ses parents, qui sont tous les deux professeurs de mathématiques.

» Mon nom de famille anglo-saxon ? C'est celui de mon ex-mari, qui est écossais. Mon nom de jeune fille, Fiamma, est d'origine corse. J'ai gardé MacGregor pour des raisons de praticité vis-à-vis de mes deux filles. J'ai la chance d'avoir une grande sœur, normalienne et grande patronne dans l'édition. Nous sommes un binôme qui a été élevé ensemble, avec une relation fusionnelle, structurante dans ma vie.

À 14 ans, la jeune femme rentre en France et doit apprendre de nouveaux codes.

» Lorsque nous sommes rentrées dans l'Hexagone, cela a été une découverte merveilleuse. J'ai adoré, même si ce fut une adaptation sur le tas.

Après une classe prépa au lycée Condorcet à Paris, elle intègre CentraleSupélec, dont elle sort diplômée en 1995. La patronne rejoint alors Schlumberger, entreprise de services et d'équipements pétroliers, elle démarre en tant qu'ingénieure foreuse. En 2005, la dirigeante devient manager opérationnelle en Malaisie et rejoint deux années plus tard le siège parisien en qualité de DRH.

Au bout de vingt-trois ans, Catherine quitte Schlumberger et, après une pause professionnelle, rejoint la direction de Technip Energies. Son mandat durera moins de deux ans : le 1er janvier 2021, Catherine prend la tête d'Engie.

La dirigeante est mère de deux jeunes femmes.

Tête-à-tête

Pourquoi vous ?

Ce qui a fait la différence pour moi, je pense, c'est la gestion dynamique de ma carrière, avec un nombre d'expériences supérieures à la moyenne qui m'ont permis de monter très vite. C'est d'ailleurs la meilleure façon de garder les talents, et la raison pour laquelle je suis restée chez Schlumberger pendant vingt-trois ans.

CHAQUE NOUVEAU POSTE SE TROUVAIT EN DEHORS DE MA ZONE DE CONFORT. ET À CHAQUE RÉUSSITE ON M'A CONFIÉ UN PLUS GROS DÉFI.

À 35 ans, je suis devenue la DRH du groupe. Le recrutement, c'est le nerf de la guerre. Il n'y a pas une discussion stratégique pour laquelle on ne se retourne pas vers la RH en lui demandant : « On va mettre qui, sur ce projet? » Je suis devenue beaucoup plus légitime après. J'ai fini par présider l'aspect forage, un poste dont j'ai rêvé sur les plateformes pétrolières. La boucle était bouclée. Se développer, c'est réfléchir à la brique qui vous manque pour construire le mur de votre carrière, peu importe l'ordre.

Ce que je suis devenue, je le dois à Schlumberger. Mon départ a été très émotionnel, car cette entreprise a fait partie intégrante de ma vie pendant plus de vingt ans.

Quelle patronne êtes-vous ?

Le défi climatique auquel nous sommes confrontés réclame une démarche proactive et la mise en œuvre de la transition énergétique est désormais inscrite dans notre raison d'être. Aujourd'hui, ma priorité, c'est de conduire la transformation du groupe et d'embarquer les équipes pour le faire ensemble. Ce qui me touche aussi tout particulièrement, ce sont les sujets autour de la méritocratie, l'inclusion et l'égalité des chances, pour que nos entreprises reflètent pleinement les sociétés dans lesquelles nous opérons.

Pourquoi si peu de femmes à votre place?

Nous sommes l'héritage de siècles de pouvoir au masculin. La place des femmes est aujourd'hui normale et attendue, mais elle est ultra-récente! Ce n'était pas le cas il y a seulement vingt ans. L'ouverture des grandes écoles aux femmes a eu lieu il n'y a pas si longtemps que cela. Les quotas, j'étais contre, mais cela marche. Aujourd'hui, les femmes dans les conseils d'administration, ce n'est plus un sujet. C'est très bien, même si du coup maintenant les *boards* se piquent les meilleures!

JE PENSE QUE NOUS AVONS TOUS UN BIAIS SUR L'INCARNATION DU POUVOIR.

On parle souvent de présence, mais lorsque vous êtes une femme ce n'est pas forcément ce qui est attendu dans l'inconscient collectif. Il faut reformuler cette représentation de l'autorité qui peut être multiforme. Et je reste convaincue que les femmes joueront un rôle crucial dans la lutte contre le changement climatique et l'essaimage des initiatives à impact positif!

Qu'est-ce que vous n'avez pas encore dit?

Ma nomination chez Engie a été un pivot dans la visibilité qui vient avec la fonction. J'ai d'abord été « chassée » une première fois, mais je n'ai pas donné suite, car j'étais impliquée dans un autre projet. La seconde fois, j'ai accepté d'entrer dans le processus, sans grande conviction. À vrai dire, je n'y croyais pas du tout, mais je me suis dit que l'expérience serait intéressante. Ce qui est assez fou, c'est qu'à la minute où j'ai été choisie, tout le monde l'a su. Je n'étais pas du tout préparée à la pression médiatique qui va avec.

Je suis hyper terre à terre - garder un ancrage n'a pas fondamentalement été un problème. Ma famille me maintient tout près du réel - rien n'a changé, et c'est bien normal. Je suis assez interloquée par le phénomène de déformation que peuvent provoquer le pouvoir et le succès. Maintes fois, je l'ai vu se répéter. Les gens commencent à croire que le succès leur est dû - ils deviennent sachants et au-dessus des autres. C'est un danger que j'ai souvent observé parmi les patrons, qui, j'imagine, étaient normaux au départ, puis, tout à coup nourris par un entourage flatteur, deviennent aveugles. Cette hubris me fascine, avec son côté systémique. C'est ce qui fait qu'après, on fait des erreurs. C'est assez effrayant. D'ailleurs, je suis aussi très sélective dans mes prises de parole, qui doivent forcément servir l'entreprise.

Échappatoire

LE SCRABBLE. C'EST UNE PETITE PASSION FAMILIALE QUE JE PARTAGE AVEC MA SŒUR. ET LES FILMS FEEL GOOD, QUI « FONT LE JOB », COMME ON DIT.

Livre

GUERRE ET PAIX DE LÉON TOLSTOÏ, POUR LEQUEL IL FAUT AVOIR DU TEMPS. DANS LA PÉRIODE DE MA PAUSE APRÈS SCHLUMBERGER, C'EST UN OUVRAGE QUI M'A ACCOMPAGNÉE.

Série

L'ASPECT CHRONOPHAGE ET ADDICTIF ME FAIT PEUR, DONC JE FAIS ATTENTION. J'AI QUELQUES FAIBLESSES QUI SONT ASSOCIÉES À DES MOMENTS AVEC MES PROCHES, COMME « TOP CHEF » AVEC MA FILLE !

Anne

« Prêtresse de la communication », « Impératrice des relations publiques », « La femme qui murmure à l'oreille des patrons »... Les surnoms ne manquent pas pour la très influente Anne Méaux, présidente fondatrice de l'agence de conseil Image 7, qui accompagne les grands dirigeants dans la gestion de leur image depuis 1988. Elle est la silhouette furtive que l'on aperçoit, en retrait, à la conférence de presse de Carlos Ghosn, l'oreille médiatique de François Pinault, celle qui tente d'éteindre l'incendie de l'affaire Fillon. Arrivée à l'Élysée sous l'ère Giscard d'Estaing, à 20 ans à peine, elle a depuis acquis la confiance de tous. À l'étage de l'hôtel particulier de son agence, son bureau est fleuri de toute part lorsque j'y mets les pieds au lendemain de son anniversaire : Patrick Roger, Pierre Hermé, Jeff de Bruges - amis, clients et courtisans ont rivalisé d'imagination pour envoyer une petite attention à cette grande dame, qui impressionne la jeune fille de la com que j'ai été.

Méaux

Comment est-elle devenue n° 1 ?
En disant toujours la vérité.

Quitte à vexer, quitte à questionner, quitte à se fâcher.

> *Pour être dirigeante, il faut posséder une certaine liberté. Cultiver un esprit critique face à soi-même et se demander constamment s'il existe une autre solution. Mais, surtout, il ne faut pas avoir peur.*

La grande crainte d'Anne serait que quelque chose de grave arrive à ses proches, le reste ne l'effraie point. Un client de perdu ? Elle s'en remettra.

En 1981, Valéry Giscard d'Estaing – qui vient de perdre la présidentielle – appelle Anne du mont Athos, en Grèce. Il lui demande des nouvelles de l'Élysée, et celle-ci l'informe de la présence de quatre ministres communistes au gouvernement.

> ❞ *Il m'a dit « C'est épouvantable » et m'a indiqué vouloir rentrer. Je lui ai répondu timidement que tout le monde se foutait de son retour. En lui disant cette vérité du haut de mes 27 ans, j'ai été boycottée pendant près d'une semaine. Au huitième jour, il a finalement accepté : « Bonjour, Anne, vous n'avez rien d'autre de désagréable à me dire ? » J'ai éclaté de rire et lui ai dit qu'il avait bien fait de ne pas rentrer.*

Avoir suffisamment confiance en soi, ne pas s'excuser d'être là, Anne puise cette force « incommensurable » dans l'amour parental qu'elle a reçu enfant. Sa réussite scolaire a toujours été une source de fierté familiale : son père l'appelait « Chef-d'œuvre ».

UNE ÉDUCATION QUI LUI A ÉGALEMENT INCULQUÉ L'IMPORTANCE DU DEVOIR DE DÉSOBÉISSANCE, DE REPASSER TOUS LES ORDRES ENTENDUS À L'AUNE DE SON PROPRE JUGEMENT POUR EN EXTRAIRE UNE DÉMARCHE AUTONOME.

Un franc-parler qui lui a permis de fidéliser une clientèle de dirigeants, du CAC 40 au Next40.

Parcours

Née le 7 juillet 1954 à Neuilly-sur-Seine d'un père médecin et d'une mère professeure de lettres classiques, Anne obtient son baccalauréat à 16 ans et devient lauréate du concours général en version latine. À 17 ans, ses parents se séparent.

> *» Ma famille a implosé et ma mère l'a très mal vécu. Je suis passée d'une enfance tranquille et bourgeoise à l'arrivée à la fac sans le sou. Cela m'a obligée à ne pas être une enfant gâtée, à devenir résiliente et, globalement, cela m'a fait beaucoup de bien.*

En 1974, Anne obtient son diplôme de Sciences Po et, deux ans plus tard, une maîtrise de droit de l'université Paris II Panthéon-Assas. La patronne intègre ensuite la cellule dédiée à la veille médiatique au cœur de l'Élysée, avant d'être promue attachée de presse jusqu'en 1981. Elle continue à gérer la communication de Valéry Giscard d'Estaing avant de devenir chargée de la communication auprès du ministre de l'Industrie Alain Madelin. Un poste synonyme de rampe de lancement pour sa propre aventure entrepreneuriale.

Hermès International, RATP, UGC, Airbus, Lagardère, Bouygues, l'Opéra de Paris… Image 7, la première agence indépendante française de communication, possède aujourd'hui une centaine de clients choyés par soixante-douze personnes qu'Anne recrute toujours personnellement.

Elle a eu trois enfants, qu'elle pense avoir bien élevés. Deux d'entre eux ont demandé à leur mère de travailler ensemble, un joli cadeau.

Tête-à-tête

Pourquoi vous ?

J'ai deux recettes. La première est une remise en cause permanente : douter constamment, mais de manière constructive. Et la seconde est une croyance profonde en l'intelligence collective : j'ai recruté chez Image 7 des gens plus compétents que moi sur un certain nombre de sujets. C'est une mosaïque constituée d'univers, de formations et d'âges différents, ce qui permet de se rendre plus intelligents les uns et les autres.

IL N'Y A PAS D'HOMME DERRIÈRE MA RÉUSSITE ET, CELA, J'EN SUIS ASSEZ FIÈRE.

Les grandes chances de mon existence n'ont pas été des choix évidents : rentrer à l'Élysée plutôt que préparer sérieusement l'ENA ou bien monter ma société plutôt que suivre une voie royale en politique.

Il faut être rigoureuse mais pas trop sage, savoir écouter la vie. Je ne regarde jamais en arrière. Ce qui m'intéresse, c'est ce que je vais faire après.

Quelle patronne êtes-vous ?

J'ai quitté la politique justement, car j'ai eu le sentiment que le pouvoir n'était plus là. Je me suis dit que j'aurais plus de prise sur les choses en accompagnant les entreprises pour qu'elles se gèrent mieux. L'apparence du pouvoir, c'est d'être sur la photo. Le vrai pouvoir, c'est d'avoir les mains dans le cambouis pour essayer de faire bouger les choses.

Pourquoi si peu de femmes à votre place ?

Je suis d'une génération où il fallait avoir une santé de cheval pour tout gérer. Mon mari était adorable, mais il est vrai que j'assurais les réunions de parents d'élèves, les rendez-vous chez le médecin et la cuisine.

Je suis profondément convaincue que la femme et l'homme sont égaux. Mes parents m'ont élevée dans cette notion d'égalité totale. Peut-être que mon genre m'a propulsée à un moment : Giscard cherchait certainement une jeune femme pour intégrer son équipe. Rentrée à l'Élysée parce que femme, je suis la seule à y être restée, parce que l'équipe a considéré que j'étais la plus utile. Je n'ai pas de complexes par rapport aux hommes, je les ai battus lors des concours. En l'occurrence, Giscard fut précurseur dans la thématique : il a nommé quatre femmes ministres.

Je n'ai pas envie d'être une femme alibi. J'ai évolué sur la loi Copé-Zimmermann sur les quotas. Aujourd'hui, la parité commence à s'instaurer de manière concrète dans les entreprises.

J'ai aussi monté une association en 2005, Force Femmes, présidée par Véronique Morali (voir p. 220), pour que les femmes puissent se reconstituer une vie professionnelle après 45 ans. Nous avons, depuis, aidé près de 25 000 femmes à retrouver un emploi ou à créer leur propre entreprise.

ALORS, OUI, JE SUIS FÉMINISTE !

(Mais je ne mange pas de l'homme tous les quatre matins au petit déjeuner).

Qu'est-ce que vous n'avez pas encore dit ?

Anne s'engouffre sur la terrasse sur laquelle donne son bureau. Je la suis. La voix est grave, le sourire franc, le débit de parole rapide.

Très jeune, j'ai eu une angoisse totale de la mort. Adolescente, j'ai dévoré tous les philosophes passionnés par la thématique, avec une obsession pour l'absurde décrit par Albert Camus, notamment dans *L'homme révolté* (1951) ou *Le Mythe de Sisyphe* (1942), qui comporte cette phrase : « Il n'est plus condamné à monter le rocher, il choisit de le faire et devient maître de son destin. » La dignité de l'homme, c'est justement de poursuivre cette marche en avant. Quand on vieillit, ce qui est important, c'est de ne pas passer à côté de tout ce que l'on a envie de faire et d'essayer de ne pas trop abîmer les autres. L'équilibre, c'est d'avancer sans trop de remords ni trop de regrets.

Sans cette sensibilité, vous allez droit dans le mur. Je pense que c'est un atout et qu'il faut savoir le gérer afin d'avoir plus d'acuité par rapport aux situations mais aussi se protéger. Avec l'âge, je suis passée d'une fascination pour les idées à une fascination pour les gens. Les mêmes idées portées par des gens différents ne donnent pas les mêmes choses.

Rapport au bonheur

JE SUIS ASSEZ DOUÉE POUR LE BONHEUR. LA SOUFFRANCE EST RELATIVE, MAIS PLUS L'ON A DE PRIVILÈGES, PLUS ON A DE DEVOIRS. IL FAUT CULTIVER LE COURAGE.

Rapport à l'ambition

J'AI ÉTÉ ÉLEVÉE AVEC L'IDÉE QUE L'ORGUEIL EST UNE CHOSE POSITIVE. LA VANITÉ, EN REVANCHE, C'EST ÊTRE BOURSOUFLÉ D'UN CONTENTEMENT DE SOI, CE QUI EST GROTESQUE.

Échappatoire

MA DEMEURE AU BORD DE LA MER. J'AIME LE MOUVEMENT DE L'EAU ET SON IMMENSITÉ. JE DÉTESTE ÊTRE COINCÉE, ENFERMÉE, LIGOTÉE... ON EN REVIENT À LA LIBERTÉ !

Laura Medji

Laura démonte tous les clichés. Femme, noire, mathématicienne - qui aurait cru qu'elle serait un jour à la tête d'une entreprise de BTP? La patronne est la cofondatrice de Tracktor, première plateforme digitale de location de matériel de chantier pour les professionnels. À l'aube de la trentaine, sa soif de liberté l'emmène sur le chemin entrepreneurial. La dirigeante quitte fin 2020 ses fonctions opérationnelles pour mettre son talent au service de la prise en charge médicale de patients à domicile, au sein de la start-up Epoca. Lorsque je la rencontre dans les locaux de l'entreprise, situés dans un hôpital, Laura me murmure un nouveau projet qui fait écho à son parcours : The Gentle Initiative, un think tank dédié aux questions de diversité et d'inclusion. Une nouvelle aventure à suivre de près.

Comment est-elle devenue n° 1 ?
En ayant eu un accident de vie.

Laura grandit à Abidjan. Ses parents sont tous les deux béninois et se sont rencontrés en Côte d'Ivoire. Son père était professeur de mathématiques avant de se lancer dans l'import-export entre la France et l'Afrique, et sa mère comptable. La patronne est une petite fille pressée - à peine un an, elle gambade déjà.

> ” *Je me trouvais chez ma tante, et de l'eau bouillante avait été versée dans la baignoire pour bébé. J'ai échappé au regard des adultes, j'ai voulu toucher l'eau et j'ai dérapé. Sous le choc, je n'ai pas crié, mais l'instinct de survie m'a fait maintenir ma tête à l'air libre.*

En passant, la mère de Laura entend un bruit de clapotement. C'est le drame. En état de choc, elle court pieds nus vers l'hôpital.

> ” *J'ai fait trois semaines de coma. Puis j'ai été rapatriée au Bénin, et nous sommes arrivés en France pour bénéficier des traitements de pointe. Ce fut le début de ma vie d'après.*

La dirigeante garde encore les cicatrices de cette brûlure au troisième degré qui bouleverse sa trajectoire.

Parcours

Née le 19 février 1987 à Abidjan, en Côte d'Ivoire, Laura est fille unique. Elle est diplômée de l'École nationale supérieure d'informatique et de mathématiques appliquées, située à Grenoble. Durant ses études, elle effectue un échange au Brésil, avec l'université de Rio de Janeiro.

La patronne démarre sa carrière en tant que *IT Quant* au sein de l'institution financière Natixis, puis rejoint deux ans plus tard la Société générale comme coordinatrice de projet IT. 2014 : la dirigeante s'envole pour New York et travaille pour le Crédit agricole en qualité d'analyste des risques du marché.

À son retour à Paris, Laura souhaite se lancer dans l'aventure entrepreneuriale. Elle rencontre Julien Mousseau et Idir Ait Si Amer à la suite d'un Startup Weekend.

LE TRIO FONDE TRACKTOR, UN SITE DÉDIÉ AUX PROFESSIONNELS DU BTP QUI SIMPLIFIE LA LOCATION DE MATÉRIEL EN FRANCE.

Minipelle, nacelle, chariot… la plateforme propose plus de trente mille engins. Fin septembre 2020, Laura quitte ses fonctions opérationnelles chez Tracktor pour devenir, en juillet 2021, associée et Chief Product Officer chez Epoca, une entreprise médico-technologique qui vise à sécuriser la prise en charge médicale des patients à domicile.

Pourquoi vous ?

Depuis toute petite, j'ai eu la chance d'être exposée aux sciences. Fille de profs! L'école était facile, un véritable plaisir. J'ai appris à lire à trois ans.

Après le bac, j'ai eu envie de continuer les maths. Durant mes études, j'ai été initiée à l'informatique, sans vraiment savoir ce que j'allais faire après. Finalement, j'ai fait un stage en finance, au sein d'une filiale du Crédit mutuel, qui a déterminé les cinq premières années de ma carrière. Ensuite, je suis partie chez Natixis, puis à la Société générale. Je faisais le lien entre les analystes qui s'occupaient de la modélisation financière et l'implémentation dans le logiciel, ce qui me permettait d'avoir les deux casquettes. Honnêtement, c'était la voie facile - on vient te chercher, il y a du travail, c'est bien payé. C'est un moment où on sort de l'école et où on a envie de profiter.

Avant de me lancer dans l'entrepreneuriat, il y a eu New York. J'y suis restée un peu plus d'un an et demi, en VIE au Crédit agricole. C'est une ville monde où, à 4 h du matin, tout est possible, pour le meilleur, comme le pire. Mon poste était très intense, avec du travail pour quatre! Nous brassions des milliards par jour, mais pour générer du profit il fallait qu'il y ait des volumes immenses. Je suivais les traders, leur mettais des garde-fous et réinventais les systèmes d'information.

Humainement, il y a eu un avant, et un après. J'ai perdu le respect que j'avais pour mon manager, car la manière dont il traitait ses équipes était terrible. Au début, je travaillais tellement que je ne me suis aperçue de rien, j'essayais juste de délivrer ce qui m'était demandé! Et puis un jour, il m'a dit que je n'étais pas assez investie. Mes journées « légères », c'était 9 h-22 h. Du coup, je lui ai demandé s'il souhaitait que j'installe ma tente entre les bureaux. Le harcèlement est devenu quotidien. Ce qui était terrible, c'est que j'étais jeune, j'étais libre. Mais certains de mes collègues étaient parents, immigrés, endettés... Je me suis aperçue qu'ils étaient prisonniers. À ce moment-là, je me suis juré de ne jamais perdre cette liberté. C'est comme cela que je me suis lancée, et que je suis devenue patronne.

Quelle patronne êtes-vous ?

À vrai dire, je pense que j'ai toujours été ma propre patronne. Étudiante, j'organisais les soirées. Durant mes six derniers mois à New York, je me suis formée. De manière instinctive et pragmatique, je savais qu'il fallait que je disrupte un secteur peu digitalisé, où personne ne m'attendait. Rapidement, le BTP s'est imposé. De prime abord, j'ai eu une approche *business to consumer*, car c'est la seule que je connaissais. Et puis j'ai fait un Startup Weekend, où j'ai rencontré Idir Ait Si

Amer. Ingénieur, spécialisé dans les travaux publics, il m'a démonté mon projet sans scrupules! C'était génial. De son côté, il cherchait un CTO pour son projet Tracktor, qui loue du matériel de BTP aux professionnels du secteur. À l'issue du week-end, on s'est associés et j'ai rencontré Julien Mousseau, qui avait rejoint Idir depuis octobre 2015.

Pour moi, l'aventure a duré cinq ans.

NOUS SOMMES PASSÉS DE 0 À 35 EMPLOYÉS, NOUS AVONS LEVÉ PRÈS DE 4 MILLIONS D'EUROS.

Je suis partie en gardant mes parts, car j'avais besoin d'une pause après le décès de mon père. C'est aussi cela, la liberté. Je suis d'ailleurs très heureuse d'avoir privilégié l'humain après New York, car cela aurait pu se terminer autrement. Finalement, mes associés, ce sont les personnes avec qui je passe la plus grande partie de ma vie!

Epoca, la start-up dans laquelle je travaille actuellement comme CPO, a été un coup de cœur. Je n'avais pas prévu de retravailler de sitôt, mais la mission de maintien de patients âgés polypathologiques à domicile m'a tout de suite séduite, surtout en période postpandémique. J'ai décidé de donner un coup de main.

Pourquoi si peu de femmes à votre place?

Je n'ai pas d'explication pour toutes les femmes, mais personnellement, ayant grandi en minorité, être une femme noire ne m'a jamais posé problème. Sur ma promo, nous étions 11 % de femmes, et j'étais la seule Noire. Finalement, j'ai l'habitude d'être une minorité au sein d'une minorité. La plus grande barrière que j'ai vécue était liée à la classe sociale, entre Paris et l'autre côté du périph. Ce sont juste de nouveaux codes à s'approprier.

Très jeune, je me suis forgé des mécanismes de défense que j'ai toujours aujourd'hui. L'a priori principal sur la femme noire, c'est l'hystérie, comme si une partie de nous était un peu sauvage! Du coup, je m'énerve très rarement.

D'ailleurs, au moment où je me suis lancée dans l'entrepreneuriat, mon sexe et ma couleur de peau ont été un avantage.

FORCÉMENT, ON SORT DU LOT, C'EST UN ARGUMENT MARKETING COMME UN AUTRE.

Qu'est-ce que vous n'avez pas encore dit?

J'ai grandi dans une « ville nouvelle », Lognes, juste à côté de Disneyland Marne-la-Vallée, une agglomération de villes et de communautés ethniques. À Torcy, il y avait beaucoup d'Africains, Noisiel était plutôt maghrébin, Bussy-Saint-Georges caucasien, et Lognes asiatique. Mes parents ont choisi l'Asie! Mes amis étaient laotiens, cambodgiens, vietnamiens… Quand je suis arrivée à Paris, j'ai découvert que le bo bun était à la mode! Pour moi, c'était un plat d'étudiants qui n'ont pas d'argent. Quand je ne pouvais pas aller au resto, c'était mon mets de prédilection. J'ai adoré ce melting-pot.

Durant mes études, j'ai voulu partir à la rencontre du reste du monde : j'ai fait un échange à Rio de Janeiro.

TANDIS QUE MES AMIS ONT CHOISI COLUMBIA, PRINCETON, IMPERIAL… J'AI PRIVILÉGIÉ LA RENCONTRE AVEC L'AUTRE.

Personne n'a compris! Encore aujourd'hui, je ne regrette pas, c'était une expérience extraordinaire, j'en ai profité pour explorer l'Argentine, la Bolivie, le Pérou et le Paraguay!

J'ai lancé avec un ami de prépa The Gentle Initiative, un think tank qui se concentre sur les questions de diversité. Avec Tracktor, j'ai été très choquée de voir que j'étais l'une des seules femmes issues de la diversité dans cette nouvelle création de richesse qu'est la tech. J'ai mentoré plusieurs jeunes filles, mais j'ai voulu créer une structure associative pour cartographier tous les acteurs qui travaillaient sur la diversité en entreprise : ethnie, sexe, social, handicap… pour offrir un parcours utilisateur simplifié aux personnes qui sont en recherche d'aide. Aujourd'hui, nous sommes quinze bénévoles à travailler sur le projet.

Rapport au Bénin

TRÈS FORT. MA FAMILLE A DES TERRES À TROIS HEURES DE COTONOU SUR LESQUELLES ON CONSTRUIT DES PUITS, DES ÉCOLES ET DES DISPENSAIRES DEPUIS PRÈS DE TRENTE ANS.

Role models

J'AIME BEAUCOUP L'ÉCRIVAINE AMÉRICAINE MAYA ANGELOU. ENFANT, J'AI ÉTÉ BERCÉE PAR LA CULTURE NOIRE AMÉRICAINE DE MANIÈRE GÉNÉRALE. J'ADORE *LE PRINCE DE BEL-AIR*!

Mot

PEUR. ELLE A CONDITIONNÉ MON PARCOURS, C'EST ELLE QUI GUIDE ENCORE MES CHOIX. PENDANT TRACKTOR, J'AI CRAINT DE PASSER À CÔTÉ DE MES PROCHES, ET DONC JE SUIS PARTIE.

Françoise Mercadal-Delasalles

La rencontre avec Françoise a lieu quelques semaines après son départ de la direction générale du Crédit du Nord, cette institution bancaire aux 8 000 collaborateurs, créée en 1760, à Lille, avant de devenir l'une des trois branches de la banque de détail de la Société Générale. De la banque, la dirigeante n'a gardé ni l'aspect austère ni la retenue. Après un parcours linéaire Sciences Po-l'ENA, qui s'inscrit dans la grande tradition d'une certaine idée de la classe dirigeante hexagonale, et trente ans dans l'écosystème financier français – de Bercy à la Caisse des dépôts –, la patronne est, pour la première fois, sortie de piste. Celle qui a travaillé sur le financement des projets environnementaux à une époque où cela n'était pas à la mode, et qui a emprunté le chemin de l'innovation pour atteindre la première place, semble finalement déployer ses ailes après avoir quitté la matrice.

Comment est-elle devenue n° 1 ?

En prenant les postes dont personne ne voulait.

Après des années au sein du ministère de l'Économie et des Finances, Françoise touche à son but : elle devient sous-directrice au Budget et négocie les statuts et les rémunérations pour 5 millions de fonctionnaires. Pour la patronne, c'est une consécration. Mais aussi probablement la fin d'un chapitre avec le ministère des Finances. Pour grimper plus haut, elle rejoint, à la fin des années quatre-vingt-dix, la prestigieuse Caisse des dépôts, mais dans un département obscur où les hauts fonctionnaires ne se risquent pas habituellement : l'informatique.

> ” *Lors d'une réunion avec la Caisse des dépôts, je rencontre la directrice des ressources humaines, qui me convainc de rejoindre l'organisation. Mais surprise : on me propose de gérer la filiale informatique. Nous sommes en 2000, je sais à peine allumer un ordinateur, le digital est une notion qui n'existe pas encore. Toutefois,*

je saisis ma chance et j'accepte. Toute ma carrière, j'ai cranté avec des postes que mes collègues masculins ne désiraient pas particulièrement. Les hommes déjà en situation de pouvoir cherchent, généralement, à ne pas remettre leur position en jeu. Pour avoir la même place au soleil, j'ai dû gagner mes galons en prenant des risques. Toute ma vie professionnelle, cela s'est répété de manière systématique.

Le département IT de la Caisse des dépôts est une petite filiale au bout du RER B. La dirigeante découvre un autre monde. Les ingénieurs, elle les comprend. Leur rationalité et leur rapidité lui conviennent parfaitement. Surtout, Françoise comprend que l'informatique va devenir le nerf de la guerre financière. Elle prend la direction de la transformation de l'entreprise, qui opère le virage du numérique. La patronne intègre ensuite la Société Générale, lorsque Frédéric Oudéa, rencontré au ministère, l'invite à intégrer le comité exécutif du groupe pour diriger la transformation opérationnelle de l'entreprise quelques mois après l'affaire Kerviel. Une fois de plus, un poste dont, semble-t-il, personne ne veut.

” La Société Générale, cela a été un choc. La salle de réunion du comité exécutif est au trente-cinquième étage, j'ai eu l'impression d'intégrer un monde qui m'était totalement étranger. Je n'habitais pas au bon endroit, je n'avais pas les bons sacs, je ne roulais pas dans la bonne voiture. L'argent n'a jamais été un moteur chez moi. Cependant, d'un point de vue managérial, intellectuel, stratégique, le challenge était extraordinaire et l'expérience a été véritablement formidable. Quelle chance d'avoir pu piloter cette transformation digitale! Et puis, un beau jour de 2018, Frédéric m'annonce : « Allez, maintenant tu as le droit de devenir banquière. » Enfin. Il me nomme à la tête du groupe Crédit du Nord, qui est la plus grosse filiale bancaire de la Société Générale en France. Et là, j'aurais dû entendre une petite voix me dire : « C'est quand même bizarre, il te propose juste de te mettre la couronne sur la tête, comme ça ? » La vérité, c'est que la banque de détail était fortement remise en question, et le tournant fut extrêmement difficile.

Parcours

Née le 23 novembre 1962 à Alger, Françoise grandit dans une fratrie de trois enfants – dont elle est l'aînée –, aux côtés d'un père polytechnicien et haut fonctionnaire, tandis que sa mère s'occupe du foyer.

La dirigeante poursuit une licence de lettres et en droit à la Sorbonne avant de rejoindre Sciences Po, dont elle sortira diplômée en 1986. Elle entre ensuite directement au sein de la promotion Montaigne de l'ENA, jusqu'en 1988.

Durant les dix premières années de sa vie professionnelle, Françoise évolue au cœur de la haute fonction publique au ministère de l'Économie et des Finances. En 2002, elle est nommée directrice déléguée informatique à la Caisse des dépôts.

SIX ANS PLUS TARD, ELLE INTÈGRE LA SOCIÉTÉ GÉNÉRALE À LA DIRECTION DES RESSOURCES ET DE L'INNOVATION, FONCTION QU'ELLE OCCUPERA HUIT ANS AVANT DE DEVENIR DIRECTRICE GÉNÉRALE DÉLÉGUÉE, PUIS DIRECTRICE GÉNÉRALE DU CRÉDIT DU NORD.

Mai 2018 : elle prend la direction de la banque de détail. Trois ans plus tard, tandis que le groupe souhaite réduire drastiquement le nombre de ses agences, la patronne quitte ses fonctions.

Depuis, Françoise s'octroie une pause. Elle est également membre du conseil d'administration d'Eurazeo et coprésidente du Conseil national du numérique.

La dirigeante est mère de quatre enfants – deux filles et deux garçons.

Tête-à-tête

Pourquoi vous ?

Mon père est diplômé de l'École polytechnique et de l'École nationale des ponts et chaussées. Quand j'étais petite, il m'appelait « la suffragette » pour mon goût de la rébellion féminine. Enfin, la révolution que j'ai menée, c'était de faire une hypokhâgne à Henri-IV plutôt que de suivre la voie scientifique!

IL N'ÉTAIT PAS QUESTION DE NE PAS ÊTRE EXCELLENTE.

Cela a toujours été vital, il fallait que je prouve au monde entier que j'étais la meilleure. Et à mon père, évidemment.

Quelle patronne êtes-vous ?

Je suis une femme de combats. Plus c'est compliqué, plus j'aime. J'ai adoré mes premières années au Budget. À l'époque, on nous surnommait « les moines-soldats », j'aimais ce côté *warrior*. Par ailleurs, je pense qu'un bon leader, c'est quelqu'un qui met les gens en situation d'agir. C'est important de donner l'espace et le temps de faire. C'est ce que j'ai essayé de reproduire en tant que patronne.

Parfois, agir peut incommoder ceux qui ne souhaitent pas que cela change. Au début, quand vous êtes jeune et que l'on vous demande de défoncer les murs, si vous clivez, ce n'est pas grave, parce que l'on vous demande de faire avancer les choses.

MAIS SI VOUS MONTEZ DANS LA HIÉRARCHIE, LES AUTRES COMMENCENT À SE MÉFIER DE VOUS.

Pourquoi si peu de femmes à votre place?

Je crois beaucoup à l'éducation. Je n'aurais pas fait partie des 10 % de femmes à l'ENA, à mon époque, si je n'avais pas eu l'éducation que j'ai eu la chance de recevoir.

Être une femme a toujours été un sujet. Il n'y avait jamais eu aucune fille au Budget. Nous étions quatre à candidater, trois mecs et moi. À un moment, le monsieur qui m'a fait passer l'entretien m'a glissé : « Vous savez, au Budget, on n'a pas le temps d'aller faire les courses. »

Dans la société dans laquelle nous vivons, le pouvoir appartient aux hommes. Fondamentalement, nous n'y arriverons pas sans eux. Et quand ils ne veulent pas, ils ne veulent pas. Pour l'un de mes derniers oraux à l'ENA, j'ai « bêtement » choisi un sujet consacré à la défense nationale, sujet éminemment masculin. L'oral a eu lieu devant trois militaires, qui m'ont tout simplement plantée. J'avais rédigé le rapport, je savais tout sur le sujet, mais les questions sont devenues de plus en plus techniques. J'ai rapidement compris qu'il était impossible d'y répondre. Comment connaître la taille des boulons sur un nouveau sous-marin nucléaire, par exemple? En fermant la porte derrière moi, je les ai entendus hurler de rire : « Elle a cru nous avoir celle-là, nous, les incorruptibles que nous sommes. » Ces paroles sont restées gravées. Il n'était tout simplement pas possible que j'empiète sur leur terrain et qu'en plus j'aie une opinion. Si vous êtes vécue comme une menace, il n'y a plus de débat.

Et puis quelle pression sur les mères! Mon expérience, c'est que ma maman était une maman à 100 % du temps. Du coup, c'est difficile pour moi d'avoir proposé un autre schéma à mes enfants.

Qu'est-ce que vous n'avez pas encore dit?

Un matin, on vous appelle, comme dans les films : « Françoise, ça ne va pas le faire. » Et c'est fini. Cela a été extrêmement violent. Cinq minutes top chrono, à l'américaine : j'ai 58 ans, et la peur de ne plus jamais retrouver un boulot au niveau. C'est dingue comme c'est dur de lâcher, surtout quand la personne qui reprend votre poste est un homme qui a quinze ans de moins que vous. Pendant quelques semaines, j'ai eu l'impression de n'être plus rien.

Pour la première fois de ma vie, je suis libre. Je vais prendre le temps de faire ce qui me plaît, exclusivement. Je réapprends à gérer le quotidien, cela fait des années que j'ai une armée de personnes pour s'occuper de mon agenda, mes déplacements, mes rendez-vous.

Ces trente dernières années, je n'ai pas pris conscience de la vie de dingue que j'ai menée, entre mes quatre enfants et le travail que j'occupais. Soudain, je me suis retournée et je me suis dit : « Attends, peut-être que tu peux vivre un peu différemment. »

Échappatoire

LA DANSE ! J'EN AI FAIT PENDANT DES ANNÉES. CLASSIQUE TOUT D'ABORD, PUIS CONTEMPORAINE. ENSUITE, JE ME SUIS MISE AU YOGA, QUEL BONHEUR ! JE SUIS ULTRA-PRATIQUANTE.

Mot

OUTSIDER. POUR RÉUSSIR, IL M'A FALLU EMPRUNTER UN CHEMIN PARALLÈLE. CELUI QUI EST PLUS RISQUÉ, AVEC LEQUEL PERSONNE NE VEUT SE FROTTER ET, POTENTIELLEMENT, SE PLANTER.

Passion

LES VOYAGES AVEC MON MARI, QUI EST UN GRAND AVENTURIER. JE L'AI RENCONTRÉ AU MILIEU DU SAHARA, EN ALGÉRIE, OÙ IL ÉTAIT GUIDE DE MONTAGNE POUR TERRES D'AVENTURE.

Véronique

Elle fut l'une de mes premières patronnes. 2014 : la crise se fait sentir chez les jeunes diplômés, les CDI sont rares. Après des mois de stages et de contrats précaires au sein de l'écosystème médiatique français, je me tourne vers le web. Un acteur semble tout particulièrement embaucher : Webedia, pépite digitale aux 31 millions de visiteurs uniques français par mois, qui vient de racheter AlloCiné. Deux années d'agence durant lesquelles j'apprends tout ce qu'il faut savoir sur le marketing digital. De Véronique, j'ai le souvenir d'une dirigeante proche de ses équipes, une figure humble souvent habillée de noir, les cheveux courts et la démarche efficace. Un soldat parmi les autres. Et pourtant, Véronique, c'est la présidente de Fimalac Développement, la femme qui fut aux commandes du mythique Women's Forum for the Economy and Society et la fondatrice de Terrafemina, un site féministe lancé dix ans avant #MeToo. Véronique, c'est une institution.

Morali

Comment est-elle devenue n° 1 ?

En étant dans une insatisfaction perpétuelle.

À 16 ans, Véronique perd sa maman. Un drame structurant, qui contraint son parcours. La patronne grandit sans modèle féminin et se construit dans ce qu'elle pense être le mieux pour elle-même. La patronne, qui ne garde jamais aucune photo ni ne conserve aucun enregistrement, se projette et se mue dans une insatisfaction chronique – elle a toujours envie de voir la suite.

Véronique se définit d'ailleurs dans une forme d'« insatisfaction-ambition » qui la pousse à toujours vouloir aller vers ce qu'il y a de plus recherché et de moins évident. L'indulgence envers soi lui est une notion étrangère.

J'élimine au fur et à mesure mon histoire et j'avance, quoi qu'il arrive. C'est très difficile d'être en harmonie lorsque, en permanence, le monde extérieur renvoie des épreuves, des questionnements et des obstacles. Dans le doute, j'ai été très exigeante avec moi-même.

MA LOGIQUE AU DÉPART FUT DE CHOISIR LE MOINS FACILE, LE PLUS ÉLITISTE ET LE MOINS FÉMININ QUI SOIT – À SAVOIR L'INSPECTION DES FINANCES, À LA SORTIE DE L'ENA.

C'était une forme d'aboutissement suprême, au moins pour cette première partie de parcours.

Tête-à-tête

Pourquoi vous ?

L'inassouvissement, qui doit être inscrit dans mon ADN. Quand j'ai décidé de quitter Bercy, en 1990, personne ne partait de l'Administration. Malgré de nombreuses propositions des autorités publiques, j'ai choisi la voie la plus disruptive qui soit, puisque j'ai rejoint Marc Ladreit de Lacharrière dans une affaire qu'il lançait.

À SES CÔTÉS, J'AI EU L'IMPRESSION DE BOIRE DU CHAMPAGNE PLUTÔT QUE DE L'EAU.

Chez Fimalac, j'ai réellement appris ce qu'était la finance. À l'Inspection, nous étions loin du compte lorsqu'il s'agissait de faire de l'ingénierie financière, d'extraire de la valeur ajoutée ou de fusionner des sociétés, et cela avec un outil visible. Ensemble, nous sommes partis à la conquête du monde! Notre réussite la plus éclatante pourrait être incarnée par Fitch – au départ, une toute petite agence de notation financière française, qui est devenue la troisième sur la scène internationale. J'ai adoré cette expérience, si diverse, riche et entrepreneuriale! En même temps, j'ai eu mes filles – essentiel pour moi! Je me suis séparée de leur père, et j'ai commencé

Parcours

Née le 12 septembre 1958 à Paris, Véronique grandit auprès d'un père issu d'une famille pied-noir et d'une mère d'origine russe et polonaise, qui décède lorsque la dirigeante a 16 ans.

Après des études à Sciences Po et ESCP Business School, la patronne sort diplômée de la promotion Diderot de l'ENA en 1986. Elle commence sa carrière à l'Inspection générale des finances, qu'elle quitte quatre ans plus tard pour rejoindre le fonds d'investissement Fimalac tout juste fondé, dont elle devient directrice générale et membre du conseil d'administration.

Elle cofonde quinze années après l'association Force Femmes avec Françoise Holder et Anne Méaux, qui soutient la réinsertion professionnelle des femmes de plus de 45 ans.

2007 : elle prend la présidence de Chanel durant quelques mois, puis fonde le site Terrafemina, plateforme dédiée à la carrière des femmes.

En 2011, elle prend la tête du Women's Forum for the Economy and Society durant quatre ans. Deux ans plus tard, la patronne devient présidente du directoire de Webedia – premier groupe de divertissement digital européen, qui, avec Jellyfish, génère plus de 650 millions de chiffre d'affaires et trois mille cinq cents collaborateurs dans une quinzaine de pays.

En dehors de ses activités professionnelles, Véronique est membre du conseil d'administration du groupe Lagardère et de la compagnie financière Edmond de Rothschild.

La dirigeante est en couple avec Marc Ladreit de Lacharrière, fondateur de Fimalac, et mère de deux filles, Emmanuelle et Éléonore.

à vivre avec Marc dix ans après avoir commencé à travailler avec lui.

Le choix, c'est le luxe. Il ne faut pas s'enfermer dans une fatalité construite par les décisions qui nous ont été imposées.

IL FAUT SE BATTRE POUR CHOISIR.

Quelle patronne êtes-vous ?

J'aime avoir une grande liberté d'action, je suppose que c'est mon côté entrepreneurial.

En 2007, Chanel m'a appelée pour devenir présidente du groupe. Difficile de refuser. Arrivée là-bas, je me suis rapidement rendu compte que j'avais, au fond, plus envie d'une aventure entrepreneuriale. Quelque chose a pivoté en moi. Quelque temps après, j'ai lancé Terrafemina, un site qui abordait l'actualité autrement pour les femmes. Tout est parti du Women's Forum for the Economy and Society, qui a été le point de départ de mon engagement sur la question féministe, puis la création de Force Femmes, une association qui agit pour l'insertion professionnelle des femmes de plus de 45 ans. J'en suis très fière.

En 2013, j'ai entendu parler de l'ouverture au capital de Webedia, qui, à l'époque, regroupait quelques sites internet leaders en France. Je suis allée voir Marc, qui ne connaissait rien au digital, mais qui est très éclectique, et je lui ai proposé que l'on étudie le dossier ensemble. On en est venus à racheter Webedia et à le fusionner avec Terrafemina. La rencontre avec Cédric Siré, le fondateur de Webedia, a été un sacré apprentissage générationnel, avec quelqu'un qui ne venait pas du tout du même monde.

QUAND ON A REPRIS L'ENTREPRISE, C'ÉTAIT 18 MILLIONS DE CHIFFRE D'AFFAIRES, AUJOURD'HUI ON EST UN GROUPE QUI FAIT 650 MILLIONS.

Le pouvoir, tel que je l'ai pratiqué et tel que je l'aime - parce qu'il faut quand même aimer cela pour faire ce genre de parcours -, est incarné par une capacité à transformer les gens et les choses de façon assumée, et je me reconnais assez dans cette définition-là.

Pourquoi si peu de femmes à votre place?

Cela résulte en partie de deux mille ans de patriarcat et du fait biologique que les femmes entre 25 et 45 ans ont, pour la plupart, envie de faire des bébés. Certes, c'est moins dur pour des femmes de se dire aujourd'hui : « Je me lance dans un parcours professionnel! », parce que la majorité des femmes bossent, veulent être autonomes et font des études.

ELLES NE FONT PAS ENCORE ASSEZ D'ÉTUDES SCIENTIFIQUES, NI DE DÉVELOPPEMENT TECH NI D'INGÉNIERIE.

Et malgré plusieurs efforts en ce sens, il y a une forme de peur ancrée. Au fond d'elles, les femmes ont un peu peur d'embrasser des carrières, elles ont envie de préserver du temps avec leurs enfants. En y réfléchissant, on a envie des deux!

Par ailleurs, le congé de paternité vient d'être allongé à trente-deux jours, on va voir si beaucoup d'hommes le prennent. On dit que, chez les jeunes générations, ils sont beaucoup plus à vouloir voir leurs enfants et ont envie davantage de s'impliquer dans leur éducation, l'avenir nous dira si cette tendance se confirme.

Qu'est-ce que vous n'avez pas encore dit?

Pour mes filles, je dois rester non pas exemplaire dans le sens d'être un exemple, mais dans le sens de rester dans le cours des choses et pour pouvoir les accompagner - parce que c'est beaucoup plus exigeant que j'aurais pu le penser quand elles étaient plus jeunes. Le fait d'être à la tête de Webedia, et dans une vie très active professionnellement, me permet d'avoir cette qualité de dialogue.

NOUS AVONS CRÉÉ UN *FAMILY OFFICE* AVEC LEQUEL NOUS INVESTISSONS ENSEMBLE DANS DES PROJETS À IMPACT.

C'est aussi un moyen pour moi d'enrichir notre lien, de les impliquer dans le monde de la tech et qu'elles se créent un réseau.

Rapport à la féminité

CHEZ MOI, ELLE EST SOBRE MAIS ASSUMÉE.

Rapport au bonheur

LA VÉRITÉ, C'EST QUE CE N'EST PAS MON POINT FORT. JE DOUTE BEAUCOUP, JE ME REMETS EN CAUSE. HEUREUSEMENT, MARC EST À L'INVERSE !

Devise

« TOUJOURS PLUS LOIN ! » J'AI LA LIBERTÉ CHEVILLÉE AU CORPS, QUI M'A EMPÊCHÉE D'EMPRUNTER LES CHEMINS QUI ÉTAIENT TOUT TRACÉS POUR MOI. JE NE ME SATISFAIS JAMAIS DE L'EXISTANT.

Élisabeth Moreno

La dirigeante d'origine cap-verdienne à la mèche signature, aînée d'une fratrie de six enfants, est avant tout une entrepreneure accomplie, à la tête d'une entreprise de BTP durant plus de sept ans, avant de rejoindre de grands groupes technologiques et de devenir tour à tour directrice des grands comptes EMEA de Dell, présidente-directrice générale de Lenovo France, puis présidente de la région Afrique de Hewlett-Packard. Un incroyable parcours de patronne qui a connu une pause pour s'engager en politique.

Comment est-elle devenue n° 1 ?
En développant un esprit critique.

Le rêve d'Élisabeth enfant, c'est de prendre soin de sa famille. Adolescente, la future patronne n'est pas ambitieuse, car son écosystème lui fait comprendre qu'il ne s'agit pas d'une option pour elle. À l'école, elle n'est ni brillante ni poussée, mais se situe plutôt dans le « noyau du milieu ». Sa mère l'élève pour être une bonne épouse et une bonne mère, une perspective mimétique qui se transmet de génération en génération. Une manière aussi de protéger sa fille, en la préparant à se situer « là où on [l'] attend. » À la fin du lycée, la jeune femme étudie la philosophie - une révélation. Les livres lui ouvrent des espaces auxquels elle n'a pas accès dans la vraie vie. La future dirigeante se met soudainement à avoir de l'ambition, et quand elle annonce vouloir devenir avocate, dans son entourage, c'est la stupéfaction.

> ” *Lorsque nous avons étudié l'allégorie de la caverne de Platon, j'ai découvert à l'aune d'un esprit critique combien je m'étais autocensurée, et combien le monde nous offrait des possibilités. Je suis rentrée à la maison et j'ai demandé à ma mère : « Pourquoi devons-nous croire en Dieu ? » Elle m'a répondu : « Parce que c'est comme cela. » C'était la première fois que je questionnais un sujet aussi fondamental, et que la réponse ne me satisfaisait pas. Ce fut le déclic.*

> ” *À partir de ce moment-là, je suis devenue curieuse. À partir de ce moment-là, je me suis donné le droit de cultiver ma curiosité. À partir de ce moment-là, j'ai décidé d'explorer le champ des possibles. Et je ne me suis plus jamais arrêtée.*

Parcours

Née le 20 septembre 1970 à Santiago, au Cap-Vert, Élisabeth est l'aînée d'une fratrie de cinq frères et sœurs. Les parents de la dirigeante sont illettrés. Son père travaille dans le bâtiment tandis que sa mère est femme de ménage. En 1977, la petite sœur d'Élisabeth est très gravement brûlée suite à un accident domestique.

> » *À l'âge de six ans, je vivais encore dans mon village paternel où il n'y avait pas d'électricité. Un matin, tandis que ma mère me laisse seule avec ma petite sœur l'espace de quelques instants, je l'entends pleurer. Je m'empare d'une petite lampe à pétrole – et alors que je me penche sur son berceau, celle-ci m'échappe… La culpabilité a été terrible pendant des années. Ce drame a changé la vie des miens et a construit ma personnalité. C'est la raison pour laquelle je me suis toujours sentie responsable de ma famille.*

À ce moment-là démarre un parcours du combattant pour soigner l'enfant au Cap-Vert, puis au Portugal, pour arriver en France. L'hospitalisation durera deux ans.

La dirigeante démarre sa carrière en cofondant une entreprise dans le secteur du BTP. En 1998, Élisabeth rejoint Orange en qualité de responsable des PME-PMI. Trois ans plus tard, elle devient directrice des grands comptes chez Dell, puis directrice commerciale de la région du sud de l'Europe.
En parallèle de sa carrière chez Dell, en 2005, Élisabeth reprend ses études pour obtenir un Executive MBA à ESSEC Business School et à l'université de Mannheim. Elle suit également une formation de juge consulaire à l'École nationale de la magistrature en 2012. La même année, le groupe Lenovo la recrute. Elle devient directrice commerciale EMEA trois ans après.

En janvier 2017, Élisabeth est promue présidente-directrice générale de Lenovo France. Deux ans plus tard, HP sollicite la dirigeante pour présider la région Afrique. Le 6 juillet 2020, Élisabeth est nommée ministre déléguée chargée de l'Égalité entre les femmes et les hommes, de la Diversité et de l'Égalité des chances. La patronne est mère de deux filles.

Pourquoi vous ?

Mon parcours m'a inculqué le courage très rapidement. Lorsque vous êtes confrontée à beaucoup d'adversités, vous apprenez à tomber et vous relever en permanence. Surtout, vous prenez plus de risques que les autres, car c'est une question de survie.

J'AI CRÉÉ UNE ENTREPRISE À 20 ANS, CAR JE NE TROUVAIS PAS LE POSTE DONT JE RÊVAIS.

J'avais fait de belles études, mais mon premier stage dans un grand cabinet d'avocat m'a fait redescendre sur terre. J'étais junior, femme et noire : tous les dossiers qui m'étaient confiés étaient globalement ceux dont personne ne voulait. Toni Morrison disait : « Si vous voulez lire un livre qui n'a pas été écrit, écrivez-le vous-même. » J'ai donc conçu mon propre premier poste!

Ce qui est génial lorsque vous lancez une entreprise sans rien, c'est que vous apprenez à tout faire. J'étais à la fois directrice marketing, directrice des ressources humaines et directrice commerciale, entre autres. Je ne pouvais pas mieux commencer ma vie professionnelle. C'était une petite entreprise, dans laquelle, plus que jamais, chaque collaborateur comptait. Si vous ne mesurez pas l'importance de chaque salarié, si vous ne parvenez pas à payer leurs salaires, cela a un impact direct sur leur vie, sur leurs capacités à régler leur loyer, leurs vacances, leur nourriture. Cela développe chez vous un sens des responsabilités important. Sans eux, votre boîte n'existe pas. Personne ne gagne seul! Cela a été un immense accélérateur.

Quand j'ai rejoint France Télécom sept ans après, cela a été un choc culturel. On ne parlait pas de client, mais d'abonné! Une école incroyable, à l'opposé de la PME que j'avais dirigée. J'y ai appris la politique des grands groupes, et j'ai eu la responsabilité de cent cinquante personnes. Surtout, j'ai découvert le monde des nouvelles technologies, l'invention du fax et du minitel, quelle merveille!

JE VOYAIS DANS LES NOUVELLES TECHNOLOGIES UNE POSSIBILITÉ D'ÉMANCIPATION ET DE RÉDUCTION DES INÉGALITÉS.

Quelle patronne êtes-vous ?

J'ai toujours voulu donner du sens à ce que je faisais, mais cela a pris une autre dimension quand je suis devenue numéro une. Honnêtement, j'ai mis longtemps à me projeter dans un tel poste. Je pensais que cela n'était pas fait pour moi. J'ai construit ma carrière poste par poste, en prenant des risques. Mon objectif initial était surtout d'améliorer les conditions de vie des miens.

Et puis, lorsque j'ai été nommée présidente-directrice générale de Lenovo France, j'ai reçu des courriers d'hommes et de femmes inconnus qui m'ont dit : « Merci, madame, de nous montrer que c'est possible. » J'ai pu observer le pouvoir de cette incarnation et de cette inspiration : cela a changé mon regard sur mon parcours qui, jusque-là, me semblait plutôt banal. Cela a donné un nouveau prisme à ma fonction, car je me devais d'honorer ma mission si je voulais donner l'exemple pour celles qui suivraient derrière.

Tandis que je dirigeais les grands comptes EMEA chez Lenovo, il y a eu un alignement des planètes sur une année - j'ai cumulé tous les succès possibles, en gagnant des appels d'offres majeurs. Le *cash-flow* entrant représentait des millions d'euros, et ce, sur plusieurs années. Tout se passait bien, jusqu'à ce que je perde un client, une perte due à un choix collectif. Un jour, je fais un point avec le « big boss » et la perte est mentionnée. Il me demande qui a pris la décision. Voyant que personne ne se porte volontaire, j'ai donc pris la responsabilité, et déclaré que je pensais que c'était la meilleure option.

ON M'A ALORS DIT : « ON NE VOUS PAIE PAS POUR PENSER. » POUR MOI, CETTE HUMILIATION ÉTAIT INSUPPORTABLE.

Le lendemain, j'ai pris la décision de démissionner. J'étais tellement en colère ! Il était impossible pour moi, qui m'étais battue pour gagner en légitimité et en responsabilités, d'être limitée à de la simple exécution. En face, ils ne souhaitaient pas mon départ. Et puis, ma fille m'a dit : « Maman, tu m'as toujours dit que dans une bataille, il ne fallait jamais fuir. » J'ai eu enfin le courage de formuler ce que je voulais, je les ai rappelés, et nous avons négocié, et j'ai été promue directrice exécutive.

Je suis devenue deux fois numéro une : d'abord de Lenovo France, puis de HP Afrique. Un continent, cela m'a paru de prime abord colossal ! 54 pays, 54 cultures, 54 manières de faire... c'était fascinant.

Pourquoi si peu de femmes à votre place ?

Les stéréotypes et les préjugés ont la dent dure. Pourtant, en France, les femmes sont souvent plus diplômées que les hommes. Et elles sont au moins aussi capables et compétentes.

J'AI ENTENDU PARFOIS QUE LES FEMMES N'ÉTAIENT PAS AMBITIEUSES : « AH BON ? »

Les femmes expriment différemment leurs ambitions. Certaines d'entre elles n'hésitent pas à reprendre leurs études ou se former pour progresser. D'ailleurs, j'ai fait un Executive MBA lorsque j'ai senti le plafond de verre pointer le bout de son nez. Il faut se former, être coachée, se faire accompagner. Les femmes comme les hommes, et tous les leaders de manière générale, ne réussissent pas sans mentors et sans conseil pour atteindre leur objectif. Il ne faut pas hésiter à solliciter des personnes plus expérimentées : personne n'y arrive seul.

Le pouvoir est conçu par les hommes, pour les hommes. Par conséquent, cela demande souvent des sacrifices pour les femmes. J'ai entendu tellement de fois : « Vous savez, je ne veux pas sacrifier ma vie de femme pour ma carrière. » Et de l'autre côté, certains hommes dire : « Oh là là, vous nous fatiguez avec vos questions de parité – il n'y a plus de sujet! »

IL Y A ENCORE BEAUCOUP DE FREINS SOCIÉTAUX ET NOTRE PROPRE AUTOCENSURE, SOUVENT LIÉE À NOTRE ÉDUCATION, NOTRE ENVIRONNEMENT ET CE QUE L'ON VOIT AUTOUR DE NOUS.

C'est justement pour cela que les femmes doivent accéder à la première marche. Comment changer les règles et traiter les angles morts autrement? On sait qu'il doit y avoir au moins 30 % de femmes dans un environnement pour commencer à observer un changement. Pour pouvoir jouer au foot, il faut être sur le terrain.

Qu'est-ce que vous n'avez pas encore dit?

Comme Gisèle Halimi, je suis convaincue que l'indépendance économique est la clé de l'affranchissement au féminin. Je pense particulièrement à ces pays en voie de développement où la situation des femmes et des filles est parfois encore si difficile, notamment dans les domaines de l'éducation et de la santé. Je suis convaincue que l'une des clés sous-estimées du développement de l'Afrique réside dans l'émancipation de la jeunesse et des femmes. Les destins des continents européens et africains sont intimement liés, les enjeux sont nombreux et c'est en investissant sur le capital humain que nous y apporterons des réponses.

Plat préféré

LE BOEUF BOURGUIGNON ET LE CACHUPA, UN PLAT TRADITIONNEL CAP-VERDIEN. JE CUISINE D'AILLEURS TRÈS BIEN, JE TIENS CELA DE MA PREMIÈRE PARTIE DE VIE OÙ JE PENSAIS DEVENIR FEMME AU FOYER !

Role model

EN GRANDISSANT, IL Y EN AVAIT PEU. ALORS J'AI REGARDÉ AU-DELÀ DES FRONTIÈRES HEXAGONALES : MAYA ANGELOU, FATOU DIOME, OU TONI MORRISON. ET PUIS J'AI DÉCOUVERT SIMONE VEIL, ET JE SUIS TOMBÉE AMOUREUSE.

Livres

LES CERFS-VOLANTS DE KABOUL, DE KHALED HOSSEINI. *L'ÉTRANGER*, D'ALBERT CAMUS, ET *LES MISÉRABLES*, DE VICTOR HUGO - TELLEMENT LUS QUE LES PAGES TOMBAIENT TOUTES SEULES.

Virginie Morgon

Private equity : deux mots énigmatiques dans l'inconscient collectif, synonymes d'une activité financière encore méconnue et lucrative, dirigée en vaste majorité par un public masculin. Et pourtant, à la tête d'une des plus grandes institutions françaises du secteur, il y a bel et bien une femme : Virginie Morgon. Après dix ans au sein de la banque d'affaires Lazard à New York, à Londres et à Paris, Virginie devient la plus jeune associée de l'organisation. Sept ans plus tard, elle rejoint les équipes de Patrick Sayer, avant de lui succéder le 19 mars 2018 à la présidence du directoire d'Eurazeo, l'un des précurseurs en France de l'investissement dans les sociétés non cotées, avec 33 milliards d'actifs sous gestion et un portefeuille de cinq cents entreprises, dont les pépites de la French Tech. Derrière la sonnette de cet immeuble haussmannien à quelques mètres des grilles du parc Monceau, un décor hyper-moderne et feutré aux salles d'attente individuelles. Virginie arrive, blonde, la voix rauque et l'allure légèrement rock and roll – le tutoiement est immédiat.

Comment est-elle devenue n° 1 ?

En résistant.

Un pied devant l'autre. La patronne est, de loin, la plus jeune recrue du bureau parisien de Lazard lorsqu'elle y débarque après quelques années passées de l'autre côté de l'Atlantique et de la Manche. La compétition est féroce, les places se font rares. Mais Virginie possède une formidable capacité de travail depuis toute petite. Ses enfants disent d'elle qu'elle ne s'arrête jamais. Au-delà du professionnel, Virginie range, Virginie classe, Virginie organise.

> *La résistance dans ces métiers fait indéniablement partie du succès. J'en ai bavé, on m'a mise à l'épreuve et on a testé ma capacité de résistance. On te donne tout ce que personne ne veut faire, comme des traductions de rapports annuels en anglais… C'est un métier difficile humainement. Il faut être solide, intègre, ne rien lâcher. J'ai vu des gens se laisser maltraiter, perdre le respect pour eux-mêmes. Chez moi, ce n'est pas négociable.*

Virginie dort peu. Quatre ou cinq heures par nuit, tout au plus. Mais outre la force physique, c'est principalement une question de mental. Lorsque l'on travaille dix-huit heures par jour, week-end compris, et que l'on est rappelée systématiquement, jamais au bon moment, il vaut mieux être armée. Car quand on est dans le conseil, on est au service de ses clients. Et quand le client appelle, le refus n'est pas une option.

CETTE CAPACITÉ DE TRAVAIL COMBINÉE AVEC UNE AISANCE RELATIONNELLE, VOILÀ PEUT-ÊTRE LA COMBINAISON GAGNANTE QUI A MENÉ LA DIRIGEANTE À LA PREMIÈRE PLACE.

Tête-à-tête

Pourquoi vous ?

J'étais très académique, j'ai sauté une classe, je suis entrée au lycée du Parc en seconde. Mais je suis sortie des sentiers battus, je n'ai pas fait le tracé HEC-ENA qui m'était destiné.

CERTES, J'AI FAIT SCIENCES PO, QUE J'AI EU DE JUSTESSE, MAIS JE SUIS PARTIE À L'ÉTRANGER DÈS MES 21 ANS.

Parcours

Virginie grandit dans le très chic VIe arrondissement de Lyon. La patronne est la petite dernière d'une fratrie de quatre, dont trois frères. Une enfance avec un joli équilibre entre une grande protection – elle était la « darling » de son père – et un côté effronté, un peu bagarreur.

En 1990, Virginie sort diplômée de Sciences Po et en 1991 d'un master d'économie et de management à la Bocconi à Milan.

> ❞ *J'ai présenté le concours avec l'une de mes amies de Sciences Po, Stéphanie, nous avions à peine 19 ans, c'était un putsch total. Honnêtement, je n'ai rien appris en cours, mais le réseau était dingue. Nous étions 28 et il y avait 22 nationalités, c'était génial. Même si Milan, c'est Lyon en pire, avec beaucoup d'entre-soi. Je ramais, car je n'avais pas de revenus – d'ailleurs, c'est mon meilleur ami Pierre qui a financé mon master.*

Après une première expérience en finance chez Citigroup, elle effectue son stage de fin d'études au sein de Lazard New York.

> ❞ *Un hasard total – mon père m'a dégotté le stage par l'intermédiaire d'une connaissance. En réalité, c'était la chance de ma vie.*

Elle poursuit sa carrière en qualité d'analyste en conseil stratégique à Londres et arrive à Paris, où elle gère des grands comptes tels que Renault, Danone ou encore Air Liquide. En 2008, elle rejoint le directoire d'Eurazeo. Quatre ans plus tard, elle est nommée Chief Investment Officer et devient numéro deux de l'organisation l'année suivante. Dix ans après avoir intégré l'équipe, elle prend la présidence du directoire et amorce un tournant d'investissement durable avec la devise « *Power Better Growth* ».

Virginie est également administratrice du groupe L'Oréal, et elle a aussi siégé aux conseils d'administration de Vivendi et de Moncler. Elle est membre fondatrice du *Women's Forum for the Economy and Society* et co-chair du comité de soutien de Human Rights Watch à Paris.

La dirigeante a quatre enfants : Margot, Arsène, Jean et Alice.

Jusque-là, j'oscillais plutôt entre l'appartement familial et la maison de campagne, sans grande ouverture vers l'extérieur, dans un milieu sain et travailleur, somme toute assez classique.

Mon compagnon de l'époque avait lancé une association géniale qui s'appelait « Le Tour du monde des jeunes entrepreneurs », nous étions quelques jeunes qui partaient représenter des entreprises françaises à l'international pour des postes d'expansion économique. J'ai renouvelé l'expérience trois étés de suite. New York, Los Angeles, Séoul, Hong Kong, Singapour... cela a totalement changé ma trajectoire, j'ai attrapé le virus de l'international et je ne m'en suis jamais remise.

Quelle patronne êtes-vous ?

Je suis une marathonienne plutôt qu'une sprinteuse. Chez Lazard, j'accompagnais mes clients sur des années de transformation, de décisions stratégiques, de croissance externe. C'est un métier de partenaire, de coach, qui prend la forme d'une opération financière à un moment donné. À titre d'exemple, j'ai travaillé avec Danone pendant plus de quinze ans, d'abord aux côtés d'Antoine Riboud, puis de son fils Franck, puis d'Emmanuel Faber. La construction plutôt que les coups, c'est ce que je préfère. Et se réinventer à chaque entreprise, car chaque opération est unique, c'est de la haute couture.

Lorsque Patrick Sayer, à l'époque président du directoire d'Eurazeo, qui était également un ami, m'a demandé si je voulais changer de métier, j'ai dit non. Puis nous avons déjeuné ensemble et, deux heures et demie plus tard, j'ai appelé mon mari en lui disant que j'allais accepter. Cela paraissait soudain, mais finalement c'était en gestation depuis un petit bout de temps.

NOUS PRIVILÉGIONS DE PLUS EN PLUS LES SOCIÉTÉS DE PETITE ET MOYENNE TAILLES POUR POUVOIR AVOIR DE L'IMPACT : SOCIÉTAL, ENVIRONNEMENTAL, SOCIAL.

C'est la direction que je souhaite prendre.

Pourquoi si peu de femmes à votre place?

Il y a eu une vision de parité chez Lazard Paris portée par un grand monsieur, Bruno Roger. Il avait la conviction qu'une féminisation des équipes générerait plus de performances. Finalement, nous étions assez nombreuses, bien en dessous de 25 % des effectifs, mais largement au-dessus de ce que j'ai pu voir à Londres ou à New York. Et surtout, il y avait quelques femmes associées plus âgées. La voie était libre.

Le Women's Forum... cela fait vingt ans que je suis engagée sur la question. Au début, mon environnement ne me faisait pas comprendre qu'il y avait un problème : ma mère travaillait autant que mon père, j'ai fait les mêmes études que les garçons, j'étais associée chez Lazard aux côtés des hommes. Je me suis intéressée petit à petit au sujet, au début de la trentaine quand, pour la première fois, j'ai évolué dans un cercle féminin. Auparavant, j'étais entourée de garçons. D'un coup, j'ai pu me montrer plus vulnérable, parler de tout, c'était très appréciable! Et en même temps, un réseau incroyable. Toutes ces femmes ont énormément fait, elles sont devenues à leur tour patronnes. J'ai notamment soutenu l'initiative des Rising Talents du Women's Forum. Chaque année, nous sélectionnions une vingtaine de femmes extraordinaires, toutes compétences confondues. À titre d'exemple, parmi les lauréates, une certaine Christel Heydemann, qui succède à Stéphane Richard à la tête d'Orange. Je me dis que nous avions du flair! Cette sororité, c'est comme des appuis lorsque l'on monte une paroi – il en faut pour avancer.

Au-delà de cette cooptation, ma vision du féminisme est très cartésienne, je déteste le café du commerce. Je collecte de la data, je la compile, je l'analyse. L'important, c'est le progrès et la mesure du progrès. Il faut arrêter d'en parler, et commencer à regarder les chiffres. C'est un combat inclusif au quotidien, car les biais sont omniprésents.

Qu'est-ce que vous n'avez pas encore dit?

L'argent n'a jamais été un moteur.

Je n'avais aucune idée des rémunérations avant d'être embauchée chez Lazard. Lorsque j'ai reçu mon premier bulletin de salaire, en étant stagiaire, j'ai appelé mon père et je lui ai dit : « Je crois que je gagne plus que toi. »

C'était impensable. Je me suis dit qu'il devait y avoir un problème. Et pourtant, l'argent reflète un équilibre de marché, pas toujours rationnel ou explicable. Je pense qu'il doit récompenser une valeur créée, une contribution, sinon cela n'a pas de sens.

Objet fétiche

UNE PELUCHE ENTRE LA GIRAFE ET LA VACHE QUI S'APPELLE « GIRACHE » ET QUE NOUS EMPORTONS PARTOUT EN VOYAGE AVEC NOUS, UNE *PRIVATE JOKE* AVEC MON MARI.

Échec

J'AURAIS VOULU AVOIR UN CINQUIÈME ENFANT. JE SUIS TRÈS FAMILLE, JE PARTAGE D'AILLEURS UN TATOUAGE AVEC MA FILLE AÎNÉE, MARGOT. JE SUIS SÛRE QUE LA PETITE DERNIÈRE SUIVRA.

Échappatoire

LES COPINES ! NOS WEEK-ENDS, NOS SÉANCES DE YOGA, NOS SOIRÉES AU MOJITO.

Stéphane

Journée caniculaire en ce mois de mai parisien, je me dirige vers mon dernier entretien. Inscrites sur l'immense bâtiment de verre qui longe les quais de Seine, trois petites lettres synonymes de rêve pour des millions de Français : FDJ. Je pars à la rencontre de celle qui dirige le quatrième groupe mondial des jeux de hasard depuis 2014 ; ne l'appelez pas « Stéphanie », mais bien « Stéphane ». En quelques années, la patronne au parcours gagnant Sciences Po-ENA-Bercy a su transformer cette institution qui suscite tous les fantasmes et qui fut, à l'origine, une loterie solidaire pour les « gueules cassées ». Cette spécialiste des privatisations – Air France, Thomson et France Télécom, entre autres – a su accompagner l'organisation vers son introduction en Bourse, le 21 novembre 2019. L'entreprise a engrangé plus de 19 milliards d'euros de mises l'année dernière et je me demande si c'est bel et bien mon jour de chance.

Pallez

Comment est-elle devenue n° 1 ?

En étant animée par le sens de l'intérêt général.

Provincial d'origine modeste, le père de Stéphane, fils d'un professeur de mathématiques, est très doué à l'école. Il finit par intégrer l'ENA – dans l'une des premières promotions – et par monter à la capitale après avoir quitté sa Lorraine natale. Lorsque la future patronne entre en sixième, il est nommé directeur général de l'Assistance publique-Hôpitaux de Paris, un bouleversement pour toute la famille.

» J'ai grandi avec une grande figure de l'Administration, et cela m'a clairement inspirée. Le bureau de mon père était au-dessus de notre

appartement, nous étions tous connectés à sa vie professionnelle. C'était un modèle d'exigence, de travail, d'incarnation et du sens de l'intérêt général du service public.

LA MÈRE DE LA DIRIGEANTE NE TRAVAILLE PAS, MAIS EST FORTEMENT IMPLIQUÉE DANS DES PROJETS LIÉS AUX ACTIVITÉS PATERNELLES.

Elle participe notamment à l'amélioration nécessaire des conditions de vie des patients à l'hôpital - le linge, la nourriture, l'art -, ce qui fait toute la différence au quotidien. Elle transforme les conditions d'accueil des malades à l'hôpital.

Tête-à-tête

Pourquoi vous ?

Je suis un produit de la méritocratie française, basée sur le travail.

À l'ENA, je suis rentrée (en 1981) avec une promotion de gauche et féministe, baptisée « Louise Michel ». Entre nous, on s'appelait « les Louise » et « les Michel »! J'ai choisi de rejoindre la direction du Trésor, car c'est un endroit où l'on a une vraie capacité d'action sur l'économie, un véritable impact.

J'ai une énergie tournée vers l'action et le résultat. J'aime constater l'effet concret de ce que j'ai fait. J'ai, par exemple, énormément apprécié mes postes liés aux problématiques de développement international. Lorsque j'étais la représentante de la France au conseil d'administration de la Banque mondiale et que l'Afrique était au cœur de nos préoccupations, je me suis sentie particulièrement utile. Je me suis nourrie de ces échanges et de ces cultures différentes de la mienne, de ces négociations dans tous les formats possibles. Trouver un terrain d'entente au-delà des différences, c'est passionnant.

Parcours

Née le 23 août 1959 à Paris, Stéphane a grandi dans la capitale. Elle est numéro trois d'une fratrie de six. Son père fut inspecteur général des finances, mais a également dirigé le Crédit commercial, l'AP-HP ainsi que la Ligue nationale contre le cancer.

La patronne est diplômée de Sciences Po en 1980, puis de l'ENA en 1984.

Elle démarre sa carrière à la direction générale du Trésor la même année. Quatre années plus tard, elle représente la France en qualité d'administratrice suppléante à la Banque mondiale à Washington, puis, deux ans après, devient conseillère technique au cabinet du ministre de l'Économie et des Finances. De 1993 à 2000, la dirigeante est nommée successivement cheffe de bureau des banques, sous-directrice des assurances et enfin sous-directrice chargée des participations de l'État, poste dans lequel elle gère plusieurs privatisations majeures. En 2000, la patronne devient cheffe du service des affaires européennes et internationales.

2004 : Stéphane quitte Bercy pour rejoindre France Télécom en tant que directrice financière déléguée au moment de sa privatisation. Sept ans plus tard, proposée par Christine Lagarde, elle est nommée présidente-directrice générale de la Caisse centrale de réassurance.

En novembre 2014, la dirigeante devient présidente-directrice générale de La Française des jeux. Son arrivée est synonyme de numérisation de l'entreprise et de développement de nouvelles activités, notamment les paris sportifs.

En dehors de ses activités professionnelles chez FDJ, Stéphane siège aux conseils d'administration de CNP Assurances, ainsi qu'au conseil de surveillance d'Eurazeo. Elle est aussi présidente du conseil d'administration du Conservatoire national supérieur de musique et de danse de Paris.

Stéphane est mère d'un garçon et d'une fille.

Je pense que mon profil a séduit professionnellement, car je connais l'État et ses rouages, mais aussi le management d'une entreprise. Quand Christine Lagarde m'a proposé la tête de la Caisse centrale de réassurance, j'avais passé vingt ans à Bercy, où je m'étais notamment occupée d'assurances, et sept ans chez Orange. Cette vision et cette expérience mixte public-privé font également totalement sens à La Française des jeux, en plus de mon expertise des privatisations. Je sais marier ces deux univers et les rendre compatibles.

Quelle patronne êtes-vous ?

Ma motivation première, c'est d'avoir un impact positif sur la société. Ma méthode, c'est le collectif.

L'intérêt général est inscrit dans mon ADN. Au vu de l'écosystème professionnel dans lequel j'ai évolué en côtoyant mon père, j'avais pour vocation de servir la collectivité. J'ai d'ailleurs longtemps hésité entre médecine et l'ENA, car les deux servent une mission d'intérêt général.

J'aime ainsi participer à des aventures professionnelles, que ce soit du côté de l'État ou de l'entreprise, qui ont un vrai impact sur la société, au-delà des parties prenantes. Aujourd'hui, la FDJ ne déroge pas à sa mission d'origine : financer des causes d'intérêt général. Certes, c'est une entreprise qui fait rêver les gens, mais l'origine et le modèle économique sont ceux de la redistribution : tous les ans, nous versons plus de 3,5 milliards d'euros à l'État.

Ce qui me tient aussi à cœur, c'est l'égalité des chances. Tout le monde doit avoir sa chance. Quand les gens n'y croient plus, la société est abîmée. Je ne peux croire que l'ascenseur social soit cassé, car je suis une optimiste de l'action et je pense que la France est un pays très attentif à ce sujet, même si notre système doit être certainement rénové.

C'EST FONDAMENTAL DE POUVOIR PENSER QUE TOUT EST POSSIBLE.

Pourquoi si peu de femmes à votre place?

Je pense avoir bénéficié d'une certaine forme d'inconscience des risques liés au fait d'être une femme au début de ma carrière. Comme l'on dit : « Ils ne savaient que c'était impossible, alors ils l'ont fait. » Cela est bien sûr lié à mon éducation paritaire. Je voulais juste travailler et être la meilleure.

JE PENSE QUE LES FEMMES SONT RATTRAPÉES PAR LA PATROUILLE PLUS TARD, GÉNÉRALEMENT AU MOMENT DES ENFANTS.

La maternité est un moment typique de vulnérabilité pour la carrière des femmes. Lorsque j'étais enceinte de mon premier enfant, j'ai candidaté à un poste, sans me poser de questions. On m'a laissé entendre que cela n'était pas possible à cause de ma grossesse – cela blesse, mais j'ai eu au moins le luxe d'avoir la discussion! Pour moi, c'était inimaginable. J'ai insisté, et j'ai été nommée à ce poste.

Il y a beaucoup de non-dits. Les gens s'imaginent « elle ne peut pas le faire ». En plus, certaines femmes le pensent aussi – nous sommes toujours très (trop) critiques envers nous-mêmes. Il faut parfois avoir quelqu'un qui remette les pendules à l'heure et qui vous dit : « Tu as toutes les caractéristiques pour, vas-y! » C'est une chance d'avoir ces alliés, hommes ou femmes.

Qu'est-ce que vous n'avez pas encore dit?

Je n'ai jamais eu le sentiment qu'être une fille ou un garçon faisait une différence dans mes projets professionnels. C'est une force fondamentale léguée par mes parents. La question du genre ne se posait pas.

D'ailleurs, ma grand-mère du côté maternel, qui était institutrice, nous a toujours dit à nous, ses petites filles, l'importance d'être indépendantes et d'avoir un métier.

Mon prénom épicène, que j'adore, est un vecteur d'anecdotes croustillantes sur le genre. Je déteste que l'on me rebaptise « Stéphanie », et cela arrive tout le temps, car les gens pensent qu'il s'agit d'une erreur. J'ai longtemps eu un numéro de sécurité sociale commençant par le chiffre un, jusqu'au jour où, enceinte, je me suis dit qu'il fallait tout de même rectifier le tir, sinon il y aurait un bug dans le système bureaucratique le jour de mon accouchement! Finalement, cela m'a aidée de deux manières : je repère immédiatement les personnes qui font semblant de me connaître - et m'appellent « monsieur » -, un tri naturel s'opère et, surtout, cela m'a peut-être évité des biais cognitifs dans mon environnement. En tout cas, l'on se souvient de moi.

Je remercie mes parents, car, finalement, ce prénom m'a donné au départ une forme de neutralité, synonyme de liberté.

Rapport à l'image

LA FDJ M'A EXPOSÉE MÉDIATIQUEMENT, D'UN COUP. C'EST UN CHALLENGE : CE N'EST PAS MON CARACTÈRE, JE N'Y ÉTAIS PAS PRÉPARÉE, MAIS J'AI APPRIS SUR LE TAS.

Livre

FANTÔMETTE! ENFANT, JE LISAIS BEAUCOUP DE ROMANS DE CAPE ET D'ÉPÉE - J'ADORAIS LES ROMANS AVEC DES HÉROÏNES DÉGUISÉES EN GARÇON. UN MIROIR DE MON PRÉNOM ?

Passion

LA CHINE - J'AI COMMENCÉ À M'Y INTÉRESSER PENDANT LE SECONDAIRE, OÙ J'AI APPRIS LA LANGUE. CELA FAIT MAINTENANT TRENTE ANS QUE JE LIS DES ROMANS CHINOIS !

Caroline Parot

Elle fait partie des dix-huit femmes qui ont eu accès à la première marche d'un groupe coté à la Bourse de Paris. Dix-huit sur cent vingt. Un matin de novembre 2016, Caroline a pris les rênes d'Europcar, acteur majeur du secteur de la mobilité fondé en 1949. Comme souvent, la dirigeante avait au préalable gravi les échelons en étant proche du cash-flow, l'antichambre du pouvoir. Dix ans de conseil chez Andersen suivis de postes de direction financière dans différentes entreprises. Plus récemment, ce fut un capitaine de navire qui a dû faire face aux remous de la pandémie, dans un secteur du transport et de la mobilité en pleine transformation. Rencontre au siège de l'organisation, situé dans le XVIIe arrondissement à Paris : un « flex office » dans lequel personne n'a de bureau attitré… y compris le CEO.

Comment est-elle devenue n° 1 ?
En ayant la main sur la caisse.

En 2005, Caroline devient directrice financière de la branche des licences partenaires du groupe Technicolor. C'est le cash-flow du groupe. Un poste ultra-stratégique et une chance inouïe pour la future patronne qui, d'un coup, se retrouve du côté décisionnaire.

> *Pour moi, le financier possède une vision à 360 degrés de l'entreprise, et c'est bien le seul! Tandis que ses collègues sont coincés dans des verticaux, de son côté, il observe tout.*

Très rapidement, Caroline devient directrice financière adjointe de l'organisation. Alors que la crise de 2008 frappe l'entreprise de plein fouet, la dirigeante mesure l'ampleur du plan de sauvegarde à venir.

> *À ce moment, le management humain devient vital : si vos équipes ne pensent pas que cela va bien se passer, qu'elles ne sont pas embarquées dans l'optique que l'on va y arriver, c'est impossible. On n'apprend pas cela dans les livres, ni à l'école ni en formation. Je connais bien les marchés financiers, je connais bien tout ce que l'on doit faire pour les actionnaires, mais je n'oublie pas qu'une société est un corps constitué bien au-delà d'une mécanique de chiffres.*

Parcours

Née le 27 janvier 1972 à Aix-en-Provence, Caroline est titulaire d'un master en finance de l'École supérieure de commerce de Paris et d'un DEA d'économie mathématique de l'université Paris I Panthéon-Sorbonne.

Elle démarre sa carrière en audit au sein du cabinet Arthur Andersen, dans lequel elle passera ses dix premières années professionnelles.

En 2005, la patronne devient directrice financière adjointe de la division brevets de Technicolor. Quatre ans plus tard, elle reprend la direction financière du groupe. En 2011, elle intègre Europcar au poste de CFO de l'entreprise.. Elle prépare notamment l'introduction en Bourse de l'organisation, qui a lieu en juin 2015. Elle devient présidente du directoire un an et demi plus tard. Caroline prend alors en main la transformation de la société : numérisation, internationalisation, diversification des offres et des services (autopartage, formules d'abonnement...).

Frappé de plein fouet par la crise du Covid-19, le groupe résiste et Caroline mène alors une profonde restructuration financière, tout en préparant la société pour l'après-Covid, en l'adaptant aux nouveaux besoins des clients et lui faisant retrouver le chemin de la rentabilité dès début 2022.

Devenu fournisseur global de services de mobilité, Europcar a depuis été racheté par le groupe Volkswagen. Le mandat de Caroline s'achève sur le succès de cette OPA : le 16 juin 2022, elle annonçait quitter le groupe pour poursuivre d'autres intérêts professionnels.

Caroline est également membre du conseil d'administration du réseau Les Entreprises pour la Cité, de Worldline et de Bpifrance Investissement.

En dehors de ses activités professionnelles, Caroline est mère de trois garçons.

Pourquoi vous ?

Parce que j'ai fait un refus d'obstacle.

Je viens d'une famille qui évolue dans l'univers médical : mes parents sont pharmaciens, nous comptons des dentistes, des infirmiers… et ma sœur cadette est ainsi devenue opticienne. J'étais destinée à cela, c'était comme cela, c'était prévu.

J'ai beaucoup aimé l'école, apprendre ce que l'on considère comme utile. J'ai aimé explorer un esprit critique, une ouverture d'esprit à une époque où il n'y avait que trois ou quatre chaînes de télévision et où l'on ne pouvait pas s'informer sur internet.

IL SE TROUVE QUE J'ÉTAIS FASCINÉE PAR L'ÉCONOMIE. JE VOULAIS ÊTRE PROFESSEURE À L'UNIVERSITÉ.

Mais, avant de partir en thèse, je me suis dit qu'il fallait que j'applique l'adage que je répétais à longueur de journée : « Vous ne pouvez pas commenter sans savoir de quoi vous parlez. » Je suis donc partie en entreprise, et je n'en suis jamais ressortie.

Lorsque je suis entrée chez Andersen, c'était assez magique : si vous aviez été sélectionnée, on considérait que vous aviez du potentiel. Quand la nouvelle promo est arrivée, on nous a dit : « Vous êtes quatre-vingts. Statistiquement, l'un d'entre vous, dans dix ans, sera à ma place en tant qu'associé de ce cabinet. La seule chose qui nous différencie, c'est notre âge! » D'un coup, je me suis projetée.

Et puis je suis sortie de mon monde ultra-privilégié. On vous envoie dans des services faire de la comptabilité, apprendre le b.a.-ba, dans des endroits que vous n'avez jamais vus et où vous rencontrez des gens que vous n'avez jamais côtoyés. J'ai été fascinée par ce que je voyais, par ce que je touchais du doigt, toutes ces multicomposantes. Tandis que, dans un cabinet de conseil, vous êtes tous pareils, vous venez d'un même milieu ou des mêmes écoles qui vous ont reformatés, là, vous retrouvez ce qu'est une entreprise en vertical, avec une vision stratégique d'un entrepreneur ou d'un patron, avec toutes les parties d'un corps social où il n'y en a pas une qui est moins utile qu'une autre. Cela remet les idées en place!

Après être passée du côté stratégique financier chez Andersen et avoir appris la gestion humaine chez Technicolor, je suis entrée à la direction financière d'Europcar. Tout le monde m'a dit : « Que vas-tu faire chez les garagistes? » Ma première mission a été de restructurer la dette, tandis que le dirigeant qui m'a recrutée était parti. Cela a été extrêmement difficile, d'autant plus que je voyais bien les potentialités d'un marché de la mobilité si l'on prenait réellement le virage. Comme l'a dit Einstein : « L'insanité consiste à faire tout le temps la même chose et espérer un résultat différent! » Je voulais réellement avoir un impact.

J'AI DÉCIDÉ DE RESTER, À CONDITION DE REDÉFINIR AVEC LA GOUVERNANCE UNE NOUVELLE PERSPECTIVE POUR LE GROUPE.

La raison pour laquelle je suis devenue numéro une est certainement ma double capacité à embarquer collectivement une équipe pour la faire avancer vers un chemin précis tout en gérant un sujet de transformation de P&L. Je cochais les deux cases.

Quelle patronne êtes-vous ?

J'ai besoin d'avoir un impact, un impact positif sur les gens autour de moi. Qu'est-ce que je peux changer, qu'est-ce que je peux corriger, qu'est-ce que je peux améliorer?

Ce qui me bouleverse, c'est la répartition des richesses. Sans avoir une vision utopiste, ou communiste mal placée, je considère que la création de richesses doit être répartie à hauteur de l'effort. Il faut que tous les employés qui participent à un projet aient leur part de rémunération qui soit en adéquation, et non pas qu'il y ait un mouvement qui parte d'un côté tandis que, de l'autre, on détruit de la valeur humaine. Je pense que cela remettrait du sens dans l'entreprise.

À l'intérieur d'une organisation, les gens ne sont pas des pions, mais participent collectivement à un projet commun.

APRÈS, JE SUIS UNE PATRONNE ÉNERGIQUE ET VOLONTARISTE. ET JE PENSE QUE CELA PEUT ÊTRE PRIS, DE TEMPS EN TEMPS, POUR DE L'AUTORITARISME.

La limite peut être difficile à établir. Mais je suis aussi très bienveillante, ça contrebalance ce style volontariste de faire avancer les choses très rapidement. J'ai à cœur d'écouter mes collaborateurs, même s'il ne faut pas confondre l'écoute avec un manque d'avis. À la fin, c'est moi qui décide.

Enfin, je crois beaucoup en l'exemplarité. C'est pour moi la seule manière de fonctionner, il faut faire ce que l'on dit et dire ce que l'on fait!

Pourquoi si peu de femmes à votre place?

Chez Andersen, le genre n'était pas un sujet, on recrutait à la fois des hommes et des femmes. Vous aviez tel salaire en fonction de vos écoles et non en fonction de si vous étiez un homme ou une femme. Lorsque j'ai eu mes trois enfants, je suis partie quatre mois à chaque fois, et puis c'est tout. J'ai considéré à l'époque que celles qui ne revenaient pas avaient fait un choix.

J'ai commencé à me poser plus de questions lorsque je suis devenue directrice financière dans un groupe très masculin, Technicolor. Là-bas, j'ai été très impressionnée par Béatrix de Russé, l'une des rares femmes au Comex, qui a dû se battre et tracer la voie pour les suivantes. Une femme extraordinaire.

LA VÉRITÉ, C'EST QUE LES FEMMES NE PENSENT PAS À SAUTER SUR LES POSTES DE POUVOIR EN DISANT « JE LE VEUX ! ».

Maintenant que l'on devient plus nombreuses, vivement que le sujet devienne banal.

Eh oui, l'injonction familiale entre dans l'équation et fait qu'il y a moins de candidates, tout comme il y a moins de filles dans les écoles d'ingénieur. Il faut les prendre au démarrage. Il faut que vienne le jour où vous aurez autant de femmes que d'hommes dans les listes de *succession planning* ! Mais, aujourd'hui, si je veux mettre autant de femmes que d'hommes dans ces plannings, je ne les ai hélas pas. Elles ne sont pas encore là !

Qu'est-ce que vous n'avez pas encore dit ?

Je suis très parisienne – avec une enfance dans le Ve arrondissement de Paris, en face des arènes de Lutèce. C'est un quartier historique, dans lequel chaque coin de rue est pétri d'histoires et d'Histoire. Quelle chance ! J'ai parfaitement conscience que c'est un environnement magique, privilégié, avec une richesse culturelle infinie. Cela m'a donné un goût prononcé pour l'histoire, dont les explications du passé vous donnent un œil sur le présent et les dynamiques à venir.

Aujourd'hui, j'habite à Neuilly. Paris est aussi une ville très dense, et mon mari – qui est très différent de moi – a considéré que cette vie très emmurée n'était pas du tout adaptée à nos trois garçons.

Engagement

L'ENVIRONNEMENT, UN COMBAT À INTÉGRER DANS TOUS LES PROCESSUS DE L'ENTREPRISE. POUR QUE CELA SURVIVE LONGTEMPS AU-DELÀ DES DIRIGEANTS, COMME CONDITION DE LA PÉRENNITÉ DES ACTIVITÉS.

Défaut

L'IMPATIENCE, MAIS LE MONDE BOUGE SI VITE ! IL FAUT SE DONNER UN HORIZON, MAIS IL VAUT MIEUX AUSSI METTRE EN PLACE LES CHOSES RAPIDEMENT SI L'ON VEUT RESTER DANS LA COURSE.

Fierté

MON PETIT DERNIER, QUI VIENT D'ENTRER À L'ÉCOLE DE CUISINE DE FERRANDI. UNE VRAIE PASSION ! POUR SON PÈRE ET MOI, QUI SOMMES TRÈS CORPORATE, CELA A ÉTÉ UN BOULEVERSEMENT.

Au bout du fil, la voix est chaleureuse. On oublierait presque que de l'autre côté du combiné se cache un monument de la gastronomie. Cheffe la plus auréolée au monde avec ses dix étoiles au *Guide Michelin* – dont trois pour la mythique Maison Pic –, elle est aussi patronne d'un groupe à la tête de onze restaurants, de Valence à Singapour. Fan du Japon et de Sofia Coppola, la dirigeante, issue d'une famille où la cuisine se transmet de génération en génération, offre une humilité désarmante. Ses berlingots, sa betterave plurielle et son mille-feuille blanc régalent les papilles depuis plus de vingt-cinq ans. Hôtel, restaurant, bistrot, épicerie, food-truck… quelle est sa recette ?

Comment est-elle devenue n° 1 ?

En décrochant sa propre étoile.

Après quelques expériences professionnelles dans l'univers du luxe, Anne-Sophie formule le souhait d'intégrer le restaurant familial auprès de son père.

> **”** *Il a été très surpris et surtout très ému ! Mon frère aîné avait fait un apprentissage, il était formé et prêt, c'était lui qui devait prendre la succession. Moi, j'étais totalement autodidacte ! Même si j'avais un palais et un olfactif formés, je ne savais pas encore vraiment cuisiner.*

Quelques mois après, son père décède brutalement. Un choc.

> **”** *Avant de partir, mon père m'a dit : « L'expérience ne se transmet pas ni ne s'achète, elle se construit par soi-même. » J'ai peut-être commencé ma vie professionnelle de la façon la plus brutale qui soit. J'attendais tellement de mon père en termes de transmission !*

Les années qui ont suivi ont été longues et difficiles, marquées par le départ de son frère et la perte de la troisième étoile.

L'HISTOIRE FAMILIALE D'ANNE-SOPHIE EST UN GRAND HUIT DES ÉTOILES.

Son grand-père en a obtenu trois, puis est retombé à une, tandis que son père les regagne quelques décennies plus tard. Pour la dirigeante, l'objectif est clair : récupérer la troisième.

> ” *Quel challenge! Cette étoile, c'était aussi peut-être l'incarnation d'une validation dans ce métier, une légitimité pour moi, qui n'avais pas suivi d'études gastronomiques. Pendant douze ans, j'ai fourni tellement d'efforts pour aller la chercher. En 2007, lorsque cela a été annoncé, ce fut une libération. J'avais réalisé un devoir de mémoire, la suite, c'était à moi de l'écrire!*

Tête-à-tête

Pourquoi vous ?

La cuisine, je m'en suis imprégnée depuis toujours, avant même de savoir la concocter.

Celle de mes parents me faisait un peu peur, il y avait beaucoup de monde dedans. J'étais timide, je craignais de déranger. Alors je longeais les murs et je respirais tous les arômes qui s'en dégageaient. C'est une culture dans laquelle je fus plongée dès le berceau.

Quelle patronne êtes-vous ?

En grandissant, j'ai vu mes parents multiplier les horaires, mais toujours dans la joie, j'ai donc toujours eu une relation positive au travail. Je suis loin de l'image du chef qui crie en cuisine. Je ne supporte

Parcours

Née à Valence dans la Drôme, le 12 juillet 1969, Anne-Sophie grandit au sein d'une famille de cuisiniers. Elle est la cadette d'Alain, qui a dix ans de plus qu'elle. Son arrière-grand-mère fut la première à ouvrir un restaurant, avant que son fils lui succède au début du XXe siècle. Il obtient trois étoiles au *Guide Michelin* en 1934. La suite est assurée en 1956 par le père de la dirigeante, Jacques, qui regagne à son tour les étoiles égarées peu de temps après la Seconde Guerre mondiale. La patronne intègre l'Institut supérieur de gestion en 1989, dont elle sort diplômée en 1992.

> ❞ *Adolescente, je ne souhaitais pas que l'on me parle de la transmission du restaurant. Après mon bac, j'ai eu besoin de partir et d'aller respirer un autre air. J'ai eu un coup de foudre pour l'Asie. Après mes études, j'ai fait un stage au sein du département marketing de Cartier, puis chez Moët & Chandon, où j'ai eu une formation au champagne assez poussée. C'était bien loin de la cuisine, mais cela m'a permis d'y revenir. Le marketing est très intéressant, mais il représente également une forme de superficialité.*

Anne-Sophie apprend la cuisine dans les fourneaux familiaux. Quelques mois plus tard, son père décède, puis la Maison perd sa troisième étoile. La cheffe décide de reprendre les commandes du restaurant.

Il a fallu attendre 2007 pour que la Maison Pic regagne sa troisième étoile. La dirigeante développe alors avec son mari une école de cuisine à Valence, puis, deux années plus tard, ouvre le restaurant Anne-Sophie Pic au Beau-Rivage Palace, à Lausanne. Rapidement, le groupe se diversifie : épicerie fine, food-truck, école de cuisine... ainsi que d'autres établissements, parmi lesquelles La Dame de Pic à Paris, Londres, Singapour et Megève. L'entreprise réalise aujourd'hui un chiffre d'affaires de 30 millions d'euros et compte plus de cinq cents collaborateurs.

Anne-Sophie est également une figure du petit écran, notamment grâce à ses apparitions dans l'émission « Top Chef », et autrice de nombreux ouvrages culinaires. La patronne est mère d'un garçon, Nathan.

pas d'être blessée et de blesser les autres. Si je heurte quelqu'un à cause d'une maladresse, cela me rend malade! Donc, crier en cuisine ou parler mal à ses commis, c'est une chose insupportable. Insupportable!

DANS UN RESTAURANT, IL FAUT ABSOLUMENT QU'IL Y AIT UNE BONNE AMBIANCE.

Si la salle et la cuisine ne parviennent pas à s'entendre, ne forment pas une équipe de folie, cela ne marche pas!

Le *Michelin*, on peut être pour ou contre. Je pense que dans ce métier, ce qui compte principalement, c'est la satisfaction des clients et qu'ils reviennent dans nos maisons. Mais ce guide, c'est aussi un moteur et une récompense. Hier, j'ai eu une réunion avec tous mes chefs, et je leur ai dit :

«PARTONS À LA CONQUÊTE DES ÉTOILES !»

Je pense que les deux sont liés, car globalement, si un restaurant fonctionne bien, les gens ont aussi envie d'y revenir et c'est ainsi que l'on est récompensé.Gagner une étoile c'est un travail collectif.

Aujourd'hui, je suis dans une logique de transmission avec mes équipes, parce que la Maison s'est énormément développée, tandis que, durant cent vingt ans, il n'y a eu qu'un restaurant!

Aujourd'hui, nous avons 11 restaurants, dont 6 gastronomiques. Après la troisième étoile, j'ai développé le Pic Group main dans la main avec mon mari, David Sinapian, qui a un profil plus financier, tandis que je suis plus impliquée dans la création. Il faut toujours être en mouvement. En dehors de mon travail, j'aime nouer des amitiés dans des domaines artistiques qui m'inspirent et que, j'espère, j'inspire en retour. Je m'intéresse notamment beaucoup au parfum.

Quant à la célébrité, c'est une notion qui m'est étrangère. Mes parents avaient beaucoup de modestie : on n'est pas des *showmen*, on fait notre travail!

Pourquoi si peu de femmes à votre place?

Pendant longtemps, je ne me suis pas sentie légitime.

S'ASSUMER EN TANT QUE FEMME DANS LE MILIEU DE LA GASTRONOMIE, CE N'EST PAS SIMPLE!

Je me suis dit que je n'aurais jamais trois étoiles, que la profession ne voudrait pas d'une femme avec trois étoiles. Je pense que cette charge mentale est partagée par beaucoup de mes consœurs.

Avant moi, il y a eu la mère Brazier, mais, pendant cinquante ans, rien. Aujourd'hui, la profession s'ouvre. Ce qui est incroyable, c'est que, durant longtemps, les femmes ont été considérées comme les égales des hommes en cuisine, avec beaucoup de cheffes lyonnaises – les mères Brazier, Fillioux, Bourgeois – mais après, que s'est-il passé? Les hommes ont pris le pouvoir, ont fermé la porte avec une technicité qui nous a semblé inaccessible. Pourtant, une femme va toujours essayer de comprendre l'alchimie, les composants, les ingrédients. J'analyse beaucoup, je suis peut-être moins spontanée. Pendant trente années, la profession est devenue très masculine. Heureusement, la courbe est en train de s'inverser.

Pour gagner la bataille des étoiles, j'ai fait des sacrifices. Par exemple, j'ai eu mon fils plus tard que je l'avais initialement prévu, à 36 ans. J'ai mis ma vie personnelle entre parenthèses, avec une concentration maximale. Je ne voulais pas avoir de regrets.

Qu'est-ce que vous n'avez pas encore dit?

Enfant, j'étais une petite fille assez sensible, émotive et joyeuse. J'étais aussi toujours entourée de copines et de copains, car je n'aimais pas la solitude. À l'adolescence, il y a eu une forme de rupture avec le travail de mes parents. Après en avoir vu les côtés négatifs, j'ai voulu voir autre chose. Je vivais au-dessus des cuisines – la vie du restaurant, c'était ma vie. C'était étouffant. Le mercredi, le restaurant était fermé – c'était incroyable, c'était magique! Nous l'avions rien que pour nous. Je me souviens des asperges sauce hollandaise que mon père faisait ce jour-là et de nos dîners en terrasse, j'avais l'impression de récupérer mes parents l'espace d'un instant.

Je ne souhaite pas que mon fils, Nathan, ait la pression de reprendre la maison. C'est quelque chose dont nous parlons beaucoup. Moi, j'ai eu le luxe de pouvoir rejeter cette proposition à 14 ans et de créer mon propre chemin. Le système scolaire actuel est moins clément. Aujourd'hui, j'ai envie de lui donner toutes les cartes en main et le choix de son destin.

Mets préféré

JE NE PEUX RÉPONDRE À CETTE QUESTION ! TOUT M'INSPIRE, JE SUIS DANS UN FOISONNEMENT D'INGRÉDIENTS ! EN CE MOMENT, J'AI UN FAIBLE POUR LES ASPERGES BLANCHES.

Film

LOST IN TRANSLATION DE SOFIA COPPOLA. QUEL DÉLICE ! J'AI ÉNORMÉMENT D'ADMIRATION POUR CETTE RÉALISATRICE, QUE J'AI RENCONTRÉE LORS D'UN DÎNER QUE J'AI PRÉPARÉ POUR CHANEL.

Échappatoire

L'ASIE, QUI M'A DONNÉ UNE IMPULSION DANS MON TRAVAIL CULINAIRE. DANS UN MONDE TRÈS LOCAVORE, JE CHERCHE À GARDER CETTE POÉSIE, EN ME RÉAPPROPRIANT LES CODES.

Anne

Est-ce son enfance marocaine qui lui a donné le goût du voyage? En 2018, après vingt-sept années passées chez Air France, Anne devient la première femme à diriger la compagnie, ses 38 000 collaborateurs et ses 52,1 millions de passagers à travers le monde. Un parcours linéaire qu'elle attribue à une industrie où l'on exerce une variété de métiers – techniques, commerciaux, stratégiques – sans quitter l'entreprise. Cette patronne que l'on n'avait pas vue venir semble incarner avec résilience et élégance l'art de voyager à la française. Elle me reçoit dans une grande salle aux murs de verre, qui laissent entrevoir les avions qui décollent et atterrissent, sans qu'aucun bruit ne me parvienne.

Rigail

Comment est-elle devenue n° 1 ?

En apprenant à dire oui.

Anne Rigail a refusé deux fois le poste de directrice générale d'Air France avant de se sentir capable d'accepter.

> *Je me suis dit que ce n'était pas pour moi. Comme beaucoup de femmes, j'avais du mal à me projeter dans un rôle qui me paraissait un peu large. Et puis je n'avais pas forcément l'envie de me pousser, d'incarner la position. Alors, au début, vous dites non. Et puis plus vous imaginez les risques, mais aussi les opportunités. Et, à un moment, il faut y aller.*

La dirigeante raconte que l'on a souvent annoncé sa nomination avant qu'elle accepte un poste. Peut-être pour lui donner l'impulsion.

Tête-à-tête

Pourquoi vous ?

C'était un moment où il fallait réunifier l'entreprise. L'organisation était en morceaux : il y a eu un référendum, et les salariés ont dit non à la gouvernance. Je pense qu'il fallait faire un choix un peu consensuel, quelqu'un qui s'intéresse aux opérations, avec une légitimité vis-à-vis des différents métiers. Il est vrai que je connaissais bien le sol, les escales, le personnel navigant. Il y a eu des moments difficiles dans mon parcours, des grèves, des négociations sensibles. Mais j'ai toujours eu à cœur d'essayer de préserver la confiance et la proximité dans les relations sociales et tout simplement humaines.

Je ne me vois pas du tout comme féminine. Lorsque j'ai pris mon premier poste de management, à 25 ans, il a fallu que j'encadre cinq cents personnes. Un syndicaliste m'a dit : « Écoute, si tu veux être crédible, il va falloir que tu t'habilles... différemment. » J'étais habillée comme une étudiante et j'ai dû faire la transition vers des tailleurs que je trouvais parfois un peu « vieillots ».

J'AI SUIVI SON CONSEIL : APRÈS TOUT, IL FAUT INCARNER UN RÔLE.

On se force à mettre du rouge à lèvres tous les jours, à ne pas manger son sandwich quand on traverse un hall, même si aujourd'hui les choses sont un peu plus libres.

Quelle patronne êtes-vous ?

Je suis très opérationnelle. La devise de Thomas Edison, « Une vision sans exécution n'est qu'hallucination », me parle beaucoup. L'implémentation est clé.

JE TROUVE D'AILLEURS QUE LES FEMMES DIRIGEANTES SONT TOUT DE SUITE SUR DES MODALITÉS TRÈS PRATIQUES.

Mon premier défi était de lancer une transformation globale. En matière de compétitivité, il y avait énormément à faire. Ç'a été été lourd, car il a fallu embarquer l'équipe, qui sortait d'autres plans de transformation et qui n'en pouvait plus. J'ai dû communiquer le sentiment d'urgence pour aller plus loin. J'ai fait face aux refus d'obstacles : « Tu plaisantes! », « C'est impossible », « On l'a déjà fait trois fois ».

IL FAUT ESSAYER DE TENIR LE MORAL DES TROUPES SUR LE LONG TERME.

J'aime cette notion de collectif, et puis l'amour du métier. Est-ce la magie de voir voler les avions? De pouvoir être au bout du monde? Je suis entrée dans l'aérien avant la prise de conscience environnementale, parce que cela me faisait rêver. Je pense souvent à Montaigne et à la nécessité de « voyager pour frotter et limer sa cervelle contre celle d'autrui ». Un monde sans voyage se rétrécit, avec une vision plus étroite, plus intolérante.

Parcours

Née le 8 mars 1969 à Metz, Anne vit en Afrique du Nord une enfance entourée de ses deux frères et empreinte de liberté, à laquelle elle repense avec nostalgie. Le retour en France se fait brutalement, dans la ville de Clermont-Ferrand, où elle entre en sixième. Une scolarité exemplaire la mène en classes préparatoires au lycée du Parc à Lyon, où elle fait partie des quatre femmes élèves dans une classe de quarante. La dirigeante choisit l'École des Mines puis se dirige, en 1991, vers les compagnies aériennes qui l'ont toujours fait rêver.

À l'époque, Air France ne répond même pas à sa candidature. Elle y entre donc « par la petite porte », chez Air Inter : six ans plus tard, la compagnie aérienne intérieure française rejoindra la maison mère. Anne ressent rapidement le besoin d'aller sur le terrain. Elle passe huit ans à l'aéroport de Paris-Orly, en tant que responsable du service client à l'escale. Un rôle managérial au contact des équipes, avec de nombreuses crises opérationnelles à gérer. En 1999, la dirigeante bascule du côté de la correspondance des passagers et de leurs bagages à l'aéroport de Paris-Charles-de-Gaulle, au cœur d'années de croissance à deux chiffres.

Après l'adrénaline de la période, Anne part en congé maternité et revient ensuite pour une mission stratégique : sécuriser tous les processus bagages à la suite du 11 septembre 2001. Après quelques postes support, l'opérationnel finit par lui manquer et elle reviendra à Roissy en 2006, comme responsable des opérations puis directrice du Hub. En 2013, Anne prend la responsabilité du personnel navigant commercial, soit 14 000 personnes nomades. Quatre années difficiles et instructives, avec le déploiement dans l'entreprise du plan Transform, nécessitant une réduction de 20 % des coûts et de difficiles négociations syndicales. Une période hantée par le fameux épisode de la « chemise arrachée du DRH ».

Enfin, son dernier poste avant de devenir patronne : l'expérience client et ses choix de cabines, de couleurs, de repas… Une bulle de deux années après vingt ans d'opérations, qui a aussi permis d'avoir une vision plus globale de l'entreprise.

Par conviction écologique, ma fille refuse souvent les billets d'avion que je lui propose. Mon conjoint est également très intéressé par la question. Et cela depuis très longtemps. En matière environnementale, je pense qu'il faut trouver le juste équilibre, avec une consommation raisonnée.

LA TRANSFORMATION NE SE FERA PAS SANS LES ENTREPRISES.

Pour les compagnies aériennes, c'est compliqué : nous ne fabriquons ni les avions ni le carburant. Et, en même temps, nous avons un rôle à jouer.

Lorsque l'on m'accuse de *greenwashing*, ça m'atteint vraiment, parce que c'est une thématique qui me tient à cœur. Quelles sont les énergies qui pourraient prendre le relais? En observant les ordres de grandeur, cela a-t-il du sens? Est-il possible de craquer le sujet en y mettant des moyens? Cette capacité d'assurer une transition environnementale sur une industrie qui est l'une des plus difficiles à décarboner est certainement la question qui m'obsède le plus. Je reste optimiste sur le sujet, même si cela peut paraître un peu utopique.

Pourquoi si peu de femmes à votre place?

Je pense fondamentalement que les femmes manquent d'ambition. C'est une caricature, évidemment, et forcément une généralité. Mais le problème, c'est qu'elles ont du mal à se projeter dans des rôles de pouvoir. À chaque fois que j'ai proposé des postes à périmètre élargi à des jeunes femmes, la première réaction a été : « Ce ne sera pas forcément compatible avec ma vie privée » ou « Mon Dieu, je projette d'avoir un enfant, ce ne sera pas possible ». Tandis que si vous proposez la même chose à un homme, il négocie le salaire et les avantages dans la foulée. Avant qu'une femme parle argent... Les femmes sont leur premier obstacle.

JE PASSE MON TEMPS À LES SECOUER QUAND ELLES ME DISENT QU'ELLES NE SERONT PAS CAPABLES.

J'ai eu des jeunes filles qui ont pleuré dans mon bureau, parce qu'elles ne voulaient pas prendre le poste que je leur proposais et qui ont fini par me remercier. Je ne le regrette pas, même si encore aujourd'hui une patronne est toujours attendue au tournant.

À mon entrée sur le marché du travail dans les années quatre-vingt-dix, je trouvais le féminisme dépassé. Je ne le comprenais pas, n'ayant d'ailleurs jamais vécu d'obstacle parce que j'étais une femme. Peut-être que j'ai le cuir un peu dur, les blagues sexistes dans l'opérationnel me sont complètement passées au-dessus. Pour les nouvelles générations, cela serait impensable. À l'époque, il fallait que ce soit un non-sujet pour continuer.

Depuis les classes préparatoires, mon univers professionnel est masculin, j'y suis à l'aise. Ma prise de conscience féministe est assez récente.

Il est vrai qu'à chacune de mes prises de poste il y a eu la suspicion qu'il fallait bien mettre une ou deux femmes. J'étais donc contre les quotas, avant de m'apercevoir que c'est la seule issue pour faire changer les choses, comme nous l'avons vu avec les conseils d'administration. Mais ces objectifs sont compliqués à atteindre, car l'on manque de femmes dans les filières scientifiques, avec par exemple seulement 9 % de pilotes au féminin.

Qu'est-ce que vous n'avez pas encore dit ?

Petits, souvent, les enfants se trompaient et m'appelaient « papa »...

IL VAUT MIEUX AVOIR UN CONJOINT QUI ASSURE, OU AU MOINS QUI PARTAGE.

Je n'aurais pas pris le poste si mon compagnon n'avait pas été d'accord. C'est aussi sa décision. La particularité de l'aérien, c'est que l'actualité impactera à coup sûr votre activité : il faut rester joignable à tout moment pour des raisons de sécurité !

Après, il ne faut pas se leurrer, l'équilibre vie pro-vie perso est impacté. Le lien que j'ai avec ma fille, Manon, et mon fils, Thibaut, n'est probablement pas celui que j'aurais eu si je n'avais pas occupé ce type de poste.

Je crois qu'en fin de compte il faut que la famille s'y retrouve. Actuellement, mon conjoint travaille à la maison, ce qui permet d'obtenir une solution immédiate en cas de problème. Nous habitons dans l'Essonne, à 70 kilomètres de mon bureau. Les enfants ont toujours refusé de déménager : j'ai donc dû prendre un appartement à côté et je ne rentre pas à la maison tous les soirs. Les compromis se font de chaque côté.

Role model

ÇA NE ME PARLE PAS DU TOUT. IL FAUT DIRE QU'À MON ÉPOQUE IL N'Y AVAIT PEUT-ÊTRE PAS SUFFISAMMENT DE MATIÈRE AU FÉMININ !

Conseil

JE NE ME CONSIDÈRE PAS DU TOUT APTE. NE SERAIT-CE QUE PARCE QUE JE FAIS PARTIE D'UNE AUTRE GÉNÉRATION – LE REGARD EST TOTALEMENT DIFFÉRENT AUJOURD'HUI.

Échappatoire

L'ÉQUITATION, POUR GARDER UNE DISTANCE. JE NE SUIS NI ATTACHÉE AU POUVOIR, NI À LA POSITION, NI AU STATUT. JE PEUX TOUT À FAIT ME PROJETER DANS UNE AUTRE FAÇON DE VIVRE.

Karine Schrenzel

Lorsque Karine entre dans une pièce, le monde s'arrête. Cascade de boucles qui encadrent le visage, sourire contagieux, le pas décidé et le timbre puissant : cette énergie débordante, la patronne la met au service du groupe Shopinvest et de ses cinquante collaborateurs depuis plus de dix ans. Start-up d'e-commerce, l'entreprise est constituée de neuf sites centrés sur la mode, la décoration et la high-tech, dont Bijourama, Rue du Commerce et l'iconique marque 3 Suisses. Qui a oublié le catalogue de vente par correspondance qui s'est invité dans le décor des Français en 1932 ? Avec Karine, l'enseigne nordiste aux 8 millions de clients est entrée dans le XXIe siècle.

Comment est-elle devenue n° 1 ?
En rebondissant de façon permanente.

Enfant, Karine est plutôt timide. Son parcours scolaire se fait sans problème, avec une appétence pour les mathématiques. Ses premières expériences professionnelles se font dans le conseil et la finance. Mais l'envie d'entreprendre n'est jamais très loin, jusqu'à prendre vie lors d'un dîner entre amis.

> *J'entends à ce moment-là l'avis d'hommes quant aux produits cosmétiques. C'est ce qui m'a décidée à lancer mon premier site d'e-commerce : Mencorner.com. Alors que je ne connaissais absolument rien au digital!*

Les produits sont stockés sur l'étagère au-dessus de son bureau : la patronne devient experte en cartons et en logistique. La société se développe, mais la croissance attendue sur ce marché n'est pas au rendez-vous. Qu'à cela ne tienne, rapidement, l'idée de faire de l'acquisition et de mutualiser tous les services d'une société d'e-commerce classique germe dans son esprit.

> *J'avais étudié plusieurs secteurs et observé que la cosmétique pour hommes devait croître de 150 % avec une cible très cyber-acheteuse. La réalité a été tout autre, le secteur n'a crû que de 5-6 % par an. Mais c'est la vie d'entrepreneur que de savoir se réinventer! Et sans ces rebondissements successifs, je ne serais pas là où j'en suis.*

Parcours

Née le 2 octobre 1979 à Paris, Karine est franco-autrichienne, d'ailleurs, on parlait allemand à la maison. À un an, elle part en Floride et y grandit, avant de revenir en France.

Diplômée de ESCP Business School en 2003, elle possède déjà une première expérience chez Goldman Sachs, avant d'entrer dans le cabinet de conseil McKinsey & Company, où elle rencontre son mari et futur associé, Olivier Gensburger. Après le conseil, la dirigeante se lance dans la finance en rejoignant l'entreprise britannique de *private equity*, Cinven.

En 2007, convaincue que l'avenir réside dans l'e-commerce à fortes verticales, Karine se lance dans l'aventure entrepreneuriale et fonde MenCorner, un site spécialisé dans les cosmétiques masculins. Après quatre ans d'entrepreneuriat en solo, Karine s'associe avec son mari, Olivier, diplômé de HEC et du barreau, afin de créer Shopinvest - un groupe spécialisé dans l'e-commerce. Ils sont convaincus de la pertinence de mutualiser les départements tels que l'IT, la logistique ou encore le service client. Lemon Curve, Bijourama, DeclikDeco... en dix ans, Shopinvest a acquis de nombreux sites internet dans les cosmétiques, les bijoux et montres, la décoration ou encore la lingerie.

En novembre 2018, la start-up rachète les 3 Suisses. L'équipe mise sur un projet collaboratif auprès de plus de dix mille Françaises, garde l'ADN de la marque tout en opérant une remise au goût du jour à 360 degrés : fabrication française et européenne, matières naturelles et surtout, le retour du catalogue, qui a cessé d'exister depuis 2014. Un pari gagnant : moins d'un an après le rachat, la croissance est au rendez-vous, et les 3 Suisses ont gagné 2 millions de clients supplémentaires.

Deux ans après, Karine s'empare de l'e-commerçant high-tech Rue du Commerce.

La patronne est mère de trois enfants : Stella, Ariel et Mia.

Tête-à-tête

Pourquoi vous ?

Issue d'une famille d'entrepreneurs, j'ai toujours voulu suivre cette voie. Une envie certainement influencée par ma grand-mère paternelle, Herta. Née juive en Tchécoslovaquie, elle a perdu toute sa famille dans les années 40. Courageuse et volontaire, elle a travaillé toute sa vie à une époque où cette situation était rare pour une femme. Artiste-peintre, elle parlait cinq langues et possédait une culture infinie! Elle m'a inculqué le courage d'entreprendre et m'a fait prendre conscience de la chance inouïe d'être née femme à mon époque et en France. C'est véritablement mon héroïne. Son parcours m'inspire tous les jours.

MA GRAND-MÈRE ÉTAIT D'UNE MODERNITÉ INCROYABLE, NOUS N'AVIONS PAS DE SUJETS TABOUS.

Riche de cet enseignement familial, l'envie de fonder ma propre boîte a toujours coulé dans mes veines. Alors oui, c'est intense et cela demande beaucoup d'implication, mais c'est terriblement exaltant. Aujourd'hui, je n'imagine faire rien d'autre!

Quelle patronne êtes-vous ?

J'aime à penser que je suis investie, impliquée et disponible. Mais aussi ultra-speed!

JE RÊVE DE POUVOIR RALLONGER LE TEMPS À MA GUISE POUR ENFIN ARRÊTER DE COURIR.

Après, j'ai la chance de travailler en binôme avec Olivier, mon mari et associé. Au quotidien, on se comprend parfaitement. On est deux, on peut s'épauler, se soulager et tout partager, les réussites comme les difficultés. Et on s'enrichit l'un l'autre, car on est chacun responsable d'un pôle en particulier, un partage qui s'est fait très naturellement, lui à la logistique et à la tech, moi aux achats et au marketing.

Lors des inondations de 2016, nos stocks ont été ravagés : une perte d'une valeur de 2 millions d'euros. Contre l'eau, il n'y a rien à faire, nous l'avons juste regardée monter dans l'entrepôt. J'ai cru que l'on allait mettre la clé sous la porte. Et puis la vie continue. Avec ton équipe, tu rebondis, tu réagis, tu poursuis.

C'est vrai aussi que je suis une fonceuse.

PARFOIS TU PEUX PASSER DES MOIS À FAIRE UN BUSINESS PLAN - FAIRE 80 ONGLETS, 72 LIGNES ET 27 COLONNES -, MAIS IL FAUT JUSTE SUIVRE TON INSTINCT.

On l'a toutes fait! Il y aura toujours quelqu'un pour te faire douter, des chiffres qui ne s'ajoutent pas. À un moment, il faut juste y aller.

Pourquoi si peu de femmes à votre place?

C'est un sujet qui me tient particulièrement à cœur en tant qu'entrepreneure et maman. Pour porter cette double casquette, j'ai besoin de beaucoup d'énergie.

LE TEMPS EST INCOMPRESSIBLE ET PARFOIS, ON NE VA PAS SE MENTIR, CELA SE TRADUIT AUSSI PAR CERTAINS SACRIFICES.

J'ai moins de temps pour moi en dehors du bureau, au profit de moments en famille. Parfois, exit le coiffeur, les expos, les verres entre copines! Il faut savoir choisir.

En tant que patronne, j'attache peu d'importance à la notion de genre, cela n'influence pas ma décision de recrutement, je choisis au mérite et à l'instinct.

RÉSULTAT : SHOPINVEST POSSÈDE UNE PARITÉ TOTALE.

Qu'est-ce que vous n'avez pas encore dit?

Je parle beaucoup de moi, et pas assez de mon mari et associé, Olivier Gensburger.

ALORS QU'OLIVIER ÉTAIT DANS LA FINANCE, IL M'A DIT UN JOUR : « TU T'AMUSES QUAND MÊME DRÔLEMENT PLUS QUE MOI ! »

Et cela a été le déclic, il m'a rejointe dans l'aventure entrepreneuriale. Cela fait 11 ans cette année que nous sommes associés et 14 ans que nous sommes mariés, et nous sommes les heureux parents de trois enfants.

C'est parfois difficile de décrocher. En vacances aussi… Quand vous êtes associés et que l'un part en vacances, l'autre prend le relais et donc le vacancier peut faire confiance et faire un break. Mais quand les deux fondateurs partent en vacances ensemble, c'est impossible de vraiment décrocher.

Pour jongler entre la vie pro et la vie perso, c'est une organisation.

J'HABITE DANS L'IMMEUBLE OÙ SE TROUVENT MES BUREAUX.

Je rentre tôt, je couche les enfants et ensuite je rebosse! Tout un programme. Il n'y a pas de secret, finir réellement à 19 h n'est pas une option. Quand nous avons envisagé cette proximité géographique maison-bureaux, Olivier m'a dit : « Tu es sûre que c'est une bonne idée? » C'est la meilleure décision que nous ayons prise! Quelle praticité, quel luxe : nous gagnons deux heures par jour, je peux faire un bisou à ma petite dernière le midi. Cela vaut tout l'or du monde.

Rapport à l'ambition

QUE DU POSITIF ! L'AMBITION NOUS POUSSE À DONNER LE MEILLEUR, À PROGRESSER, À APPRENDRE. CE N'EST PAS ÉCRASER LES AUTRES, C'EST UN RAPPORT AVEC SOI.

Mot

INTENSE. JE SUIS À FOND DANS TOUT, PAR PETITES CASES BIEN SÉPARÉES. À CHAQUE INSTANT, QUE CE SOIT DANS LE BOULOT OU BIEN EN FAMILLE.

Rêve

UN TOUR DU MONDE EN FAMILLE. DEUX ANS OFF, AVEC LES MIENS, EN DÉCONNEXION TOTALE. UNE FOLIE, MAIS JE SAIS QUE CELA ARRIVERA À UN MOMENT.

C'est une jeune femme frêle qui ouvre la porte de son appartement sur les bords du canal Saint-Martin à Paris. Ne prenez pas l'authenticité de Claire pour de la fragilité, car c'est une sacrée meuf. Meuf, justement : un petit compte Instagram au graphisme reconnaissable parmi mille, qu'elle fonde en 2017 sans penser qu'il deviendra l'une des figures de proue hexagonale du féminisme 2.0. L'arme de Claire pour défendre la condition féminine? L'humour. Nous avons toutes ri devant les premiers T-shirts à message de la marque : « Sans Hermione, Harry serait mort au tome I », « Meuf Alpha » ou encore « Gros ovaires ». Et puis, un jour, une autre jeune femme au poing levé s'est identifiée à cette mode engagée et a décidé d'habiller tous les acteurs de son clip en Meuf. Elle s'appelle Angèle, et la vidéo de son tube « Balance ton quoi » a été vue plus de 100 millions de fois sur YouTube. Meuf Paris est propulsée dans la cour des grands et se diversifie : culottes menstruelles, contenu pédagogique, accessoires de règles. Sa communauté, la « Meufia », explose et continue de défier le patriarcat.

Claire Suco

Comment est-elle devenue n° 1 ?

En s'attelant à toutes les tâches, même les plus ingrates.

Adolescente, Claire ne rêve que de cinéma et ambitionne de devenir scénariste et réalisatrice. Elle choisit l'option cinéma au lycée Lumière à Lyon. Lorsqu'elle arrive à Paris, les débuts sont laborieux, l'environnement hostile. La future dirigeante entend parler de la figuration bénévole, une porte d'entrée potentielle vers l'écosystème du septième art, par laquelle elle finit par se frayer un chemin. Elle en profite pour parler aux personnes de la régie et leur demande s'ils ont besoin de bras supplémentaires. C'est là qu'elle entend parler pour la première fois du ventousage et qu'elle dit oui, sans savoir de quoi il s'agit.

❞ Le ventousage, c'est garder des places de parking avant que les camions de tournage n'arrivent. Mon premier ventousage était à Montreuil, de 5 h à 14 h : il ne faisait pas bon pour une femme de traîner seule au petit matin. C'était en plein hiver, je n'ai jamais eu aussi froid de ma vie.

Lorsque l'équipe arrive à 14 h et voit que Claire n'a pas bougé, sa motivation n'est plus à prouver. Elle est embauchée. Un esprit de débrouillardise qu'elle va garder tout au long de son parcours. Ses premières égéries? Des « Meufs » de sa communauté. Impossible de fabriquer en France? Claire déniche des prestataires dans l'Hexagone et divise sa marge. Pas de budget marketing? La dirigeante envoie ses créations à des personnalités engagées qui lui font de la publicité. Claire devient ainsi le mouton à cinq pattes garant d'un projet qui décolle sans aucun budget.

❞ J'ai démarré avec rien, je n'y connaissais rien. Je n'avais même pas Instagram à titre perso! Quand Marion Séclin a accepté de parler de Meuf, je n'avais que 1 000 abonnés. Elle m'a dit que c'était la sincérité de mon mail qui l'avait touchée.

Tête-à-tête

Pourquoi vous ?

J'étais déjà touche-à-tout, mais l'impulsion est venue d'un premier projet étudiant sur lequel j'ai aidé mon petit ami, Nour, lorsqu'il était à l'ESCP. Au départ, c'était juste un petit coup de main, et puis j'ai mordu. La petite graine est semée. Nour a pris l'option entrepreneuriat à l'ESCP et m'a dit : « Écoute, c'est ouvert aux profils extérieurs, notamment les créatifs, les outsiders. »

J'ÉTAIS COMPLÈTEMENT À POIL NIVEAU ÉTUDES, MAIS J'AI TENTÉ MA CHANCE ET J'AI ÉTÉ PRISE.

Parcours

Née le 8 juin 1991 à Séré, un village « à trois minutes de la frontière franco-espagnole », Claire est numéro cinq sur une fratrie de six. Après son baccalauréat, la patronne intègre le Conservatoire national supérieur d'art dramatique du IXe arrondissement de Paris, dont elle sort diplômée en 2011.

Passionnée de septième art, Claire évolue dans l'univers cinématographique en tant qu'assistante-réalisatrice, assistante de production, puis scénariste. En 2016, elle intègre ESCP Business School pour se former à l'entrepreneuriat, puis, l'année suivante, troque un statut d'intermittente pour la casquette de startupeuse. À l'été 2017, elle est déçue des T-shirts à adjectifs genrés, qu'elle trouve soit négatifs (« Boudeuse ») soit passe-partout (« Superwoman »). Elle décide de fonder sa marque de vêtements engagés, investit 1 000 euros et lance sa petite entreprise. En pleine temporalité #MeToo et avec l'aide de quelques influenceuses qui acceptent de porter ses créations, Meuf Paris décolle très vite. Claire s'associe alors avec son petit ami, Nour, rencontré sur les bancs de l'ESCP.

Avril 2019 : la pépite est repérée par Charlotte Abramow, réalisatrice du clip « Balance ton quoi » de la chanteuse Angèle. Leur collaboration donne lieu à une collection capsule qui s'arrache en l'espace de quinze minutes, et dont les bénéfices sont reversés à deux associations en France et en Belgique qui viennent en aide aux femmes en situation de détresse. Dès le début de son aventure, Meuf Paris reverse d'ailleurs 1 euro par commande à la Maison des Femmes, association qui agit contre les violences faites aux femmes.

La même année, Marlène Schiappa, alors secrétaire d'État chargée de l'Égalité entre les femmes et les hommes et de la Lutte contre les discriminations, porte une création Meuf Paris durant le G7 dédié aux droits des femmes.

En 2021, Claire publie avec les Éditions Larousse un premier ouvrage autobiographique, intitulé *Meuf*.

Durant l'année, j'ai créé une box de produits naturels pour les règles douloureuses : huiles essentielles, tisanes, produits hygiéniques. Nous sommes en 2015, j'étais un peu en avance de phase, mais ces problématiques ont toujours été au cœur de mes préoccupations. J'avais l'impression que jusqu'alors tout le monde s'en foutait, du coup c'était à nous, les femmes, de prendre les choses en charge et de proposer des solutions. J'ai commencé à travailler avec Nour sur la question, mais cela s'est mal passé : il était trop dans la théorie, pas assez dans le concret ; et moi, parfois trop inconsciente. À la même période, je suis tombée enceinte et j'ai décidé d'avorter. À ce moment-là, cela n'était pas mon projet et les conditions n'étaient pas réunies. Trop de choses à accomplir. Comme dirait Simone : « Aucune femme ne recourt de gaieté de cœur à l'avortement », mais lorsque cela fait plus de sept ans que vous êtes avec votre compagnon, c'est d'autant plus difficile. Le jugement des autres, notamment du corps médical, était insupportable. Cela a été un moment extrêmement douloureux, j'ai eu une chute d'hormones, fait une dépression et cela a mis fin au projet.

JE ME SUIS BATTUE POUR SORTIR DE MON LIT, POUR RESTER DANS L'ACTION.

Meuf Paris est née dans ces conditions. J'aime beaucoup la citation de Sénèque : « La vie, ce n'est pas d'attendre que les orages passent, c'est d'apprendre à danser sous la pluie. » Je n'ai pas attendu que l'orage passe : Meuf m'a sortie de la dépression et, si je peux aider d'autres femmes, c'est merveilleux.

Quelle patronne êtes-vous ?

J'essaie de comprendre ce que fait chaque personne de mon équipe.

Pas pour passer de l'autre côté, mais pour me mettre à la place des autres. Il faut pouvoir se mettre dans la peau des gens, s'identifier, comprendre, pouvoir faire, même si c'est moins bien qu'eux.

Je suis aussi une patronne prudente. Je me suis payée au bout d'un an et demi : j'aurais pu le faire avant, mais j'ai privilégié l'embauche d'autres personnes. Il y a eu un tournant où j'ai senti que je pouvais relâcher la pression : c'était un T-shirt avec plein d'adjectifs positifs, qui finit par « Trop forte ». Je l'ai posté, et ça a cartonné. En trois jours, nous sommes passés de 3 000 à 10 000 abonnés. J'ai fait deux cents cartons par jour, pendant des mois. Je commençais à avoir quelques demandes d'articles, et puis il y a eu Angèle et le tourbillon derrière. La chanson « Balance ton quoi » est devenue l'étendard du mouvement féministe en France. Je me souviens que, lors de la marche contre les violences faites aux femmes, juste après, tout le monde chantait cette chanson et avait son sweat Meuf Paris. C'était fou.

Aujourd'hui, j'ai deux sociétés avec une quinzaine d'employés : Meuf Paris et une entreprise de fabrication de textiles en France, qui travaille en marque blanche.

Pourquoi si peu de femmes à votre place ?

Les femmes cheffes d'entreprise ne sont pas assez médiatisées. Il y a un déficit dans le temps de parole. Moi qui suis fan de cinéma, je pense que la culture a un rôle immense à jouer.

Le rapport des femmes à l'argent est encore plus tabou. J'ai grandi dans une famille très modeste et je n'ai aucun problème à dire que j'ai envie d'avoir un confort de vie et de bien gagner ma vie. Je le vois bien dans les recrutements, que ce soit pour des salariés, prestataires ou free-lances. Les femmes négocient moins.

J'aimerais que la prochaine Claire puisse sortir des cases dans lesquelles on l'a enfermée. Qu'elle écoute son intuition, et qu'elle soit dans l'action.

Qu'est-ce que vous n'avez pas encore dit?

En mars 2020, Larousse m'a approchée via ma marque sur Instagram pour écrire un livre sur toutes les thématiques féminines abordées par ma start-up.

Je suis vraiment partie de mes expériences personnelles. C'est un livre assez intime dans lequel j'aborde des choses que je n'avais jamais racontées : agressions sexuelles, IVG, mais aussi les questionnements qui nous concernent toutes sur la puberté, la sexualité, les règles... Mon récit est accompagné de témoignages de femmes, mais aussi d'hommes, de statistiques, de manière hybride. C'est un passage de témoin pour libérer la parole et j'en suis très fière.

Challenge

« CONSOMMER FÉMININ. » J'ESSAIE DE M'ENTOURER D'OBJETS ET DE SERVICES RÉALISÉS PAR DES FEMMES. C'EST AUSSI CELA, LA SORORITÉ.

Remède

L'ACTION ! PLUS JE SUIS MAL, PLUS JE TRAVAILLE. JE SUIS D'AILLEURS PLUS ADEPTE DES PETITS BREAKS QUE DES GRANDES VACANCES, QUI M'ANGOISSENT PROFONDÉMENT.

Mot

FONCER. CELA PARAÎT BATEAU, MAIS J'AI LU UNE INTERVIEW DE LA DESSINATRICE PÉNÉLOPE BAGIEU, QUI SE DONNE DIX JOURS POUR DÉMARRER UNE IDÉE. J'ESSAIE DE LUI EMBOÎTER LE PAS.

Sylvie

C'est la Miss des Miss. Sylvie, le carré blond iconique et sourire XXL, la figure patrimoniale du petit écran, la reine du concours qui bat chaque année des records d'audience, se tient juste devant moi. Et je découvre surtout la patronne, celle qui a été directrice générale de la société Miss France depuis plus de quinze ans. Qui n'a jamais regardé défiler les fières représentantes des régions hexagonales, retenu son souffle durant leurs discours hésitants, souri aux plaisanteries de Jean-Pierre Foucault ? Plaisir coupable souvent décrié dans les dîners parisiens mais adulé par la jeune Lyonnaise que je fus et que je suis. Depuis 1920, l'évènement qui propulse « Mlle Tout-le-Monde » au rang de figure publique continue de faire rêver les Français. Celles qui ont sauté dans cet ascenseur si convoité ont vu leur existence bouleversée, de manière accélérée depuis quelques années par l'industrie de l'influence. J'avoue un brin d'anxiété, dissipé à la première gorgée de thé.

Tellier

Comment est-elle devenue n° 1 ?

En adoptant l'état d'esprit d'une dirigeante.

Issue d'une famille monoparentale, Sylvie possède le pragmatisme de ceux qui savent faire attention à la fin du mois. La patronne a toujours aimé l'art oratoire, c'est d'ailleurs pour cela qu'elle poursuit des études de droit.

> *À 18 ans, je me suis présentée à Miss Pays de Loire, et je suis arrivée deuxième. Honnêtement, devenir Miss France, cela n'était pas une obsession. Je me suis dit que ce n'était finalement pas pour moi, et je suis passée à autre chose. Tous les ans, ma mère me disait de réessayer l'aventure. Mais bon, une fois que l'on est dans ses études, on est sur des rails. J'étais très scolaire, redoubler était inenvisageable.*

Et puis un jour, Sylvie voit, avec sa sœur, l'annonce dans le journal : « Chiche, on y va. » La future dirigeante se présente, et est élue Miss Lyon.

> ❞ *Devenir Miss Lyon m'a donné un réseau fantastique! J'ai pu rencontrer Gérard Collomb, qui venait d'être élu maire de Lyon. Jean-Michel Aulas, président de l'Olympique lyonnais, m'a proposé un stage à la Compagnie européenne de gestion par l'informatique à Boston. Je me voyais déjà ouvrir mon propre cabinet.*

Sauf que Sylvie remporte la couronne et devient Miss France.

Tête-à-tête

Pourquoi vous ?

L'accélérateur de vie qu'est Miss France, mais aussi la manière dont j'ai transformé l'essai. Il faut se situer en 2001 : en face de moi, il y avait quarante-sept filles issues du sérail, avec un physique irréprochable. J'étais plus petite, j'étais plus vieille, j'étais plus instruite. Le premier jour, l'équipe veut nous faire signer un contrat, et je leur ai dit : « Ah non, je suis désolée, il va falloir que je l'étudie au préalable. »

CLAIREMENT, JE N'AVAIS PAS LE CÔTÉ MALLÉABLE QUE L'ON POUVAIT ATTENDRE D'UNE JEUNE FEMME À L'ÉPOQUE.

J'avais d'autres ambitions.

Je n'ai jamais cru en Bourdieu. La reproduction sociale, cela n'existe pas! C'est un piège. Moi, je m'en moquais, et je lui ai tordu le cou. Alors oui, c'est plus dur pour certains que pour d'autres. Si vos parents n'ont pas fait de grandes études, ils vous apprendront autre chose, des valeurs. Ma mère n'a que le certificat d'études, mais elle me disait : « Quoi que tu fasses, je serai fière de toi, parce que tu feras mieux que moi. »

Cela m'a donné la rage. Il faut oser demander, oser apprendre, oser dire que l'on a l'envie. Ne pas regarder une glace avec envie, mais demander comment cela se fabrique et si l'on peut aider pour se l'offrir. C'est comme cela que j'élève mes enfants.

Parcours

Née le 28 mai 1978 à Nantes, Sylvie déménage au gré de l'ouverture des magasins de chaussures de ses parents. Après deux années de fac de droit à Nantes, elle s'inscrit en droit des affaires à l'université de Lyon.

Sylvie décroche en 2001 une maîtrise en droit des affaires et fiscalité à l'université de Lyon III.

Le 8 décembre 2001, elle devient la soixante-douzième Miss France, à l'âge de 23 ans.

Un an plus tard, elle démarre une carrière de chroniqueuse à la télévision, puis intègre la société Miss France en 2005 en qualité de responsable des relations extérieures. La même année, Sylvie publie *Conversations avec Sylvie Tellier, Miss France 2002* (Michel Lafon). Deux années après, elle remplace l'iconique Geneviève de Fontenay à la tête de l'organisation détenue par Endemol Shine, rachetée en 2020 par le groupe Banijay.

L'élection de Miss France, qui est le plus ancien concours de beauté au monde, s'adresse aux Françaises âgées de 18 à 24 ans et mesurant au minimum 1,70 mètre. La finale est diffusée chaque année en direct à la télévision, jugée par un panel de personnalités et le vote de téléspectateurs. Le processus de sélection préalable comprend notamment plusieurs étapes régionales et un test de culture générale.

Sylvie est mariée et mère de trois enfants : Oscar, Margaux et Roméo.

La patronne a cofondé l'association des Bonnes Fées avec dix-sept autres Miss, qui vient en aide aux jeunes mères en difficulté ainsi qu'aux patientes atteintes d'un cancer.

PEUT-ÊTRE QUE C'ÉTAIT PLUS FACILE AVANT, MAIS SI L'ON A LA NIAQUE, TOUT EST POSSIBLE.

À mon époque, durant mon année Miss France, il y avait un vrai décalage entre ce que l'on voyait de la télé, et ce que c'était dans la réalité. C'était très familial, je dormais dans la pièce adjacente à la chambre de Geneviève de Fontenay, qui faisait aussi office de dressing. Il y avait un côté archaïque, même si j'admire ce qu'elle a accompli depuis 1954. J'ai énormément appris à ses côtés. Avec son uniforme noir et blanc, elle était reconnaissable parmi mille! Un génie du marketing.

Pendant mon année de « règne », le groupe Endemol a racheté Miss France à la famille de Fontenay. Tout a changé, c'était un choc des cultures! Le producteur Xavier Couture m'a proposé d'intégrer l'organisation. Je me suis demandé : « Qu'est-ce qui t'a manqué pendant ton année? », et j'ai accepté à condition d'embaucher une équipe. Lorsque la télé-réalité et les réseaux sociaux sont arrivés, Geneviève a eu du mal à prendre le virage. Je lui ai proposé un rôle de surveillance, elle avait déjà 80 ans, cela lui correspondait bien.

En 2007, Endemol a choisi de ne pas renouveler le contrat de Xavier de Fontenay, et m'a nommée à sa place à la direction de la société. Il m'en a tenue pour responsable et a convaincu sa mère de créer un concours concurrent et de quitter à son tour la société deux ans après. J'avais convaincu le groupe de lui octroyer un chauffeur et elle était protégée par un statut de salariée. Geneviève était l'image de Miss France et je gérais la société, nous étions l'une et l'autre satisfaites de ce partage de rôles. Elle ne s'est pas rendu compte qu'en quittant Miss France, elle perdrait les partenaires financiers. Elle a mis ses deniers personnels dans le projet, mais il est mort dans l'œuf.

Quelle patronne êtes-vous ?

Moi, j'avais l'image de la carriériste qui dérange, parce que lorsque vous avez trente ans, un bac +5, et que vous êtes capable de dire droit dans les yeux à un homme : « Non, je ne suis pas d'accord avec toi, et si tu n'es pas content, tu sors », cela ne plaît pas.

QUAND ON EST PATRONNE, DIFFICILE DE PLAIRE À TOUT LE MONDE.

J'ai toujours tout fait pour prendre les décisions les plus justes pour le concours et les Miss. Et chez Miss France, nous sommes peu nombreux! Je suis la directrice générale, il y a Estelle qui gère la partie régionale, Mélissa la partie commerciale et Frédéric la partie artistique. Alexia Laroche-Joubert est la présidente et avec la Miss, qui est salariée, cela fait six! C'est une toute petite structure, très « couteau suisse », très adaptable, très connectée.

Pourquoi si peu de femmes à votre place?

Même si on l'a peut-être entendu mille fois, le syndrome de l'imposteur. Si j'avais été avocate, je ne l'aurais pas eu, parce que c'était vraiment ce que je voulais faire, plaider. Miss France, je n'avais pas les codes. Les filles mesuraient toutes 1,80 mètre, de mon côté je mesure 1,72 mètre bien étirée le matin ; j'avais 23 ans, elles en avaient 20... Je n'étais pas complètement dans le cadre. Je me suis dit que vu la probabilité, c'est que cela n'était pas un hasard, et que ma mission, c'était peut-être de reprendre l'organisation.

FRANCHEMENT, JE CONSIDÈRE TOUJOURS MON ÉLECTION COMME UN HOLD-UP.

Alors j'essaie de rendre aux gens. Il y a cinq ans j'ai monté une association qui s'appelle Les Bonnes Fées. Je suis partie au contact de femmes malades et en situation d'exclusion. Lorsque votre enfant vient au monde, vous avez envie de lui offrir un joli départ. Quand je suis allée visiter la maternité de Mamoudzou, à Mayotte – la première maternité française – j'ai vu des femmes qui accouchent dans le couloir. La dignité, c'est quelque chose qui me touche.

Qu'est-ce que vous n'avez pas encore dit ?

Je n'aime pas le mot *influenceuse*, je trouve que cela est parfois mélangé à du téléshopping. Pour moi, les Miss sont des incarnantes, chacune à leur manière, et dans des domaines différents. Marine Lorphelin a terminé son internat, elle est devenue médecin. Laury Thilleman incarne la nouvelle figure de la présentation. Quant à Iris Mittenaere, c'est une égérie à part entière.

Bien sûr, Instagram a créé de nouvelles problématiques. Quand vous voyez l'argent qui y circule… C'est difficile d'expliquer aux Miss, et à nos enfants, que c'est important de poursuivre ses études, de créer une entreprise, de faire carrière, quand en deux posts vous avez un revenu mensuel de 5 000 euros.

Récemment j'étais à un dîner, et une jeune femme connue qui est ronde m'a dit : « Je manque de fermer mon compte tous les jours, parce que je me fais insulter. » Je lui dis : « Tiens, regarde le mien. » Je venais de poster une photo et les commentaires disaient : « Va manger, t'es trop maigre, fais quelque chose… » Les réseaux sociaux, c'est cela. Il faut arrêter de retoucher ses photos, de se rendre malade, soit vous l'utilisez pour le business, soit vous fermez votre compte. Moi, quand j'avais quinze ans, mon challenge c'était d'avoir des copines au lycée. Aujourd'hui, mon fils a 11 ans, et son challenge c'est d'avoir des likes et d'être connu sur Instagram. Cette pression!

Rapport à la célébrité

CELA N'A JAMAIS ÉTÉ MON SOUHAIT. J'AURAIS VOULU FAIRE SCIENCES PO, DEVENIR UNE GRANDE AVOCATE, TRAVAILLER À L'ONU. J'AI TOUJOURS EU BESOIN DE ME SENTIR UTILE.

Livre

LA COLLECTION D'OUVRAGES POUR ENFANTS QUE J'AI RÉALISÉE SUR LES RÉGIONS DE FRANCE. J'AI TROIS LOULOUS ET JE TROUVAIS IMPORTANT DE LEUR TRANSMETTRE CE PATRIMOINE.

Passion

MA FAMILLE. NOUS SOMMES TROIS FILLES, AVEC UNE MAMAN QUI A UN PEU GALÉRÉ, QUI NOUS A TRANSMIS CES NOTIONS DE « TU N'AS PAS MAL », « T'ES FORTE », « TU VAS Y ARRIVER ».

Hafoussoi Vandewalle

Je n'arrête pas de croiser Hafoussoi, lauréate du programme French Tech Tremplin, fondatrice de Zawema, dont le nom signifie « ce qui est beau » en comorien, la marketplace dédiée aux cheveux « texturés » - bouclés, frisés et crépus. Après que son fils lui a demandé de défriser ses cheveux, la patronne d'origine comorienne s'empare d'un marché délaissé par les géants de la beauté, pourtant estimé à plus d'1 milliard d'euros.

Comment est-elle devenue n° 1 ?
En dépassant la sécurité d'un CDI.

Après son baccalauréat, Hafoussoi souhaite effectuer une formation en tourisme. Elle se retrouve sur liste d'attente et décide de faire, par défaut, un BTS assistante trilingue. Après un an dans cette formation qui ne lui convient pas, la dirigeante part de l'autre côté de la Manche à l'occasion d'un stage. Elle restera un an à Londres, durant lequel elle suivra des cours de tourisme en parallèle d'un emploi de jeune fille au pair. Pour Hafoussoi, le rêve, c'est de signer un CDI. L'entrepreneuriat? Un concept inaccessible, inaudible, inenvisageable, réservé à ceux qui ont le temps et l'argent pour se le permettre.

> ❞ *Pendant tout mon parcours, on m'a dit : « Tu n'as pas le niveau d'études.» De missions d'intérim en CDD, mon désir de maternité a été freiné dans l'attente d'une stabilité. À 40 ans, j'ai craqué et je suis retournée sur les bancs de l'école pour obtenir un bac + 5 : le plafond de verre était vraiment trop bas pour moi.*

Son diplôme en poche, la patronne intègre une petite entreprise dans l'univers des cosmétiques, en qualité de responsable achats. Au contact des fournisseurs, Hafoussoi prend confiance en elle et comprend que le CDI n'est pas une fin en soi.

> ❞ *Un jour, mon fils « Adil » m'a dit qu'il n'aimait pas ses cheveux. Depuis mes quatorze ans, je me défrise les cheveux - cela paraît normal, logique, naturel. Sauf quand Adil m'a dit qu'il voulait avoir les cheveux lisses comme moi. La dichotomie entre mon discours et mes actions était beaucoup trop forte. Même sans argent, sans réseau, sans exemple, le besoin de produits capillaires qui mettent réellement en valeur les cheveux texturés était juste trop criant. J'ai démissionné pour me lancer.*

Parcours

Née en 1977 aux Comores, Hafoussoi obtient en 2005 une licence de commerce avec une spécialité en « Échanges internationaux » à l'université Paris-Est Créteil.

La patronne démarre sa carrière en tant qu'assistante commerciale bilingue chez Orange durant deux années, avant de rejoindre Aon France au même poste – une société de courtage en assurances.

2008 : la dirigeante intègre Inventec Performance Chemicals, toujours en qualité d'assistante commerciale bilingue. Trois ans plus tard, elle devient assistante export chez Hutchinson, puis est nommée assistante commerciale bilingue chez Quinette Gallay. En 2015, Hafoussoi devient coordinatrice de projet bilingue pour Chassis Brakes International.
Deux années après, la patronne obtient un diplôme niveau bac +5 en achats internationaux du Centre d'études supérieures du commerce international. La dirigeante prend alors le poste de responsable des achats internationaux au sein de Nessa Cosmétiques.

En janvier 2020, Hafoussoi crée Zawema, une plateforme à impact offrant des soins capillaires et des accessoires adaptés aux cheveux texturés, qui concernent 20 % de la population française.

La patronne est mère d'un garçon, Adil.

Pourquoi vous ?

Cela a démarré avec mon arrivée en France. Je suis numéro huit d'une famille de douze. À huit ans, j'ai quitté les Comores après le décès brutal de mon père. On n'a jamais su de quoi, mais nous pensons qu'il s'agissait d'un AVC. Ma mère s'est retrouvée seule et sans argent. Ma grande sœur, qui avait quinze ans de plus que moi, vivait déjà en France. Mariée et tout juste maman pour la première fois, elle a décidé de me prendre en charge pour m'offrir de meilleures perspectives et m'a élevée telle une seconde maman.

Mon père était chef d'entreprise, il vendait de la vanille et de l'ylang-ylang en tant qu'exploitant agricole. Notre situation était confortable, et, quand il est parti, tout s'est effondré. J'ai donc passé mon enfance à Nanterre avec ma nièce, qui est un peu comme ma sœur aujourd'hui. J'ai été la première de ma famille à passer le baccalauréat.

J'AI TOUJOURS RÊVÉ UN PEU PLUS GRAND QUE LES AUTRES.

Je ne sais pas d'où cela vient. Quand il a fallu choisir une langue vivante en sixième, j'ai entendu que l'allemand était difficile, et donc j'ai choisi l'allemand.

Quelque part, enfouie en moi, il y avait une entrepreneure. À chaque moment de frustration, toute ma vie, j'ai imaginé un service qui puisse y correspondre. Jusqu'à ce que je ne trouve rien qui puisse correspondre à ma recherche de produits pour les cheveux d'Adil et les miens.

À ce stade, je ne voulais pas créer un empire, mais apporter une solution à une situation que je trouvais discriminatoire et injuste. Je souhaitais également vivre d'une activité qui faisait sens pour moi. Dans les commerces traditionnels, impossible de trouver un choix de produits pour les cheveux bouclés, frisés et crépus. Comment un rayon de beauté de grande surface ne peut présenter qu'1 % d'articles dédiés à cette texture de cheveux, alors que l'on estime que 60 % des femmes sont concernées sur Terre? Le décalage entre l'offre et la population est dingue! Ces entreprises sont dirigées par des personnes avec un angle mort massif, qui, finalement, sont minoritaires à l'échelle mondiale.

Quelle patronne êtes-vous ?

J'ai grandi sans *role model* entrepreneurial, sans chemin à suivre. Dans mon milieu, dans ma communauté, dans ma famille, il n'y en avait juste pas. Maintenant, je peux le dire : il faut avoir une sacrée imagination et pas mal de courage pour pouvoir dépasser cela.

Honnêtement, me lancer dans l'entrepreneuriat a été une décision douloureuse. Mon compagnon, qui est électricien, a eu peur. Il m'a dit que cela pouvait attendre, qu'il fallait mettre de côté. Je lui ai répondu qu'en fait on ne serait jamais prêts. Qu'il fallait qu'il assure le présent et que, moi, j'assurerai l'avenir. Cela me touchait trop, cela touchait à mon enfant. Cela dépassait même une problématique commerciale : dénaturer ses cheveux depuis le tout jeune âge pour correspondre à une valorisation sociétale et médiatique est tout simplement toxique. C'était viscéral. Rapidement, mon mari a vite compris que mon projet était sérieux et que j'étais déterminée à aller au bout de ma démarche. Il m'a alors soutenue au-delà de mes attentes.

J'ai voulu lancer une marketplace en ligne dédiée aux cheveux texturés, mais je n'avais aucune connaissance tech. J'ai tenté de faire un crédit à la consommation, qui m'a été refusé. Sans moyens, impossible de recruter, donc j'ai démarré avec une solution low cost au design et aux fonctionnalités très basiques, à 30 euros par mois. J'ai rapidement compris que ce ne serait pas assez, et c'est là que j'ai découvert le concours de la French Tech Tremplin. J'ai postulé, passé toutes les étapes et je l'ai remporté : 20 000 euros et tout l'accompagnement pour me lancer. C'est aussi là que j'ai vraiment compris que j'étais en train de créer une entreprise et de devenir une patronne, même si au départ ce n'était que de moi-même!

ET SURTOUT, POUR LA PREMIÈRE FOIS DE TOUTE MA VIE PROFESSIONNELLE, JE ME SUIS SENTIE À MA PLACE, ENFIN.

Pourquoi si peu de femmes à votre place?

Aux Comores, les femmes sont indépendantes, mais très ancrées dans la tradition. Il faut se marier à un Comorien. Avec cela aussi je suis en rupture, puisque cela n'est pas mon cas, mon mari étant métis : français et antillais.

Quand j'ai obtenu ma licence professionnelle, j'ai été embauchée dans une entreprise d'import-export, où j'ai fait la connaissance d'une femme, blanche, qui était assistante commerciale, comme moi, sauf qu'elle avait fait une école de commerce avec un crédit. Je voyais sa frustration parce que les hommes avec le même parcours avaient des postes de responsables.

JE ME SUIS DIT : « IL Y A UN PLAFOND DE VERRE POUR LES FEMMES, DÉJÀ, ALORS POUR LES FEMMES NOIRES, IL EST ENCORE PLUS BAS. »

Être noir dans le monde du travail en France, c'est pire qu'être une femme. Je l'ai vu dans toutes les industries où j'ai évolué : ferroviaire, automobile, télécoms. Sans être dans la victimisation, je pense que mon nom a posé problème. La seule entreprise qui m'a accueillie après un bac + 5 est dirigée par un homme qui s'appelle… Lamjed. La différence effraie encore.

Qu'est-ce que vous n'avez pas encore dit?

J'ai de mauvais souvenirs de l'époque où, petite, j'étais emmenée par ma sœur dans les quartiers de Château-Rouge, Château-d'Eau ou la Seine-Saint-Denis, pour nous approvisionner en produits capillaires. Ces quartiers ne sont pas hypersécurisés. Je me faisais alpaguer à tous les coins de rue pour me faire coiffer, mais je n'avais pas forcément envie de me faire coiffer! C'était loin, c'était hostile et, honnêtement, adulte, je n'y ai plus remis les pieds.

NON, CE N'EST PAS L'ENDROIT OÙ J'AI ENVIE DE M'ACHETER DES PRODUITS DE BEAUTÉ.

Oui, c'est discriminatoire. Je pense que cette population a longtemps été ignorée : pourtant, elle a un véritable besoin et, surtout, un sacré pouvoir d'achat. D'ailleurs, une femme ayant des cheveux texturés dépense six fois plus en soins capillaires qu'une femme aux cheveux lisses.

Rapport aux Comores

TRÈS ÉLOIGNÉ. CELA FAIT TRENTE ANS QUE JE SUIS EN FRANCE ET JE N'Y SUIS RETOURNÉE QUE TROIS FOIS. MÊME MA MÈRE VIT ICI, À PRÉSENT.

Chiffre

40 – ON PEUT DIRE QUE J'AI VRAIMENT VÉCU LA CRISE DE LA QUARANTAINE ! L'ÂGE OÙ J'AI CLAQUÉ LA PORTE DU SALARIAT, QUE J'AVAIS SI LONGTEMPS DÉSIRÉ. UNE ANNÉE CHARNIÈRE.

Mot

ZAWEMA, ÉVIDEMMENT ! C'EST LE PROJET DE MA VIE. JE VIS UN RÊVE.

La barrière semble être, de prime abord, celle de la langue. Comment questionner mon interviewée sans que nous puissions nous comprendre? Car Marlène n'est pas totalement une patronne comme les autres. La fondatrice de la maison d'édition Inclood est sourde de naissance. Son application propose une solution de lecture innovante - l'adaptation des livres écrits en français vers la langue des signes. Cette graphiste de formation a quelque temps exercé en free-lance, devenant ainsi directrice artistique d'initiatives liées à l'écosystème de la langue des signes et des personnes sourdes, comme le Festival Clin d'œil. Lassée de l'inaccessibilité de la littérature hexagonale, la dirigeante crée sa propre structure en 2016, publiant des livres connectés accessibles à tous grâce à la réalité augmentée. Avec moi, une personne parlant la langue des signes française interprète. Découverte d'une communauté soudée qui donne envie d'en être.

Comment est-elle devenue n° 1 ?

En créant sa propre voie.

Je vis dans un monde entendant, où la surdité n'a pas sa place. Patronne n'est pas une vocation, mais une nécessité.

La dirigeante grandit dans une famille d'entendants. À un an, on lui diagnostique une surdité profonde. Sa mère, d'origine allemande, consulte des deux côtés de la frontière, le constat est sans appel : la petite fille est sourde. Rapidement, la solution médicale proposée est l'implant. Nous sommes en 1983, les essais sont balbutiants, la famille refuse de laisser leur enfant être cobaye d'une technologie encore peu fiable. Marlène poursuit sa scolarité dans une école classique, sans apprentissage de la langue des signes, accompagnée de quelques autres enfants sourds. Les heures d'orthophonie s'enchaînent, c'est le début d'un long combat.

> ” *Le décalage a démarré à l'école. Évidemment, il y avait beaucoup de choses que je ne comprenais pas. Alors, entre sourds, on essayait de faire le point et de s'entraider. Depuis, on n'a jamais arrêté.*

Tête-à-tête

Pourquoi vous?

Mon ambition initiale n'était pas de créer mon entreprise, ou même d'être ma propre cheffe. Mon parcours et ma situation m'y ont menée.

Petite, je voulais devenir architecte, comme mon oncle. Mais lorsque j'ai été prise dans une école d'architecture à Marseille, j'ai vite constaté que j'étais totalement larguée par rapport à mes camarades. Les études supérieures sont radicalement différentes de l'organisation au lycée. On se retrouve dans des amphithéâtres avec un professeur distant - impossible de lire sur ses lèvres, de suivre les cours, d'échanger avec les autres.

LE SYSTÈME N'ÉTAIT TOUT SIMPLEMENT PAS ADAPTÉ, ET J'AI DÛ ABANDONNER.

J'ai déménagé à Paris et j'ai choisi un cursus dans l'édition qui me plaisait particulièrement. À Paris, il y avait une communauté de sourds beaucoup plus importante, dans laquelle j'ai pu me retrouver, échanger, développer une certaine fluidité en langue des signes française, que j'ai fini par apprendre sur le tas. Et puis de manière générale, l'accessibilité pour tous y est bien supérieure que dans le reste de la France. C'est à ce moment-là que j'ai commencé à me créer mon propre chemin.

Parcours

Née en 1983 à Nice, Marlène est l'aînée d'un frère de trois ans son cadet. La patronne obtient en 2007 un BTS spécialisé dans l'édition, les techniques éditoriales et de fabrication à la prestigieuse école Estienne. La dirigeante poursuit sa formation avec une licence professionnelle des métiers du livre à l'IUT de Ville-d'Avray, dont elle sort diplômée en 2009. Elle apprend ensuite les techniques de l'infographie au Campus Fonderie de l'Image.

Marlène démarre sa carrière en tant que graphiste free-lance : dès 2014, elle gère notamment l'ensemble du graphisme du Festival Clin d'œil, un événement international des arts en langue des signes créé en 2003, qui a lieu tous les deux ans en Champagne. En 2016, la patronne suit une formation accélérée de création d'entreprise et de lancement de concept innovant proposée par le Labo de l'édition au sein de l'incubateur Paris & Co. Elle y rencontre Brigitte Gros Macias, qui devient son associée. La même année, les deux jeunes femmes fondent Inclood.

Un an plus tard, un premier poster, intitulé « les bienfaits des aliments », est traduit en langue des signes française. 2017 : la maison publie son premier livre, *Viggo*, un ouvrage pour enfants d'Anthony Guyon (en LSF), adapté en français par Dominique Agnesina et illustré par Mö de Lanfé.

L'équipe s'agrandit en 2018, avec notamment l'arrivée d'Ombeline Laurent, chargée de communication et partenariats, ainsi que Tiffany Margueritain, chargée de la relation client.

En 2019, Marlène publie *Inouïes, portraits de femmes sourdes* - trente-huit entretiens qui relatent le parcours et le quotidien de femmes sourdes. Inclood est incubé à Paris Pionnières, puis à La Ruche. Aujourd'hui, Marlène vit et travaille à Nantes, et suit le programme Accélérateur culture de SAMOA, industries culturelles et créatives de la métropole nantaise.

La dirigeante est lauréate du Trophée du public du concours « Créatrices d'avenir 2018 ».

Quelle patronne êtes-vous ?

J'ai toujours aimé lire. Après l'architecture, l'édition est devenue une évidence : les textes, les visuels, le livre-objet en tant que tel. Mon diplôme en poche, j'ai postulé dans toutes les maisons, avec une transparence sur ma surdité, sans grand succès. J'ai fait une formation complémentaire en infographie, un peu par défaut, et j'ai décroché quelques CDD. J'ai toujours voulu revenir à l'édition, mais comment?

FINALEMENT, DEVENIR PATRONNE M'A PERMIS DE ME CRÉER MON PROPRE POSTE, CELUI QUE J'AURAIS AIMÉ AVOIR DANS UNE GRANDE ENTREPRISE,

même si le désir d'indépendance ne m'était pas totalement étranger. Je me suis inscrite à une formation d'entrepreneuriat, j'y ai rencontré ma cofondatrice, Brigitte Gros Macias, sourde également, et c'était parti! Par la suite, Ombeline Laurent, qui est entendante et sait signer, a pris le relais.

Mon envie de départ, cela a été de donner l'envie aux sourds de lire. Les livres bilingues français-langue des signes française n'existaient pas sous la forme d'une application utilisant la technique de réalité augmentée, alors je l'ai inventée. La syntaxe entre les deux langues n'est pas la même, l'apprentissage de la lecture du français peut être vécu comme l'apprentissage d'une seconde langue.

Depuis mai 2021, nous sommes rentables. Avant, je ne vivais qu'avec mon allocation adulte handicapé. Le rythme de publication actuel, c'est environ un ou deux livres tous les dix-huit mois, sans compter les ouvrages réédités sous d'autres formats ou bien traduits en anglais. Mais la maison va bien au-delà de l'édition. L'application Inclood est un outil numérique qui sert aussi à l'accompagnement scolaire et périscolaire.

Pourquoi si peu de femmes à votre place?

Si j'avais lâché, je ne serais pas à la tête de mon entreprise, je n'aurais peut-être même pas terminé mes études! Mesdames, n'abandonnez pas au premier obstacle, car, dans la vie, vous rencontrerez des obstacles et c'est ce qui rend les choses intéressantes! Certes, il faut bien s'entourer, et oui, au risque de se répéter, la persévérance paie toujours. Vraiment.

La sincérité aussi. Ce qui m'anime au quotidien, c'est de contribuer à la reconnaissance et à la valorisation des personnes sourdes.

MON AMBITION, C'EST QUE NOS LIVRES SOIENT DANS TOUTES LES LIBRAIRIES, QUE CHACUN PUISSE TROUVER LE LIVRE QUI LUI CORRESPOND, SANS BARRIÈRE.

Et c'est pour cela que cela marche.

Qu'est-ce que vous n'avez pas encore dit ?

En France, il existe une structure qui s'appelle Agefiph (Association de gestion du fonds pour l'insertion des personnes handicapées), qui subventionne les interprètes – certes pour un nombre limité d'heures –, ce qui m'a permis de suivre une scolarité quasi normale à partir de l'école Estienne, et de trouver ma vocation.

Cela étant dit, aujourd'hui, quand un enfant naît sourd dans l'Hexagone, le premier interlocuteur, c'est le médecin. La langue des signes n'est pas systématiquement recommandée, car l'idée, c'est de « réparer » l'enfant, avec un implant. Grosso modo, il faut à tout prix qu'il revienne dans la norme, qu'il entende. Il faut aussi savoir que la sécurité sociale rembourse à 100 % la pose d'un implant, tandis que les cours de langue des signes (pour les parents) ne sont pas pris en charge. Il y a très peu d'écoles bilingues, six ou sept en France, car jusqu'en 1975 la pratique de la langue des signes en milieu scolaire était bannie, en faveur de l'oralisation! L'enfant sourd devait savoir oraliser au détriment de l'apprentissage de savoirs. Et pourtant, 1 bébé sur 1 000 naît sourd. Tout cela ne fait aucun sens. La société doit s'adapter à tous, pas l'inverse.

Nous ne sommes pas handicapés, inadaptés, anormaux. Je ne me sens pas en situation de handicap, c'est la société qui me met dans ce rôle. Aujourd'hui, s'il n'y avait pas d'interprète, tu n'aurais pas pu me comprendre. Qui est handicapée dans cette situation, c'est toi, ou c'est moi ?

Rapport à la communauté « sourde »

C'EST UN TOUT PETIT MONDE, DANS LEQUEL J'AI CONSCIENCE D'ÊTRE EXTRÊMEMENT PRIVILÉGIÉE. EN FRANCE, ON SE CONNAÎT PRESQUE TOUS !

Rapports familiaux

MA FAMILLE NE SIGNE PAS. MON PÈRE N'A PAS VRAIMENT ACCEPTÉ MA SURDITÉ. J'ÉVOLUE DANS UN UNIVERS DIFFÉRENT DU LEUR. MALGRÉ CELA, JE RESTE PROCHE DE MA MÈRE, DE MON FRÈRE ET DE SA FAMILLE.

Mot

SIGNER, BIEN SÛR ! PEU DE GENS SAVENT ENCORE QUE CHAQUE PAYS A SA PROPRE LANGUE DES SIGNES, TANDIS QUE L'ON PENSE SOUVENT QU'ELLE EST UNIVERSELLE.

Roxanne

La Silicon Valley à Paris. Enfant de Palo Alto, Roxanne est le visage de Station F : 50 000 m², 1 000 start-ups, 30 programmes d'accompagnement, plus de 300 fonds d'investissement (VC), 600 événements annuels – un espace démesuré imaginé par Xavier Niel. Avant de prendre les commandes du plus grand incubateur de start-ups au monde, la dirigeante fut rédactrice en chef de TechCrunch France, puis directrice de l'incubateur de Microsoft dans l'Hexagone. Cette Américaine d'origine iranienne, naturalisée française et mariée à un Chinois, incarne parfaitement la *start-up nation,* dont elle possède tous les codes. La dirigeante à l'accent léger et à la grâce naturelle m'accueille chaleureusement à la halle Freyssinet, jadis un bâtiment ferroviaire devenu l'eldorado des entrepreneurs du monde entier.

Varza

Comment est-elle devenue n° 1 ?

En allant à la rencontre de l'écosystème qui la passionne.

Ce que Roxanne aime avant tout dans les start-ups, ce sont les fondateurs et les équipes qui participent à les faire grandir : leur passion, leur créativité, leur intelligence. Durant ses études, la dirigeante veut se mêler à cette faune. Elle démarre un blog sur l'écosystème tech, qui émerge en France : TechBaguette.

> ” *Cela a commencé comme une blague, un prétexte pour rencontrer des gens. Deux semaines après, j'étais contactée par TechCrunch. Je pense qu'ils m'ont approchée, car j'étais peut-être la seule Américaine qui couvrait le marché français. J'ai commencé à écrire des articles en*

anglais, et puis ils m'ont demandé si je voulais bien diriger le lancement du site en français. J'ai dit oui, sans réfléchir.

La patronne pense que les équipes de TechCrunch reviendront vers elle plusieurs semaines après. Ils sont revenus dès le lendemain. C'est la panique – sa langue maternelle n'est pas le français, elle n'est pas une experte en tech -, le fameux syndrome de l'imposteur, qui se conjugue souvent au féminin. Roxanne appelle un ami, Cédric Giorgi, qui accepte de relire ses premiers articles et l'aide à construire une petite équipe de bénévoles – quatre-vingt-dix articles mensuels peuvent être extrêmement chronophages.

Quelques mois plus tard, Roxanne rencontre Xavier Niel dans le cadre d'un événement qu'elle couvre pour le média.

Tête-à-tête

Pourquoi vous ?

Je dois ma place au réseau que je me suis créé. Le réseau n'est pas un mot sale, mais un réflexe à adopter. Il faut rencontrer de nouvelles personnes avec la perspective de les aider. Je ne comprends pas pourquoi cela est mal vu, particulièrement en France. Pourquoi se mettre des barrières?

C'EST CE QUI VA NOURRIR VOTRE ACTIVITÉ PRINCIPALE, FAIRE AVANCER VOTRE CARRIÈRE ET CRÉER DE LA RICHESSE, SOUS TOUTES SES FORMES.

Au début de TechCrunch, les responsables m'ont réclamé un contenu sur une réception chez Microsoft. Quelqu'un m'a demandé si je souhaitais rencontrer

Parcours

Née le 8 février 1985 à Mountain View, en Californie, Roxane grandit à Palo Alto, où ses parents ont immigré lors de la révolution de 1979 en Iran. Son père, grand passionné d'informatique, travaille pour Hewlett-Packard et crée sa propre structure tandis que sa mère enseigne l'anglais aux étrangers.

La dirigeante obtient une licence à l'UCLA, puis devient chargée d'affaires pour Business France, un organisme qui promeut le développement international des entreprises françaises.

En 2005, la patronne fait ses premiers pas en France, à Bordeaux, lors d'un échange scolaire. Elle émet le souhait d'évoluer en dehors de Paris, pour voir « une vraie ville française », avec peut-être moins de cosmopolitisme. Les débuts sont difficiles, notamment dans les rapports humains. Le cliché du Français distant de prime abord n'est pas un mythe, mais, quand la glace fond, les relations deviennent très profondes. C'est le coup de foudre : Roxanne rentre en se disant que sa vie est en France.

Elle postule à un double master en politique économique internationale à Sciences Po et à la London School of Economics. Tandis qu'elle devient rédactrice en chef de TechCrunch France en parallèle de ses études, elle attend patiemment une offre d'emploi afin d'obtenir un visa français. Microsoft France lui offre la gestion de son incubateur.

Trois ans plus tard, Xavier Niel la propulse à la tête de Station F.

Xavier Niel. Il m'a dit qu'il lisait mes articles de TechCrunch et nous sommes restés en contact : il m'envoyait parfois des commentaires.

Après mon diplôme, Microsoft m'a contactée pour piloter le programme d'innovation pour le marché français. Nous avons créé un espace de 300 m^2, où j'ai appris tout l'accompagnement entrepreneurial, à une plus petite échelle.

Un jour, Xavier me recontacte avec un e-mail dont l'objet était assez flou : « Est-ce que tu as du mal avec le décalage horaire? » Nous avons démarré une discussion et j'ai accepté d'aller visiter quelques campus entrepreneuriaux dans d'autres pays pour étudier ce qui se faisait ailleurs.

En fait, je passais un entretien. D'un coup, je me suis retrouvée à une réunion de présentation aux architectes, je lui ai demandé ce que je faisais là et il m'a proposé le poste.

Quelle patronne êtes-vous ?

Station F joue un rôle politique. Nous recevons des chefs d'État, des membres de familles royales. Même si l'on ne s'habitue jamais vraiment à cela, j'aime être fidèle à moi-même. Et je suis à l'aise en baskets. Au début, j'ai essuyé quelques commentaires, mais il n'est pas envisageable de me déguiser. Les premiers mois ici n'ont pas été évidents, car j'étais sous le feu des projecteurs.

Pourquoi si peu de femmes à votre place?

En 2010, j'ai fondé une association pour promouvoir l'entrepreneuriat au féminin, car je trouvais que les femmes étaient sous-représentées dans les médias consacrés aux start-ups. Cela s'appelait Start'Her. Nous avons fusionné avec Sista, un collectif qui souhaite notamment réduire les inégalités de financement entre femmes et hommes entrepreneurs.

Station F se bat pour l'entrepreneuriat féminin. Aujourd'hui, un tiers de la population du campus est féminine, mais il y a encore du chemin à parcourir pour que la société soit reflétée au sens large. Nous avons mis en place depuis la première année le « Female Founders Fellowship », qui permet à dix start-ups fondées par des femmes de bénéficier d'un accompagnement spécialisé, de ressources et d'une médiatisation accrue.

NOUS AVONS LANCÉ DEPUIS PEU UN PROGRAMME DE « FEMTECH », QUI CONCERNE L'ENSEMBLE DES INITIATIVES QUI TOUCHENT LA SANTÉ FÉMININE.

Je demande à Roxanne si elle est mariée et si elle a des enfants.

J'ai deux enfants, un mari d'origine chinoise, mais je n'aime pas centrer le sujet des interviews de femmes autour de la maternité et de la vie privée. Les hommes parlent de business, pourquoi serions-nous différentes? Ce qui m'intéresse, ce sont les expertises.

Qu'est-ce que vous n'avez pas encore dit?

Nous ne sommes qu'à l'aube de Station F. J'aime cette phase de démarrage, c'est le moment où la créativité atteint son pic, où tout est possible. C'est aussi une somme de petits échecs, qui sont pleins d'enseignements. J'ai monté des conférences « FailCon » lorsque j'étais à Sciences Po, car je trouvais que le sujet était beaucoup trop tabou en France. En cours, j'ai même développé un complexe, car j'avais l'impression que les autres élèves posaient des questions pour montrer leurs connaissances mais pas réellement pour apprendre. C'était mal vu de poser une question qui pourrait être perçue comme bête. Sur le terrain, c'était terrible – les entreprises ne voulaient pas voir leur logo à côté du mot « Fail », personne ne voulait raconter de véritable échec personnel. Cela a pris énormément de temps. Ce n'est que lorsque Fleur Pellerin, qui était ministre déléguée aux PME en 2014, a créé les conférences de Rebond que le sujet s'est enfin démocratisé.

J'ai pensé à un moment fonder mon entreprise, mais l'idée de me cloisonner dans un secteur ne me convient pas. J'aime rencontrer des gens, avoir une vision d'ensemble – ce poste me va finalement très bien.

Obsession

L'ENTREPRENEURIAT : J'AI GRANDI DANS LA SILICON VALLEY, OÙ, COMME À SAN FRANCISCO, TOUT ÉTAIT DÉJÀ CONSTRUIT. EN FRANCE, TOUT EST À FAIRE.

Passion

LA FRANCE ! JE SUIS AMOUREUSE DE TOUT : LA CULTURE, L'HISTOIRE, LE RAYONNEMENT. PEUT-ÊTRE QUE CELA VIENT DE MES ORIGINES IRANIENNES, UN PEUPLE TRÈS FRANCOPHILE.

Fierté

STATION F. LES GENS NE COMPRENNENT PAS POURQUOI LE PLUS GRAND INCUBATEUR AU MONDE EST À PARIS. ET POURTANT, DÈS L'OUVERTURE, NOUS AVONS REÇU 11 000 CANDIDATURES.

Sibyle Veil

Il y a quelque chose de musical dans l'architecture de la « Maison Ronde » de Radio France. Face à la Seine, entourée de multiples fenêtres et de placards boisés, Sibyle m'attend. Étrangement, la première image qui me vient en tête est la maman des triplés de Nicole Lambert, ses longs cheveux blonds et son élégance parisienne. Sibyle est présidente-directrice générale depuis 2018 de cette organisation qui gère les stations de radios publiques françaises, soit près de 5 000 salariés, 650 millions de chiffre d'affaires et, surtout, les voix qui chuchotent à l'oreille des Français. Celle de Sibyle est claire, posée et souriante.

Comment est-elle devenue n° 1 ?
En voulant « changer de monde ».

Sibyle grandit à Dijon. La patronne évolue dans une certaine dualité entre l'aspect créatif et humaniste de sa mère - psychologue - et l'ordre et la méthode de son père - ingénieur dans les travaux publics. La jeune femme développe une ambition qui dépasse rapidement celle de ses pairs.

> *Très tôt, j'ai eu l'envie de « monter à la capitale ». Oui, Paris me faisait rêver. Je voulais changer de monde. J'ai su que, lorsque l'on faisait l'ENA, on avait la possibilité de faire de la politique. Cela me plaisait.*

C'est l'époque des grandes grèves de l'hiver 1995. Pour la jeune femme, ces évènements sont une prise de conscience sur la difficulté de communiquer sur un projet.

> *J'ai toujours eu un goût prononcé pour la sociologie, d'ailleurs j'aime beaucoup une phrase de Jean Lacroix, fondateur de la revue* Esprit, *qui dit : « Une conscience éclairée est une conscience qui se situe et qui comprend le monde dans lequel l'on vit. »*

Après l'ENA, Sibyle choisit le Conseil d'État plutôt que la prestigieuse Inspection des finances, avec l'envie irrépressible d'être au cœur de sujets sociaux et des dialogues qui en résultent. Une vocation qui la mène à l'Élysée, puis au cœur d'un chantier de taille : l'Assistance publique-Hôpitaux de Paris, avant de rejoindre Radio France.

Parcours

Née le 26 septembre 1977 à Langres d'un père ingénieur et d'une mère psychologue, Sibyle grandit à Dijon. Elle a une sœur aînée et un frère cadet. La dirigeante effectue ses études à Sciences Po puis intègre l'ENA au sein de la promotion Léopold Sédar Senghor (2004) aux côtés d'un certain Emmanuel Macron.

> ” *Je n'ai jamais été poussée par mes parents, cela venait vraiment de moi. D'ailleurs, ils ne savaient même pas ce qu'était l'ENA. Quand je leur ai annoncé que j'intégrais cette école, ils pensaient que cela s'écrivait LENA!*

Sibyle démarre sa carrière au Conseil d'État, où elle se penche notamment sur la réforme de l'audiovisuel public.

En 2010, elle est nommée directrice du pilotage de la transformation à l'Assistance publique-Hôpitaux de Paris.

2015 : Mathieu Gallet la recrute en qualité de directrice déléguée chargée des opérations et des finances dans un contexte de grève générale.

Trois années après, suite au départ du P.-D.G., la dirigeante est nommée à sa place par le CSA.

Sibyle est mariée à Sébastien Veil, petit-fils de Simone Veil. Le couple a trois enfants, une fille et deux garçons.

Pourquoi vous ?

Peut-être mon appétence pour le dialogue social. Après le Conseil d'État et l'Élysée, j'ai voulu mettre en œuvre des choses concrètement. J'ai choisi un poste compliqué mais passionnant : la direction de la transformation de l'AP-HP et ses trente-cinq hôpitaux à Paris et en Île-de-France. C'est un univers difficile, avec des vrais choix de moyens pour que chacun puisse se faire soigner. Puis, en 2015, j'ai été contactée par un chasseur de têtes dans un contexte de grève à Radio France.

J'intègre l'entreprise tandis qu'un médiateur assure le dialogue entre la direction et les partenaires sociaux, il y avait un vrai enjeu, car les syndicats pensaient que l'on n'arriverait pas à payer les rémunérations pendant l'été. Cela a été une période estivale intense, d'autant plus que j'avais eu mon troisième enfant six mois plus tôt.

JE PENSE QUE MON EXPÉRIENCE DANS DES MILIEUX À L'ÉPIDERME SOCIAL ULTRASENSIBLE A DÛ FAIRE LA DIFFÉRENCE.

J'aime le dialogue, prendre les interlocuteurs au sérieux, les respecter, en faire des partenaires pour faire évoluer notre présent.

Quelle patronne êtes-vous ?

J'aime particulièrement Radio France, car c'est le reflet de la société. Comme AP-HP, c'en est d'ailleurs un peu le pouls. C'est ce qui me porte au quotidien! Pour quelqu'un qui aime comprendre les évolutions du monde qui l'entoure, c'est le Graal. C'est aussi passionnant de travailler la culture d'entreprise et les ressorts qui ne relèvent pas de la seule autorité. Comment convaincre, engager, fédérer? Lorsque Mathieu Gallet a quitté la présidence, j'ai voulu relever le défi et je me suis présentée. Cela fait bientôt trois ans que je dirige l'organisation.

IL Y A UN TEL POTENTIEL DE MODERNITÉ DANS CET ÉCOSYSTÈME QUI EST EN TRAIN D'INVENTER LA RADIO DE DEMAIN !

L'histoire, la philosophie, la géographie, la musique, l'information... nos collaborateurs ont une culture infinie, et tout se passe en direct. Il faut porter ses talents et continuer à être en prise avec la société, rester en adéquation avec ce qui intéresse la nouvelle génération. Nous avons, par exemple, été les premiers à dédier une émission entière au sujet de l'environnement, « La Terre au carré » de Mathieu Vidard, qui plus est à une heure de grande écoute! À l'époque, le sujet était perçu comme anxiogène, très peu de médias voulaient en parler. Il faut constamment innover, moderniser ce média avec les moyens que l'État nous donne. Nous vivons un moment décisif où les contenus se choisissent et la chronologie de consommation a été bouleversée. Plus que jamais, nous avons besoin d'une information qui soit fiable et impartiale, dans un monde où il y a beaucoup de facteurs de déstabilisation, avec notamment les réseaux sociaux qui engendrent la multiplicité des intervenants, c'est absolument passionnant!

Je fais également partie de ceux qui se régénèrent au contact des autres.

LE SYNDROME DU CHEF D'ENTREPRISE COMME CENTRE D'ATTRACTION, JE N'Y CROIS PAS DU TOUT !

Ni de la captation d'information que l'on cloisonne. Je pense que cela désorganise, démotive et qu'il faut, au contraire, à la fois irriguer son environnement, l'inclure, le faire participer et réagir.

Pourquoi si peu de femmes à votre place?

À mon époque, les chiffres concernant l'ENA sont assez éclairants. Aux épreuves écrites, on est à parité parfaite. En revanche, à l'oral, on passe à 25 % de femmes et 75 % d'hommes. Est-ce la composition du jury ou la capacité des femmes à s'affirmer? La première fois, j'ai raté les oraux. J'avais eu de très bonnes notes à l'écrit, mais à l'oral le jury m'a descendue, avec un tout petit sept. La seconde fois, j'ai pu appréhender les codes, car j'avais rencontré quelqu'un qui l'avait fait, un ancien étudiant de mon lycée. De voir un provincial, comme moi, avoir réussi ce parcours-là, cela m'a donné des ailes! C'est devenu possible.

J'ai été marquée par l'histoire de Julie-Victoire Daubié, qui a été la première femme en France à avoir le baccalauréat. Elle s'est dit que, puisqu'il n'y avait pas de lois qui interdisaient aux femmes de le passer, elle allait tenter le concours. Elle est donc parvenue à l'obtenir de manière autodidacte dans les années 1860. Par la suite, elle a voulu aller à l'université, on lui a refusé l'entrée et, dix ans après, elle était la première femme licenciée en lettres et est ensuite devenue journaliste.

C'EST POUR CELA QU'IL FAUT MONTRER LES PIONNIÈRES. LES FEMMES AU SOMMET, C'EST UNE TENDANCE IRRÉVERSIBLE.

Qu'est-ce que vous n'avez pas encore dit?

Je pense que pour être bien dans son travail, il faut être bien à côté. Je fais beaucoup attention à maintenir cet équilibre, mais il faut parfois casser le mythe de la femme 360. Durant le premier confinement, je n'ai pas pu du tout m'occuper de mon plus jeune enfant, et mon mari non plus. Il était en grande section et, lorsqu'il est arrivé en CP, il a eu un peu de mal dans l'apprentissage de la lecture.

LORSQU'UN ENFANT EST EN DIFFICULTÉ, LA FAUTE EST RAPIDEMENT REJETÉE SUR LA MÈRE.

La conciliation entre la vie pro et la vie perso pèse encore beaucoup sur les femmes. Il faut élever nos enfants avec cette charge en plus.

Je pense que l'éducation changera les mentalités. Je fais attention aux détails dans la manière dont j'éduque mes enfants, ce sont des petites choses importantes, car cela conditionne le reste! Comme chaque parent, quand je rentre chez moi après le travail, j'ai une seconde vie qui commence. Je regarde le cartable de mes enfants, s'il y a bien tout dans la trousse, je prépare le goûter pour le lendemain. Quand ils sont déjà couchés, je le fais avec la lampe de poche!

PETIT À PETIT, LA CHARGE VA SE RÉPARTIR, NOTAMMENT GRÂCE À L'ALLONGEMENT DU CONGÉ PATERNITÉ. CELA AURAIT DÛ ÊTRE FAIT IL Y A BIEN LONGTEMPS !

C'est important de partager cette charge-là dès le début, parce que l'attachement s'éprouve aussi avec une implication en matière de temps et qu'il faut que le père soit très rapidement investi.

Rapport à la mère

MA MAMAN ÉTAIT PSYCHOLOGUE, CE QUI M'A DONNÉ DE L'INTÉRÊT POUR LA COMPRÉHENSION DU COMPORTEMENT DES INDIVIDUS. C'EST DEVENU UN ATOUT AU QUOTIDIEN.

Passion

LA CULTURE. NOTRE PAYS REGORGE DE FESTIVALS CULTURELS ABSOLUMENT FANTASTIQUES. JE VAIS DEPUIS DES ANNÉES À CEUX D'AVIGNON, DE LA ROQUE D'ANTHÉRON ET D'AIX-EN-PROVENCE.

Livre

LE CYGNE NOIR ET *JOUER SA PEAU* DE NASSIM NICHOLAS TALEB. CELA DÉCRIT LA CAPACITÉ À PRENDRE DES RISQUES ET TRANSFORMER LES IMPRÉVUS DE LA VIE EN OPPORTUNITÉS.

Charlotte m'attend au coin de la brasserie du Lutetia. Assis à côté de son fauteuil motorisé, son labrador au pelage noir brise rapidement la glace. La fondatrice de Wheeliz – plateforme de location entre particuliers de voitures adaptées aux personnes en fauteuil roulant – rayonne en ces premiers jours de printemps. Pour arriver jusqu'à la patronne, j'ai descendu l'escalier de mon immeuble, monté ceux du métro et sauté sur plusieurs trottoirs parisiens. Pour la première fois, j'ai réalisé en chemin l'inadaptabilité totale du quotidien citadin pour les 12 millions de Français touchés de près ou de loin par le handicap. En choisissant un lieu estampillé « palace » pour cet entretien, je me suis assurée de l'accessibilité de notre rencontre. Quelques minutes de panique du personnel de l'hôtel plus tard, une porte dérobée s'ouvre sur le côté, dévoilant une espèce de monte-charge dont personne ne semble avoir les clés. Amusée, la dirigeante – qui n'a que quelques mois de moins que moi – me glisse : « Tu vois, je n'ai jamais droit à l'entrée principale. » La claque.

Comment est-elle devenue n° 1 ?

En n'ayant pas le choix.

La maladie neuromusculaire de Charlotte possède un nom barbare : l'amyotrophie spinale. Avec le temps, elle s'aggrave doucement. Tous les deux, trois ans, la patronne perd une petite faculté. Charlotte grandit dans un environnement 100 % valide, ses parents se battent contre un système qui veut l'orienter vers des structures spécialisées. Les écoles la renvoient, le handicap effraie. Évoluer d'égal à égal, c'est une chance inouïe dont peu d'enfants qui lui ressemblent ont bénéficié. C'est aussi rêver comme tout le monde, avoir les mêmes aspirations. Charlotte n'a jamais eu d'autocensure.

Notre monde n'est pas adapté à moi. Je n'ai pas eu le choix, il a fallu que je me crée une place à part, un chemin qui m'est propre, et cela passe par l'entrepreneuriat. Dès mes premiers stages, j'ai dû renoncer à certains postes, car les bureaux ne m'étaient pas physiquement accessibles. Devenir patronne, ce fut une nécessité. En grandissant, je ne voulais pas m'identifier à une handicapée. Et puis, à 21 ans, j'ai démarré un blog pour que mes amis se rendent compte de la difficulté de mon quotidien et des situations ubuesques créées par l'inadaptabilité du monde valide au handicap. Les faits les plus anodins et concrets pour eux, c'est une galère pour moi.

Le site, qui s'appelle Wheelcome, est un succès immédiat, avec un lectorat mensuel de plus de trois cent mille personnes. L'écriture réconcilie la dirigeante avec son handicap, une communauté solidaire de valides et de non valides se forme autour d'elle, les demandes de journalistes affluent. Charlotte pose sa démission et crée une entreprise liée à cet écosystème.

Tête-à-tête

Pourquoi vous ?

Je suis confrontée à la difficulté depuis toute petite, elle ne me fait pas peur.

Au départ, je n'ai rien mis sur mon CV, parce que je ne voulais ni être écartée ni être sélectionnée pour les mauvaises raisons.

NE PAS AVOIR UN POSTE PARCE QUE L'ON NE PEUT PAS PHYSIQUEMENT M'ACCUEILLIR, C'EST TRÈS FRUSTRANT.

Quand j'ai démarré mon entreprise, mon entourage a douté. J'ai douté. Malgré mon handicap, j'avais réussi à cocher toutes les cases, j'étais en CDI. Déjà que

Parcours

Née le 2 février 1990 à Paris, Charlotte grandit à Courbevoie, puis à Neuilly-sur-Seine, dans une fratrie de trois enfants, dont elle est l'aînée. Elle est tétraplégique de naissance, ce qui est dû à une maladie génétique neuromusculaire, et se déplace en fauteuil roulant. Charlotte, qui habite à présent à Pantin, est la seule de sa famille atteinte d'un handicap moteur. Après une année de classes préparatoires littéraires, la dirigeante poursuit des études de communication et de stratégie de marque au CELSA, dont elle sort diplômée d'un master 2 en 2013. Elle démarre ensuite sa carrière en tant que planneur stratégique au sein de l'agence de publicité Ogilvy. En parallèle, Charlotte crée un blog intitulé « Wheelcome », dans lequel elle raconte avec humour son quotidien en fauteuil roulant.

Trois ans plus tard, elle publie son premier livre : *Ne dites pas à ma mère que je suis handicapée, elle me croit trapéziste dans un cirque* (Éditions Grasset, 2015). Suite à l'impossibilité de se rendre au mariage de l'une de ses amies dans les Bouches-du-Rhône, faute de moyen de transport accessible entre le train et le lieu de réception, Charlotte a l'idée de créer Wheeliz, « le Airbnb de la voiture aménagée ». La patronne lève plus de 20 000 euros grâce à une campagne de financement participatif et crée la première plateforme collaborative au monde de voitures aménagées pour les personnes en fauteuil roulant, en s'associant au développeur Rémi Janot. Cinq années après, la start-up emploie dix personnes, possède un parc automobile de mille cinq cents voitures et gère plusieurs milliers de demandes mensuelles en partenariat avec l'assureur MAIF. En France, plus de quatre cent mille personnes se déplacent en fauteuil roulant.

2022 : Wheeliz rejoint le groupe APF France handicap, association historique de défense des droits des personnes en situation de handicap, avec l'ambition de s'exporter en Europe.

L'entreprise est lauréate du prix du meilleur projet d'innovation sociale en Europe, décerné par la Commission européenne.

l'entrepreneuriat, c'est dur, mais alors en fauteuil! Personne ne voulait nous assurer, il a fallu inventer un produit spécifique avec la MAIF, qui est vraiment « assureur militant »! Je me souviens d'un *business-angel* qui m'a poliment écoutée, puis qui, le lendemain, m'a envoyé un mail m'indiquant que mon désir d'entrepreneuriat n'était pas compatible avec ma condition physique. Je n'ai jamais été aussi motivée.

Le concept de Wheeliz n'est pas du tout révolutionnaire, avec un système de commission sur les locations. J'ai été surprise de voir que cela n'existait dans aucun pays! Rapidement, je me suis associée à Rémi Janot pour la partie informatique. La start-up a décollé très vite, et j'ai pu me verser un salaire.

Quelle patronne êtes-vous ?

Une patronne qui ne se pose pas de limites!

PLUS JEUNE, UNE CONSEILLÈRE D'ORIENTATION M'A DEMANDÉ QUEL MÉTIER JE SOUHAITAIS FAIRE. JE LUI AI RÉPONDU TRÈS SÉRIEUSEMENT : « TRAPÉZISTE DANS UN CIRQUE. »

J'adorais le justaucorps à paillettes! Un corps souple qui peut voler dans les airs, quel bonheur.

Plus tard, je me suis orientée vers la publicité en me spécialisant dans la stratégie de marque. J'ai trouvé un travail dans une agence, mais rapidement cette surconsommation humaine m'a paru extrêmement futile. Faire une nuit blanche parce que l'on hésite à rajouter des paillettes sur un shampoing, dans ma situation, cela paraît absurde. J'ai eu envie de croire que des talents pouvaient être mis à contribution pour quelque chose qui ait plus de sens.

Pourquoi si peu de femmes à votre place?

Peut-être le regard des autres, entre autres.

Pour moi, cela se répercute dans les plus petites choses du quotidien. Par exemple, pendant longtemps je n'ai pas osé prendre un chien, parce que cela faisait vraiment trop « handicapée »! Ma chienne s'appelle India, elle a été dressée pour faire des gestes qu'une personne en fauteuil roulant ne peut pas faire : ouvrir une porte quand quelqu'un sonne, ramasser ce que je fais parfois tomber, appuyer sur un interrupteur, etc. Elle est aussi un *icebreaker*, les gens sont tout de suite plus à l'aise et osent engager la conversation. Finalement, cela rend le fauteuil secondaire.

Qu'est-ce que vous n'avez pas encore dit?

Les anecdotes tragicomiques sur le handicap sont nombreuses, mais je pense que le truc le plus hallucinant qui me soit arrivé est quand j'ai été invitée - lorsque je fus identifiée comme porte-parole des sujets autour du handicap - dans une grande radio à parler en direct de l'accessibilité. La personne qui avait réservé un studio n'avait pas pensé aux dix marches pour y accéder! J'ai attendu de longues minutes avant que l'on puisse me mettre à l'antenne.

L'AVION AUSSI EST UN ÉNORME COMBAT. IMPOSSIBLE DE RENTRER AVEC SON FAUTEUIL, IL FAUT PASSER PAR LA SOUTE !

Pour des tas de gens, c'est impossible de se retrouver dans ce genre de situation... Pour moi aussi, c'est douloureux, mais je le fais, car j'adore voyager. De tous les pays, c'est en Inde que j'ai le plus souffert de mon handicap culturellement. Le regard était très différent à cause du rapport au karma... Je ne pouvais pas, par exemple, entrer dans les temples, parce que mon fauteuil était considéré comme impur!

En dehors de mon travail, ce qui me rend le plus heureuse, c'est le bénévolat.

J'AIME BEAUCOUP ÊTRE AU CONTACT D'EXILÉS, QUE L'ON APPELLE SOUVENT LES « MIGRANTS ».

Je n'aime pas trop le terme *migrant*, parce que je trouve que cela ne rend pas compte de la réalité de leur vécu, dans le sens où ils subissent une situation plus qu'ils en sont acteurs. Au travers de ce terme, il y a une manière d'assimiler les gens à résidence dans le mouvement en leur signifiant à toute occasion qu'ils ne sont pas chez eux. Je mets en place des formations professionnelles pour les aider à mieux s'insérer dans le monde du travail, notamment en couture et en cuisine.

Mantra

« ON N'EST PAS RESPONSABLE DE LA GUEULE QU'ON A, MAIS DE LA TÊTE QU'ON FAIT ! » (PROVERBE CHINOIS)

Mot

ACCÈS. IL EST IMPORTANT DE NE PAS CRÉER UN SYSTÈME PARALLÈLE POUR LES PERSONNES HANDICAPÉES. CIRCULER COMME TOUT LE MONDE, CE N'EST PAS QUE SYMBOLIQUE !

Prochaine étape

L'INTERNATIONALISATION. COMME IL N'Y A AUCUN AUTRE ACTEUR, IL Y A VRAIMENT UNE PLACE À PRENDRE – MAIS IL FAUDRA UN OU UNE AMBASSADRICE, SUR CHAQUE TERRITOIRE.

Conclusion

Et après ?

« *So what ?* », comme disent les Anglo-Saxons. Que retenir de ces numéros unes - de leur ascension, de leurs interrogations, de leurs convictions ? Comment s'en inspirer ?

Avant d'évaluer les enseignements de ces cinquante-deux témoignages, il convient de résumer les raisons pour lesquelles les Françaises sont, en 2022, si peu à devenir patronnes.

Le premier point évoqué, à de nombreuses reprises, réside dans les injonctions sur la maternité. Comment refléter le nouvel équilibre familial en entreprise si, à embauche égale, une salariée risque de partir 16 semaines en congé maternité (au minimum, et possiblement bien plus), tandis que son collègue masculin ne sera absent que 32 jours ? Quant au travail domestique, qui comprend notamment les tâches ménagères et l'intendance liée aux enfants, il incombe à 72 % aux femmes. Le quotidien serait donc matriarcal. Et lorsque certaines mamans sortent de ces carcans, il paraît parfois difficile de s'extirper de l'ombre de la « *Rabenmutter* » (voir p. 189). À celles qui souhaitent continuer de grimper l'échelle *corporate* à l'arrivée des enfants, il ne s'agit surtout pas de se mettre en réserve. Du côté de l'organisation, il ne faudrait pas non plus assumer que, durant cette temporalité, les collaboratrices cessent d'évoluer.

Le deuxième frein mentionné est une problématique de vivier, en particulier dans les filières scientifiques. Tandis que les options scientifiques au lycée offrent une parité quasi parfaite, l'entonnoir se referme dès les classes préparatoires dédiées, dans lesquelles le genre serait à 70 % masculin. École polytechnique, CentraleSupélec, École des mines de Paris, les filles ne seraient que 26 % inscrites dans les formations en ingénierie. Quant à l'ENA - devenue l'Institut national du service public (INSP) -, sur l'ensemble des admis en 2019, seuls 36 % étaient des femmes. Du côté des écoles de commerce, bien que la parité semble respectée sur l'ensemble des promotions, la scission serait encore visible en fonction de la spécialisation.

La troisième raison souvent avancée est mimétique : impossible de se projeter en l'absence d'un *role model* ayant déjà débroussaillé la voie avant soi. Des patronnes cumulant des traits de diversité – âge, origine, handicap – sont d'autant plus difficiles à trouver. Le manque de représentation de la société française dans le patronat est assez criant, et le déficit de temps de parole des femmes cheffes d'entreprise tout aussi marquant. Quant à celles qui sont exposées, elles semblent parfois réduites au rôle d'incarnante dans l'imaginaire collectif et le traitement médiatique dont elles font l'objet. Un faux pas d'une dirigeante serait d'ailleurs synonyme d'une sanction dans l'arène publique d'une sévérité genrée. Comme on le dit, « elles sont attendues au tournant. »

La quatrième explication est intrinsèque aux femmes, bien que construite socialement : l'autocensure. Le doute ne serait-il pas le talon d'Achille féminin ? Sans énoncer l'évidence, le syndrome de l'imposteur revient souvent lors des échanges - des collaboratrices qui ne se projettent pas dans des postes de pouvoir, qui souffrent de leurs complexes, qui arrivent surpréparées pour asseoir leur légitimité. Une caricature qui semble se vérifier sur le terrain, tandis que les dirigeantes vivent parfois leur ascension comme un hold-up. En cela, les femmes seraient donc leur premier obstacle.

Enfin, la cinquième indication qui ressort des discussions est incarnée par un héritage patriarcal vieux de plusieurs millénaires. Sous le prisme sociétal et les biais cognitifs culturels qui y sont associés, les attributs féminins seraient physiques, maternels et empathiques. La prédestination féminine ne présenterait donc pas de compatibilité avec le rôle de patronne, comme un « petit baluchon » qui se transmet de génération en génération. Pour changer les codes et poursuivre leurs ambitions, il s'agit de bouleverser un ordre social bel et bien établi.

Alors, comment sont-elles devenues numéro une ?

Au-delà d'une constellation de facteurs externes et internes, d'un travail acharné pendant des dizaines d'années, sans oublier un peu de chance, six leçons ressortent des « 52 » :

1. LA PATRONNE EST PROCHE DU CASH-FLOW.

La main sur la caisse. Que ce soit à la tête du département commercial, des opérations ou bien celui de la finance, pour celles qui grimpent l'échelle corporate, l'antichambre du pouvoir reste associée à la gestion d'un P&L. Des postes d'observation à 360 degrés qui contrastent avec d'autres postes, verticaux, sans grande marge de manœuvre. Un bastion souvent masculin, tandis que les femmes occupent traditionnellement des rôles supports - ceux où l'on dépense de l'argent - incarnés par la communication et les ressources humaines. Le COO, le CFO et le CCO sont des tremplins vers la première place qui permettent d'intégrer le Comex et de se faire une place au soleil dans les plans de succession.

2. LA PATRONNE A UN RÉSEAU.

Un réflexe à adopter. Nombreuses sont celles qui créditent leur réseau parmi les clés de leurs réussites. Car il faut bien que quelqu'un tienne l'échelle. Des échanges à double sens, et ce, quel que soit le niveau de séniorité, et des rencontres avec la perspective, avant tout, d'aider l'autre. Une manière aussi de déjouer les boys' clubs et la misogynie bienveillante, qui paraît s'arrêter dès que l'on s'approche un peu trop du sommet. Des rendez-vous du café au déjeuner pour éviter les situations embarrassantes du traditionnel dîner d'affaires, qui disparaît petit à petit outre-Atlantique dans une ère post #MeToo. Entretenir son réseau, c'est aussi aller à la rencontre de l'écosystème qui vous passionne, avec souvent l'approche d'un *side project* à but non lucratif, qui permet d'ouvrir les portes sans y instaurer une transaction économique. Se constituer un entourage, enfin, complémentaire à ses compétences, s'associer à plus brillant que soi, pour se rendre plus intelligents les uns et les autres.

3. LA PATRONNE ESCALADE LA FALAISE DE VERRE.

« Faute de combattants, ils me l'ont donné. » (Alexia Laroche-Joubert, au sujet de « Loft Story »). Après le plafond de verre, la falaise de verre - un concept qui consiste à accéder à un poste de direction associé à une grande prise de risque. L'informatique à la fin des années 90 ? Le redressement d'une entreprise en difficulté ? La gestion d'un projet aux conditions extrêmes ? Pour pouvoir accélérer leur carrière, les patronnes ont souvent accepté des fonctions sur lesquelles leurs collègues masculins ne voulaient pas se casser les dents. Une porte d'entrée détournée, qui demande une versatilité hors norme, que l'on appelle aussi « la piscine » : « On vous jette dedans et, soit vous restez au fond, soit vous remontez. Le cas échéant, on vous transfère dans un plus gros bassin! » (Catherine MacGregor). Un principe qui pourrait également être transposé, dans le monde de l'entrepreneuriat, en la capacité d'être là où l'on ne vous attend pas, notamment au travers d'un secteur traditionnellement masculin ou bien qui n'a pas encore été disrupté.

4. LA PATRONNE EST DÉCOMPLEXÉE.

Les femmes et l'argent - l'un des derniers tabous dans les organisations. Réputées pour ne pas négocier, les collaboratrices, les prestataires et les free-lances placeraient la barre monétaire systématiquement en dessous de leurs collègues masculins. Au contraire, les patronnes semblent assumer une vision paritaire des revenus, et une certaine soif pour la réussite financière. Apprendre à se battre pour gagner plus, monétiser son talent et rentabiliser ses idées, un état d'esprit qui ne va pas forcément de soi. Décomplexée, la dirigeante l'est aussi vis-à-vis de l'aspect symbolique de sa fonction, féminisant son titre et acceptant de se mettre en avant pour montrer l'exemple à toutes les autres.

5. LA PATRONNE SE FORME.

Quel que soit le stade de leur carrière, elles sont nombreuses à ne cesser d'apprendre. Car elles ont compris que rien n'est jamais acquis. MBA, coaching, e-learning, cours du soir, certificats, les patronnes n'ont pas peur de se faire aider. Elles investissent pour apprendre et prennent le temps pour en gagner, et ce, en dehors du cadre professionnel. Il n'est jamais trop tôt ou trop tard pour préempter de nouveaux territoires, se perfectionner ou tout simplement se nourrir intellectuellement.

6. LA PATRONNE A TOUJOURS AGI COMME UNE PATRONNE.

Un certain sens des responsabilités. Il y a comme un déjà-vu dans les récits des dirigeantes qui, souvent, semblent se comporter comme la patronne avant de devenir la patronne. Un problème dans l'entreprise ? Un sujet hors scope ? Un conflit politique ? Les futures « numéro une » participent souvent plus à l'entreprise que ce qui leur est demandé, légitimant ainsi leur ascension tandis qu'elles réalisent déjà sur le terrain la plupart des tâches de la direction. Les patronnes ont également démystifié le rapport au pouvoir et ne craignent pas de dialoguer de façon honnête et de donner leur avis aux échelons au-dessus. Enfin, même s'il n'existe pas de « management au féminin », elles sont nombreuses à mettre en avant leur quotient émotionnel et leur capacité à trouver des consensus.

Pour qu'il y ait demain 52 % de patronnes, le combat inclusif semble se jouer au quotidien, de l'éducation aux biais, de l'exemplarité à la représentation, de la maternité à la répartition domestique, et ce, au-delà des réponses législatives. La parité n'est que la partie visible de l'iceberg. Être une femme cheffe d'entreprise reste, aujourd'hui en France, d'un exotisme absolu. Atteindre la parité, c'est ouvrir la voie pour toutes les formes de diversité. Car l'enjeu du patronat de demain, c'est bien évidemment de représenter la société dans son ensemble. Pour éviter les angles morts et pour que la nouvelle création de richesse soit la plus créative, compétitive et inventive qu'elle puisse être.

Remerciements

Ce livre est le fruit de trois ans de rencontres, de confiance et de partage. Merci à tous ceux qui l'ont rendu possible.

Merci à Donia Souad Amamra et Loubna Ksibi, pour leur patience et les dattes d'Algérie.
Merci à Fabienne Arata de m'avoir ouvert ses portes tandis que j'étais encore étudiante, ainsi qu'à Esther Ohayon et Kareen Poggiale.
Merci à Delphine Arnault, pour sa confiance, à Jean de La Rochebrochard et Mickaël Soria pour ce bel entretien, ainsi qu'à Jean-Charles Tréhan.
Merci à Elisabeth Ayrault d'avoir accepté de me rencontrer et pour sa bienveillance.
Merci à Nathalie Balla d'avoir été la première.
Merci à Catherine Barba, pour l'ensemble de sa générosité.
Merci à Anaïs Barut de m'avoir autant inspirée.
Merci à Sophie Bellon, pour sa belle énergie, et à Armelle Gibelin, pour cette interview.
Merci à Constance Benqué, pour notre échange et pour m'avoir permis de raconter l'histoire de tant d'autres patronnes.
Merci à Kat Borlongan de m'avoir accueillie chez elle et pour sa candeur, ainsi qu'à Marie-Virginie Klein.
Merci à Nathalie Boy de la Tour, pour sa gentillesse et son amitié.
Merci à Estelle Brachlianoff, pour cet instant, ainsi qu'à Laure Antoni, Solenne Maurel et Julie Sescosse pour l'avoir orchestré.
Merci à Diana Brondel, pour son honnêteté.
Merci à Meka Brunel, pour son accueil, et Armelle Miclo, pour cette rencontre.
Merci à Cathy Collart Geiger, pour notre discussion, ainsi qu'à Émeline Ouart.
Merci à Jeanne Damas, pour sa simplicité si rafraîchissante, et Jurgen Lehrer, pour avoir rendu ce moment possible.
Merci à Marie Ekeland, pour ce merveilleux déjeuner.
Merci à Delphine Ernotte, pour ce moment de grâce.
Merci à Mercedes Erra d'avoir répondu à mon premier e-mail, il y a trois ans, alors que je n'avais ni site, ni média, ni éditeur. Merci aussi à Jeanne Libfeld et Marion Simonet.
Merci à Clara Gaymard, pour sa sororité et ses conseils affûtés.
Merci à Bibiane Godfroid, pour son humanité et les Carambar.
Merci à Marie Guillemot, pour cet instant joyeux, et à Rizana Siddique, pour l'avoir organisé.
Merci à Catherine Guillouard, pour sa franchise et pour le petit déjeuner, ainsi qu'à Alexandre Gallet et à Anaïs Lançon.

Merci à Sophie Hersan et à Fanny Moizant d'avoir ouvert la voie pour toutes les autres, et à Merci à Marie Tobaly.

Merci à Justine Hutteau, pour ses jolies ondes.

Merci à Carole Juge, pour sa sympathie et pour les pizzas. Merci également à Julie Prevel.

Merci à Pauline Laigneau, pour le temps qu'elle m'a accordé.

Merci à Alexia Laroche-Joubert d'avoir accepté de partager son parcours tandis j'étais encore en cours, et à Monika Nagy.

Merci à Céline Lazorthes, pour son incroyable solidarité féminine, ainsi qu'à Alexia Reiss.

Merci à Anne Leitzgen, pour cette bulle d'air et de créativité.

Merci à Valérie Lorentz-Poinsot, pour son amabilité et pour avoir soigné mon rhume. Merci aussi à Françoise Bugnet-Brechenmacher.

Merci à Catherine MacGregor d'avoir dit oui, ainsi qu'à Élisabeth Richard, pour tout, à Camille Chardonnet et à Émilie Fatis.

Merci à Anne Méaux, pour cet instant éblouissant.

Merci à Laura Medji, pour sa patience et sa solidarité.

Merci à Françoise Mercadal-Delasalles, pour sa sincérité.

Merci à Véronique Morali, pour son humilité et ses conseils.

Merci à Elisabeth Moreno, pour ce moment hors du temps.

Merci à Virginie Morgon de m'avoir fait voyager et à Amandine Ayrem de m'avoir présenté, ainsi qu'à Anne-Hélène Illich. Merci également à Gabriel Kunde et Virginie Christnacht.

Merci à Stéphane Pallez, pour notre fabuleuse conversation, et à Jonathan Gindt.

Merci à Caroline Parot, pour cet échange instructif et solaire, ainsi qu'à Valérie Sauteret.

Merci à Anne Sophie-Pic, pour cet incroyable coup de fil, et à Charlotte Terrier, pour cette opportunité.

Merci à Anne Rigail, pour son très beau témoignage.

Merci à Karine Schrenzel, pour sa magnifique énergie et son soutien.

Merci à Claire Suco, pour son féminisme qui nous fait, à toutes, énormément de bien.

Merci à Sylvie Tellier, pour ce sublime déjeuner et sa sororité.

Merci à Hafoussoi Vandewalle de m'avoir reboostée.

Merci à Marlène Varnerin, pour cette leçon d'inclusion, ainsi qu'à Magali Patti, qui a offert gratuitement son temps et son talent pour ce moment.

Merci à Roxanne Varza, pour son amour de la France et de ses start-up, ainsi qu'à Grégoire Martinez.

Merci à Sibyle Veil, pour ce joli partage, ainsi qu'à Daniel Saltsman, pour l'avoir orchestré, à Catherine Doumid et à Amina Chady.

Merci à Charlotte de Vilmorin, pour cette claque et pour être une si belle personne.
Merci à mon éditrice Aurélie Starckmann d'avoir lu et répondu par la positive à mon e-mail, reçu parmi tant d'autres, en ce 28 octobre 2021. Merci pour son accompagnement, son talent et sa confiance.
Merci à Eulalie Chantreux, pour son regard éditorial affûté, ses conseils toujours pertinents et ses encouragements.
Merci à toute l'équipe des éditions Albin Michel, pour cette incroyable opportunité.

Merci à Daria Chernova, mon premier binôme entrepreneurial – merci pour ces deux années à ses côtés qui ont changé ma vie.

Merci à René Ricol, mon père de l'entrepreneuriat, d'avoir cru en moi. Merci pour son accompagnement, son soutien, son amitié.
Merci à Jean-Charles de Lasteyrie, pour sa bienveillance, ses relectures, ses précieux conseils.
Merci à Gilles de Courcel, pour sa gentillesse, son oreille attentive, son humour.
Merci à Coralie Mercier, pour son accueil, son aide et ses bonbons.
Merci à Nathalie Thomas et Annaelle Gilard d'avoir été mon soleil quotidien.

Merci à Marc Fournier de m'avoir donné ma chance.
Merci à ESCP Business School d'avoir soutenu tous mes projets et initiatives, tout particulièrement à Maud Autrechy, Dimitri Champollion, Frank Bournois, Houneyda Bibi, Jeanne Weckler, Gilles Gouteux, Emily Olyarchuk, Emmanuel Surun, Sylvain Bureau, Corine Waroquiers, Éva Mollat du Jourdan, Valérie Sanchez et Éric Pesnel.

Merci à Stéphane Boukris, pour sa créativité et sa générosité.
Merci à Julia Lemarchand de m'avoir donné une plateforme, ainsi qu'à Fabiola Dor.
Merci à Sébastien Couasnon de m'avoir mise à l'antenne.

Merci à ma sœur, Caroline, la véritable autrice des Andriot. Merci pour sa culture littéraire et solidaire, pour ses relectures bienveillantes et pertinentes, son esprit vif et créatif et pour son amour infini. Merci aussi à Éric, pour sa gentillesse, son intellect et ses talents culinaires.

Merci à mes frères, Patrick et David, pour leur soutien infaillible et leur humour fraternel, ainsi qu'à Cécile et à Sabine.

Merci à mes cousines Nathanaëlle et Aimée.

Merci à mes nièces et neveux Noémie, Cléa, Chiara, Clémentine, Paul et Arthur d'être ma plus belle source d'inspiration.

Merci à Alexia de Montgolfier d'être au quotidien à mes côtés depuis maintenant six années. Merci pour son amitié et sa loyauté.
Merci à Diane Blanchard-Dignac d'être une si belle amie – merci pour sa générosité, sa bonté et sa sincérité.
Merci à Charlotte Lombard de m'avoir ouvert les portes de Paris à l'été 2010 et d'être toujours là depuis. Merci à Benjamin Poulain pour son hospitalité et son humanité depuis plus d'une décennie.
Merci à Sandie Belliard, Charles Bouchet, Anne Delhon-Bugard, Guillaume Cavaroc, Benjamin Poulain et Nathalie-Maud Teyssier, pour des décennies d'amitié.

Merci à mes deux Mamies, Jessie et Yvette, d'avoir été de si beaux exemples de vie.

Last but not least, merci à ma mère et à mon père, pour leur amour inconditionnel.

Ouvrage publié sous la direction
d'Aurélie Starckmann

Réalisation éditoriale : Eulalie Chantreux
Conception graphique et mise en page : Laura Borée et Nicolas Galy pour NoOok
Relecture et correction : Nadine Lucas

Photos de toutes les patronnes : © Elodie Andriot
Sauf :
Anaïs Barut : © Quentin Mer
Jeanne Damas : © Nina Koltchitskaia
Sophie Hersan et de Fanny Moizant : © Vestiaire Collective
Alexia Laroche-Joubert : © T. Vollaire / ALP
Virginie Morgon : © Stéphane de Bourgies
Stéphane Pallez : © Ferrante Ferranti
Anne-Sophie Pic : © Anne-Emmanuelle Thion

Éditions Albin Michel
22, rue Huyghens, 75014 Paris
www.albin-michel.fr

ISBN : 978-2-226-47436-0
N° d'édition : 25001/1
Dépôt légal : octobre 2022
Photogravure : IGS-CP, L'Isle d'Espagnac
Imprimé en septembre 2022 par DZS Grafik, Slovénie